Was ich noch zu sagen hätte

Reinhard Mey

Was ich noch zu sagen hätte

mit Bernd Schroeder

[handschriftliche Widmung: Für Patricia! Reinhard Mey]

Kiepenheuer & Witsch

1. Auflage 2005

Umschlaggestaltung: Linn-Design, Köln
Umschlagfoto: Arnaud Nilwik, Heerlen
Gesetzt aus der Sabon
Satz: Buch-Werkstatt GmbH, Bad Aibling
Druck und Bindearbeiten: GGP Media, Pößneck
ISBN 3-462-03622-X

INHALT

Früh übt sich, 1943

1. Kapitel

Hergestellt in Berlin

1942 Am 21. Dezember in Berlin geboren; Mutter Lehrerin, Vater Jurist, eine vier Jahre ältere Schwester, Kindheit und Schulzeit in Berlin – **1953** Klavierunterricht – **1955** Trompete im Selbstunterricht – **1956** Erste eigene Gitarre

Beim Blättern in den Bildern meiner Kindheit   1979

Beim Blättern in den Bildern meiner Kindheit,
Find' ich viele vergilbt in all' den Jahr'n,
Und andre von fast unwirklicher Klarheit,
Von Augenblicken, die mir wichtig war'n.
Von Großmutter, die beim Kartoffelschälen
Die Frühjahrssonne im Vorgarten nutzt,
Ich spiel' im Sand und höre sie erzählen,
Und weiß, daß – wenn sie mich erwischt –
sie mir die Nase putzt.

Wie manches, dem wir kaum Beachtung schenken,
Uns dennoch für ein ganzes Leben prägt,
Und seinen bunten Stein, als ein Andenken
Ins Mosaik unserer Seele trägt!

Die Suchlisten an den Rot-Kreuz-Baracken,
Vater, der aus Gefangenschaft heimkehrt,
Der dürre, fremde Mann mit Stoppelbacken,
Der weinend die Bahngleise überquert.
Onkel Heinz, der mich in der Dorfgaststätte
Heimlich an seinem Bier mittrinken läßt,
Ich zieh' auch mal an seiner Zigarette,
Und Tante Ille denkt, ich sei derweil beim Kinderfest.

Die Dramen, morgens vor dem Kindergarten,
Verzweiflung, wenn Mutter gegangen ist,
Die Qual, einen Tag lang auf sie zu warten,
Und immer Angst, daß sie mich hier vergißt.
Sonntage, wenn Verwandte uns besuchen,
Wenn alles lacht und durcheinander spricht,
Geschirr klirrt, draußen gibt's Kaffee und Kuchen,
Johannisbeer'n im Garten funkeln rot im Sonnenlicht.

Im Dezember 2004 besuche ich Reinhard Mey in Berlin. Gartenvorstadt, gegründet in den Zwanziger Jahren, eine ruhige, grüne, gediegene Wohngegend, ein stattliches Haus, 1972 gekauft, später für die anwachsende Familie erweitert. Der Garten mit den im Sonnenlicht funkelnden Johannisbeeren, der Garten der Meyschen Kindheit, liegt gegenüber, auf der anderen Seite der breiten Allee. In der Tat, Reinhard Mey ist nur über die Straße gezogen. »Ich sag immer zu ihm, beschreib mal diesen Weg, diesen langen kurzen Weg über die Straße, beschreib den mal«, *sagt der enge Freund und Kollege Klaus Hoffmann später zu mir.*

Der Name Mey steht nicht an der Klingel. Ein altes Schild mit dem Namen seines Großvaters schützt den Prominenten. Ich zitiere wieder Klaus Hoffmann: »Mit dem Reinhard kannst du nirgends hingehen. Den kennen und erkennen alle. Und der kann sich ja auch nicht verstellen. Der ist ja kein Schauspieler wie ich.«

So ist es. Ein strahlender, freundlicher, sportlich durchtrainierter und gutgelaunter Reinhard Mey öffnet mir. Das ist der Mey aus den Talk-Shows, der Mey von der Bühne, der auf den Fotos, der Reinhard Mey, den seine vielen Anhänger verehren.

Wir kennen uns nicht gut, sind uns ein paarmal im Leben begegnet und haben vor ein paar Wochen beschlossen, ein Buch miteinander zu machen, ein Buch über den Liedermacher und Bürger Reinhard Mey, eine Biographie, wenn man so will. Ich frage mich, während wir uns begrüßen, ob dieser Mann auch unfreundlich, böse, zornig und schlecht gelaunt sein kann. Manche seiner Lieder sind zornig, böse, anklagend. Ihn selbst kennt man so nicht.

Nachdem wir die Werkstatt im Keller begutachtet haben (ein solider Schraubstock hat mir besonders imponiert), steigen wir eine Treppe hinauf zur anderen Werkstatt, der des Liedermachers. Unser erstes Gespräch. Ein Band läuft. Wir beginnen vorne: Hergestellt in Berlin.

Stammen die Meys aus Berlin?

Soweit ich weiß, stammen sie aus Berlin. Angeblich waren die Vorfahren aus dem Salzburgischen. Von der Physiognomie her müssen sie von einem alten kaukasischen Reitervolk abstammen. Pigmentierte Haut, rabenschwarz und glatt wie Asiaten, dunkler Typ. Dieses Gen hat in unseren Kindern Max und Victoria deutlich durchgeschlagen. Max hat asiatische Augen. Je älter mein Vater wurde, desto mehr prägte sich das aus. Als er einmal in einen Raum kam, in dem eine Delegation von Japanern saß, erhoben sich die und verbeugten sich vor ihm, weil sie ihn für einen alten japanischen Mann gehalten haben.

Seitens meiner Mutter sind alle aus Berlin, waren alle Lehrer und mußten im Dritten Reich nachweisen, wo sie herkamen. Deshalb gibt es von meiner Mutter den berühmten Ariernachweis, der auf drei Generationen zurückgeht. Die kamen aus der Mark Brandenburg oder aus Berlin. Alles Lehrerfamilien.

Mein Vater war Rechtsanwalt, mein Großvater Taubstummenlehrer. Er muß gut gewesen sein. Die Kinder kamen von weit her, um zu lernen, sich mitzuteilen. Man muß Hella fragen, die hat sich vielmehr in die Familiengeschichte reingekniet als ich, die weiß über meine Familie mehr als ich. Ich weiß, daß mein Großvater mütterlicherseits, der auch Lehrer war, an einer Schule in Reinickendorf, Musiker werden wollte. Er spielte Geige und Klavier. Aber die Zeiten haben das verhindert. Die Not der Leute, die Musik machten, war so groß, daß es da gar keine Diskussion gab. Auch mein Vater machte gern Musik. Er hat von dem ersten Geld, das er nach dem Krieg wieder nach Hause gebracht hat und von dem was übriggeblieben war, ein Klavier gekauft. Er spielte sehr schön, und er wollte uns auch dazu kriegen und hat uns Klavierunterricht angedient, um nicht zu sagen aufgedrückt. Aber es hat weder bei mir noch bei meiner Schwester große Früchte getragen, wir hatten nie richtig Spaß daran. Was vielleicht ein bißchen damit zu tun hatte, daß unsere Klavierlehrer nicht das Geschick hatten, uns zu motivieren, freiwillig Klavier zu spielen. Und du weißt, wenn man das nicht übt, wird das nichts. Ich hab das vier, fünf Jahre gemacht, und das hat wenigstens dazu geführt, daß ich die Theorie kenne und Noten lesen gelernt habe, aber ich habe nie Freude daran empfunden.

Man muß seine Kinder dazu peitschen, das hatten weder meine Eltern drauf noch wir mit unseren Kindern. Auch wir haben irgendwann mal ein Klavier gekauft und haben gesagt, die Kinder sollen Klavier spielen, wir werden es diesmal richtig machen. Wir hatten einen wunderbaren Klavierlehrer, zu dem auch ich in meinem hohen Alter noch mal hingegangen bin. Ich habe gesagt, wenn ihr spielt, gehe ich mit gutem Beispiel voran, ich nehme die Stunde vor euch, ich fange auch noch mal an. Aber es hat nicht geholfen. Ich war dann der einzige, der am Klavier saß, und ich habe ein kleines Menuett geübt, aber die Kinder haben sich gedrückt, und dann haben wir in einer großzügigen Geste das Klavier der Schule von Max geschenkt. Es stand bei uns nur rum und staubte zu. Man hätte wahrscheinlich konsequenter sein müssen. Aber man hätte dann vielleicht die Persönlichkeit beschädigt.

Frederik hatte eine Zeitlang Gitarrenunterricht, aber es war zu theoretisch, klassische Gitarre, da sind am Anfang die Erfolgserlebnisse sehr dünn gesät, das ist entmutigend. Später, als er in einer Punk-Rock-Band Sänger war, hat er sich eine meiner E-Gitarren geholt und gespielt. Die Band »Breaking Free« war in der Berliner Szene sehr angesagt. Irgendwann sprach mich bei einer Fernsehsendung mal ein junger Mann an: Sie sind doch Herr Mey – ja, sagte ich und dachte, jetzt kommt: Kann ich ein Autogramm haben? Aber er sagte, dann sind Sie ja der Vater von Frederik, echt klasse Band hat der! Da habe ich dann nicht ohne Stolz meinen Autogrammstift wieder weggesteckt. Man muß die Kinder selbst ihren Weg finden lassen. Wichtig ist, daß man ihnen die Möglichkeit dazu gibt.

Max, der zweite Sohn, der sehr ein Leben ohne Zwänge und das unautoritäre Elternhaus preist, sagt mir später: »Sie hätten uns zwingen sollen.« Ich konfrontiere Reinhard mit dieser Aussage.

Da hast dus.(Er lacht.)
Wir haben alle möglichen Instrumente, und die stehen jederzeit zur Verfügung. Gitarre oder E-Gitarre oder Keyboard oder irgendwas, überall steht was rum. Und wir haben immer gesagt, geht ran und spielt damit. Und wer Unterricht haben möchte, sagt Bescheid, oder wenn ich euch was zeigen kann, sagt mir Bescheid. Ich hab versucht, das Vorbild zu geben, aber die Interessen sind bei allen ganz anders gewesen. Das Ergebnis ist: Bei mir stehen überall Instrumente, aber der einzige, der sie zur Zeit benutzt, bin ich.

Zeugnistag   1978

Ich denke, ich muß so zwölf Jahre alt gewesen sein,
Und wieder einmal war es Zeugnistag.
Nur diesmal, dacht' ich,
bricht das Schulhaus samt Dachgestühl ein,
Als meines weiß und häßlich vor mir lag.

Dabei war'n meine Hoffnungen keineswegs hoch
   geschraubt,
Ich war ein fauler Hund und obendrein
Höchst eigenwillig, doch trotzdem hätte ich nie geglaubt,
So ein totaler Versager zu sein.

So, jetzt ist es passiert, dacht' ich mir, jetzt ist alles aus,
Nicht einmal eine 4 in Religion.
Oh Mann, mit diesem Zeugnis kommst du besser nicht
   nach Haus,
Sondern allenfalls zur Fremdenlegion.
Ich zeigt' es meinen Eltern nicht und unterschrieb für sie,
Schön bunt, sah nicht schlecht aus, ohne zu prahl'n!
Ich war vielleicht 'ne Niete in Deutsch und Biologie,
Dafür konnt' ich schon immer ganz gut mal'n!

Der Zauber kam natürlich schon am nächsten Morgen
   raus,
Die Fälschung war wohl doch nicht so geschickt.
Der Rektor kam, holte mich schnaubend aus der Klasse
   raus,
So stand ich da, allein, stumm und geknickt.
Dann ließ er meine Eltern kommen, lehnte sich zurück,
Voll Selbstgerechtigkeit genoß er schon
Die Maulschellen für den Betrüger, das mißrat'ne Stück,
Diesen Urkundenfälscher, ihren Sohn.

Mein Vater nahm das Zeugnis in die Hand und sah mich an
Und sagte ruhig: »Was mich anbetrifft,
So gibt es nicht die kleinste Spur eines Zweifels daran,
Das ist tatsächlich meine Unterschrift.«
Auch meine Mutter sagte, ja, das sei ihr Namenszug.
Gekritzelt zwar, doch müsse man versteh'n,
Daß sie vorher zwei große, schwere Einkaufstaschen trug.
Dann sagte sie: »Komm, Junge, laß uns geh'n.«

Ich hab' noch manches langes Jahr auf Schulbänken verlor'n
Und lernte widerspruchslos vor mich hin
Namen, Tabellen, Theorien von hinten und von vorn,
Daß ich dabei nicht ganz verblödet bin!
Nur eine Lektion hat sich in den Jahr'n herausgesiebt,
Die eine nur aus dem Haufen Ballast:
Wie gut es tut, zu wissen, daß dir jemand Zuflucht gibt,
Ganz gleich, was du auch ausgefressen hast!

Ich weiß nicht, ob es Rechtens war, daß meine Eltern mich
Da rausholten, und wo bleibt die Moral?
Die Schlauen diskutier'n, die Besserwisser streiten sich,
Ich weiß es nicht, es ist mir auch egal.
Ich weiß nur eins, ich wünsche allen Kindern auf der Welt,
Und nicht zuletzt natürlich dir, mein Kind,
Wenn's brenzlig wird, wenn's schiefgeht, wenn die Welt
    zusammenfällt,
Eltern, die aus diesem Holze sind.

Dieses Lied ist autobiographisch, wie die meisten deiner Lieder. Das heißt, du hattest Eltern aus diesem Holze.

Ja, die waren so.

Mein Vater ist erst im Jahre 46 aus der Kriegsgefangenschaft zurückgekommen, und ich bin mit Mutter, Tante Illi und Oma aufgewachsen. Diese drei Frauen waren ein Dreigestirn, das mich mit Liebe überschüttet und mir die Gewißheit gegeben hat, geliebt zu werden, was unermeßlich wichtig für eine Kindheit ist. Materiell gab es natürlich nichts, und ich war wie alle kleinen Jungen abgemagert und halb am Verhungern. Die drei hatten die Priorität, wie kriegen wir den Kleinen über die Zeit. Sie haben alles versucht, es mir schön zu machen und mir viel Zuwendung gegeben, haben mich in allem gefördert. Im Winter zum Beispiel wollte ich unbedingt mit Sand spielen. Da hat meine Oma eine Zei-

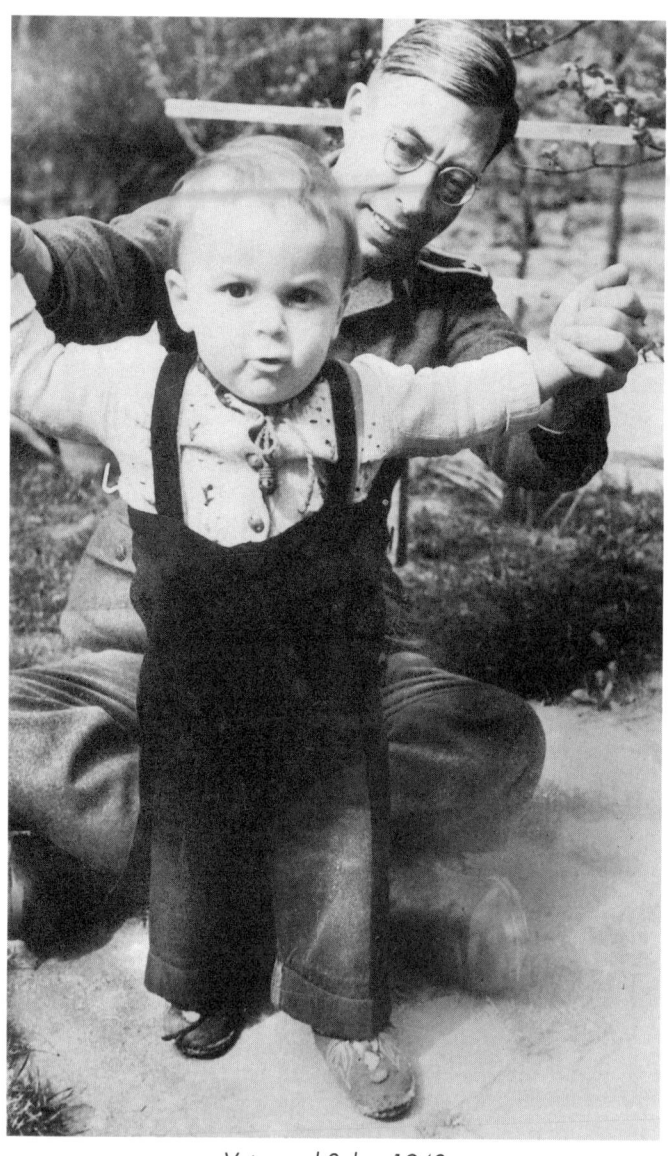

Vater und Sohn, 1943

Mit den Eltern, 1947

Mit Schwester Christine, 1947

tung auf den Boden gelegt und mir zwei Eimer Sand draufgeschüttet, und so durfte ich im Wohnzimmer buddeln. Wenn du so aufwächst, kann dich nichts mehr umstoßen.

An meinen Großvater erinnere ich mich nur durch ein paar Fotos und vielleicht ein paar dunkle Erinnerungen, von denen ich aber nicht weiß, inwiefern es wirklich meine eigenen Erinnerungen sind oder ob ich ihn nur durch Erzählungen kenne. Er ist gestorben, als ich zwei oder drei Jahre war. Es gibt ein Bild – vielleicht gibt es das Bild auch nur in meinem Kopf –, auf dem ich bei ihm auf dem Schoß sitze und er Klavier spielt. Er war Klavierspieler und Geiger. Da glaube ich mich daran zu erinnern. Und daß er mit mir seine Erdbeeren geteilt hatte, was ja 1946, ich glaub, das war das Jahr, als er gestorben ist, die absolute Rarität und Köstlichkeit gewesen ist.

An meine Großmutter mütterlicherseits kann ich mich sehr gut erinnern. Das ist die, die im Lied gemeint ist. Sie war eine wunderbare, liebevolle Frau, die ich auch irgendwie zu meiner Komplizin gemacht hatte, denn wenn ich Ärger mit meiner Mutter oder mit meiner Tante hatte, dann wußte ich, mit Oma komme ich klar, Oma wird das schon irgendwie wieder für mich geradebiegen, sie war eine wunderbare Oma.

Drei Frauen. Deine Mutter, die Oma und –

Tante Illi. Tante Illi war eine begnadete Kinderversteherin, ein Bezugspunkt, den sogar unsere Kinder noch sehr geliebt haben. Meine Mutter ist handwerklich sehr geschickt gewesen. Sie konnte gut malen, war Kunstgewerbelehrerin. Ich nehme an, daß von dieser Seite her meine Freude am Malen kommt. Tante Illi hat fotografiert. Sie hatte eine Voigtländer und eine Leica. Eines Tages hat sie die Voigtländer verkauft, um für den kleinen Reinhard Nahrungsmittel einzutauschen. Später war auch die Leica dran.

Meine vier Jahre ältere Schwester, Christine, war 1943 eva-
kuiert worden. Meine Mutter war dienstverpflichtet und
kam aus Berlin nicht raus. Meine Schwester kam nach Voll-
merz in eine Familie, die über fünf Ecken mit meiner Mutter
verwandt war. Ich habe sie erst kennengelernt, als sie mit
meinem Vater 46 vor der Tür stand.

Mein Vater war mir trotz seiner Abwesenheit nicht so fremd,
weil mir alle immer von ihm erzählt hatten und, wie mir ein
Foto zeigt, er mich auf einem Heimaturlaub auch schon mal
auf dem Arm hatte. Ich hatte mich schon so lange auf ihn
gefreut und ihn mir vorgestellt, und eines Tages, als ich aus
dem Mittagsschlaf aufwachte, standen die beiden Menschen
da. Nach einer Stunde war es völlig klar für mich, das ist
mein Vater, und das ist meine Schwester. Meine Mutter war
eine Frau, die für ihre Zeit – und auch für die heutige – sehr
emanzipiert war. Sie hat die Fächer unterrichtet, die sie liebte, war finanziell unabhängig und hat zeitlebens mehr Geld
verdient als mein Vater. Er war Rechtsanwalt, hat aber nach
dem Krieg erst einmal bei der Eisenbahn angefangen, bei der
Rotte, also den Leuten, die in Knochenarbeit die Schienen
verlegen. Als er dann wieder in Berlin war, hat er beim Se-
nat gearbeitet und sich um Lastenausgleichsangelegenheiten
gekümmert. Aber ihm fehlten die Dienstjahre während des
Krieges, und so hatte meine Mutter auf ihrem Lohnstreifen
immer ein paar Mark mehr als mein Vater.

*Viele Männer haben das damals nicht gut ertragen, haben
den Frauen sogar verboten zu arbeiten.*

Für meine Mutter war schon vor der Ehe klar, daß sie sich
ihren Beruf nicht nehmen lassen würde. Sie hat sich nie un-
terbuttern lassen und war recht aufmüpfig. Sie war immer
unabhängig, war aber dabei sehr diplomatisch und liebenswürdig. Meine Eltern haben mir eine sehr gleichberechtigte
Partnerschaft vorgelebt. Mein Vater hat sogar Haushaltsar-

beiten übernommen, was damals in anderen Familien noch undenkbar war. Jeder hat bei uns dort angepackt, wo Not am Mann war. In jeder Hinsicht gleichberechtigt, ganz egal wie alt man war, ob Mann oder Frau. Das hat mich ganz sicher sehr geprägt. Die Erziehung durch diese drei Frauen und meinen Vater, der überhaupt kein Macho war, haben positiven Einfluß auf mich gehabt. Ich hatte wirklich eine glückliche Kindheit.

Das Foto vor mir auf dem Tisch   1985

Das Foto vor mir auf dem Tisch
Ist längst vergilbt und altmodisch,
In seinem jugendstilgeschwung'nen Rahmen.
Ein kleines Mädchen jener Zeit,
In einem weißen Spitzenkleid,
So wie auf manch alten Bonbonreklamen.
Ein kleiner, runder Kinderkopf,
Ein rabenschwarzer Lockenschopf,
Und große braune Augen, unbestritten,
Meine eigenen Züge sind
Dem kleinen Mädchen, wie ich find',
Wie man so sagt, aus dem Gesicht geschnitten.

Sie mag drei Jahr' sein, oder vier,
Welch eine Reise liegt vor ihr,
Welch langer Weg an ihrem Lebensmorgen:
Freude und Leid der Kinderzeit
In Güte und Geborgenheit,
Die Schule und damit die ersten Sorgen.
Der 1. Weltkrieg bricht herein,
Sie ziehen ihren Vater ein
Zum »ungedienten Landsturm«, wie sie's nennen,
Ihn, dessen Hände zur Musik
Viel besser taugen als zum Krieg,
Und sie lernt Hunger und Entbehrung kennen.

Kriegsende, Elend, Inflation,
Das Ende mancher Illusion
In Ungewißheit, Wirrwarr und Geschiebe.
Der Mut zu einem Neubeginn,
Die Ausbildung als Lehrerin,
Die erste und gleich die ganz große Liebe.
Die Feste in den Ateliers,
Die Bälle, die Künstlercafés,
Das Charlestonkleid, Stirnband und kurze Haare,
Und jeder Tag und jede Nacht
Wird wie ein Feuerwerk entfacht,
Es sind auch ihre »wilden zwanz'ger Jahre«!

Die Jugendliebe wird ihr Mann,
Im Beruf erkennt man sie an,
Ihr erstes Kind, ein Mädchen, wird geboren,
Doch Deutschland wird mobil gemacht,
Und wieder senkt sich tiefe Nacht
Über die Welt, und alles ist verloren.
Sie holen alle für den »Sieg«,
Und auch ihr Mann muß in den Krieg,
Sie selbst wird in Berlin zum Dienst verpflichtet,
Und als der Bombenhagel fällt,
Bringt sie mich eines Nachts zur Welt,
Im Klinikflur, so hat sie's mir berichtet.

Und nun wird alles doppelt schwer,
Allein in diesem Trümmermeer,
Es geht nur noch darum zu überleben.
Und dabei hat sie irgendwie,
Auch wenn der Himmel Feuer spie,
Mir Wärme und Geborgenheit gegeben.
Und dann im zerbombten Berlin
Mit mir von Tür' zu Türe zieh'n,
Manchmal gibt's was auf Lebensmittelkarten.

Sich nicht verlier'n in dem Gewirr,
'n Kelle Brei ins Kochgeschirr
Und wieder in endlosen Schlangen warten.

Aus ihren Kleidern macht sie mir
Mantel und Rock, und wenn ich frier',
Briketts aus den letzten Habseligkeiten.
Mit Liebe und aus nichts macht sie
Mir Spielzeug und mit Phantasie
Eine glückliche Zeit aus bitt'ren Zeiten.
Zum Avus-Rennen mit mir geh'n,
Nach Tempelhof, die Flieger seh'n.
Im Kaufhaus stundenlang Rolltreppe fahren.
Sie lehrt mich schwimmen und sogar
– Etwas verbot'ner Weise zwar –
Den Brezelkäfer fahren mit zwölf Jahren.

Und dann in meiner wilden Zeit:
Stur wie ein Bock, mit allen Streit:
Kein noch so guter Rat wird angenommen.
Nur ihrer, so ganz nebenher,
Sie läßt mir das Gefühl, als wär'
Ich zu der Einsicht ganz allein gekommen.
Der erste eig'ne Weg ist schwer,
Weiß nicht, wie oft ich noch heimkehr',
Mit vollem Herzen und mit leeren Taschen!
Wie oft hat sie mir dann verdeckt
Manche Markfünfzig zugesteckt,
Den Koffer gepackt und mein Zeug gewaschen!

Nach Hause kommen, das tat gut!
Noch oft hat sie mir neuen Mut,
Ideen und Begeisterung gegeben!
Manch Beispiel von Großzügigkeit,
Die Lebensfreude zum Geleit,

Und manch gute Lektion blieb bei mir kleben.
Heute fällt ihr das Sehen schwer,
Die Augen sind so gut nicht mehr
Und sie hat Mühe ohne Glas zu lesen.
Das Leben währet 80 Jahr
Sagt man, und wenn es köstlich war,
Dann ist's, wie ihres, Müh' und Last gewesen.
Die schwarzen Haare sind schlohweiß,
Und so schließt sich der Bilder Kreis,
Die sich für mich um ihr Kinderbild ranken.
Auch wenn's gar nichts zur Sache tut:
Ich schwör's, besäß' ich einen Hut,
Dann zög' ich ihn jetzt vor ihr in Gedanken.

Ein schönes Denkmal, das der Sohn seiner Mutter da elf Jahre vor ihrem Tod gesetzt hat. Ich kenne nicht viele Gleichaltrige, die so liebevoll von ihren Eltern sprechen. Zu hart waren die Auseinandersetzungen in den »wilden Zeiten«, zu spärlich die Antworten auf die vielen Fragen, die wir über die Nazizeit stellten. Und sehr oft waren die Entfernungen voneinander sehr groß. Erwartungen, die nicht erfüllt worden waren, Unverständnis und Intoleranz auf beiden Seiten haben in vielen Familien tiefe Gräben aufgerissen. Und da sitzt mir dieser Reinhard Mey gegenüber, von dem ich ohnehin annehmen muß, daß es in seinem Leben noch keine wirklich schlimmen Erfahrungen gegeben hat, und erzählt von den liebevollsten, besten, verständigsten und vermutlich auch noch politisch korrektesten Eltern der Welt.
War denn an diesen Eltern nie zu zweifeln?

Nein, nie. Ich sage mir jeden Morgen, daß ich dankbar bin, daß sie mich so frei haben aufwachsen lassen, mit einer unglaublichen Toleranz. Mein Vater war auch völlig damit einverstanden, wie die drei Frauen mich erzogen haben. Er hätte ja auch sagen können, was habt ihr aus dem Jungen gemacht? Aber als er wieder da war, ging meine Erziehung ganz genauso weiter. Natürlich hat es auch bei uns mal dicke Luft gegeben, vor allem wegen der Schule, weil ich so ein fauler Hund war. Aber ich habe nie die Worte gehört: »... so lange du die Füße unter meinen Tisch ...« Auch beruflich haben sie nicht versucht, mich zu bevormunden.

Als ich nach dem Abitur eine Ausbildung bei der Schering AG machte, habe ich es ihnen zuliebe getan. Aber sie hatten mich nicht drum gebeten. Ich habe ihnen ihren Wunsch von ihren Augen abgelesen.

Meine Eltern gingen nie in mein Zimmer, wenn ein Mädchen bei mir war, und wenn sie doch mal reinkommen mußten, haben sie schon so laut auf der Treppe gepfiffen, daß ich immer hören konnte, sie kommen. Sie haben mir immer meinen Freiraum gelassen. Sie haben natürlich Tips gegeben und klugen Rat, aber sie haben nie gesagt: »Mach das nicht und tu jenes nicht.«

Wie waren sie miteinander?

Sie sind immer zärtlich miteinander umgegangen, es war ein großer Respekt und eine große Liebe zwischen den beiden. Sie sind bis zum Tod meines Vaters Hand in Hand in den Ort zum Kaufmannsladen gegangen. Und die wenigen Male, die sich meine Eltern richtig gestritten haben, da hatte ich Angst, hoffentlich geht es jetzt nicht wirklich ans Eingemachte. Aber so weit kam es zum Glück nie. Ich hatte auch nie die Angst, sie könnten sich wirklich trennen.

Dann muß es doch für dich ein sehr großer Verlust gewesen sein, als sie starben?

Natürlich war es ein Verlust. Aber der Bogen war geschlossen, ich habe sie lange gehabt, hatte Zeit, mich von ihnen zu verabschieden, es gab keine offenen Rechnungen, es war alles geklärt.

Ich habe sehr früh Dankbarkeit dafür empfunden, daß sie mir Freiheiten gelassen haben, daß sie mich losgelassen haben, daß sie mich gewarnt haben, wo Gefahren sein könnten. Aber sie haben immer gesagt, du mußt es selbst ausprobieren. Seit ich zwölf war, hab ich mir ein Moped gewünscht, eine Zündapp Combinette. An meinem 16. Geburtstag stand das Moped da, es war Dezember und sehr kalt, und ich bin damit an diesem Tag 142 Kilometer durch Berlin gefahren und ein halbes Jahr später nach Paris aufgebrochen. Heute weiß ich als Vater, was es heißt, die Kinder solche Dinge tun zu lassen. Sie wußten, von dem Jungen hören wir jetzt vier Wochen nichts. Ich habe mir keine Gedanken gemacht, aber meine Eltern, das weiß ich im Nachhinein, haben jeden Tag abends vor Sorge in die Tischkante gebissen.

Wie du jetzt, da eure Kinder aus dem Haus und irgendwo in der Welt sind.

Ja, genauso ist es.

Mit den Eltern, 1972

2. KAPITEL

Staub von deinen Straßen

Ich trag' den Staub von deinen Straßen – Berlin –   1970

Ich trag' den Staub von deinen Straßen
An meinen Schuhen heute noch mit mir herum.
Ich hab' sie halt nie putzen lassen,
Nur aus Vergeßlichkeit? Nun ja, vielleicht darum.
In tausend Liedern hat man dich besungen,
Da kommt es nun auf ein Lied mehr ja auch nicht an.
Ich hab' den Kopf voll von Erinnerungen,
Mehr als ich wohl in einem Lied erzählen kann.
Von Moabit bis hin nach Lichtenrade,
Vom Wedding bis hinauf nach Wittenau.
Da kenn' ich Kneipen, Plätze, Fassaden
Wie jedes Loch in meinen Taschen so genau.

Da gibt es Kneipen, wie vor hundert Jahren,
Da steh'n am Tresen noch die Stammkunden umher,
Die zur Eröffnung auch schon hier waren,
Da gibt es Dinge, die gibt es schon fast nicht mehr.
Da ist der Bierhahn niemals ganz geschlossen,
Da steht ein Brotkorb, und der ist für jeden frei,
Und mancher holt sich dort sein Almosen
Und ißt's im Duft von Eisbein und Kartoffelbrei.
Da gibt es Straßen voller Glanz und Flitter,
Und ein paar Schritte weiter and're Straßen, wo
Die Tür'n verschloß'ner als Kerkergitter,
Die Pflastersteine härter sind, als anderswo.

Da gibt's Fassaden, die wie damals prangen,
Und jeder Mauerstein erzählt: es war einmal!

Als wär' die Zeit dran vorbeigegangen,
Dann gibt es andere, da war es nicht der Fall.
Da gibt es Heilige und Sonderlinge,
Weltenerlöser und Propheten aller Art.
Und man hört lächelnd verworr'ne Dinge
Von Weltenuntergang und sünd'ger Gegenwart.
Da gibt's noch Seen und richtige Wälder
Mit echten Förstern drin in zünft'ger Tracht.
Da gibt's noch richtige Wiesen und Felder,
Und echte Füchse sagen sich dort »Gute Nacht«.

Da gibt es Laubenpieper, deren Gärten
Ein Stückchen Sanssouci, ein Stückchen Acker sind.
Vor Apfelbäumen und Gartenzwergen
Dreh'n unverdrossen kleine Mühlen sich im Wind.
Da gibt es Dorfau'n, wie im Bilderbogen,
Auf denen spenden Gaslaternen gelbes Licht.
Da sind die Vorhänge zugezogen,
Und hinter jedem Vorhang regt sich ein Gesicht.
Da gibt es Wüsten aus Beton und Steinen,
Und alle Straßen darin sind gespenstisch leer.
Wie eine Fata Morgana scheinen
Noch ein paar Schrebergärten vor dem Häusermeer.

Höfe, in die sich keine Fremden wagen,
In denen immer grade irgendwas passiert,
In denen, wie hier die Leute sagen,
Man mit dem Schießeisen die Miete abkassiert.
Da gibt's von Zeit zu Zeit noch einen greisen,
Halbtauben Lumpensammler, der am Haustor
    schellt,
»Ankauf von Lumpen, Papier, Alteisen!«
Schon fast ein Fabelwesen einer and'ren Welt.
Der Braunbierwagen fährt längst and're Lasten.
Den Scherenschleifer und den Kesselschmied,

Den Alten mit seinem Leierkasten,
Die gibt es fast nur noch in meinem Lied.

Ich trag' den Staub von deinen Straßen
An meinen Schuhen heute noch mit mir herum.
Ich habe sie halt nie putzen lassen,
Nur aus Vergeßlichkeit? Nun ja, vielleicht darum.

Du bist in Berlin aufgewachsen, lebst dein Leben lang in Berlin, trägst den Staub der Berliner Straßen an den Schuhen. Warum sprichst du eigentlich keinen Berliner Dialekt?

Das hat mit der Schule zu tun, die subtile Strafen hatte, wenn wir berlinerten. Man hat sich nicht getraut, zu berlinern. Ich hatte schon genug Ärger wegen anderer Untaten, da dachte ich, den Ärger für's Berlinern kannst du dir am leichtesten sparen.
Mein Vater hat deutlich berlinert, und meine Mutter hatte auf jeden Fall eine Färbung. Berlinern galt nicht als Dialekt, sondern als Vulgärsprache, und unsere Lehrer haben das einfach nicht zugelassen.

Du bist ein paar hundert Meter von der Zonengrenze, wie man das damals nannte, aufgewachsen. In deiner Kindheit und Jugend gab es die Mauer noch nicht. Wie habt ihr mit der Grenze gelebt?

Da gab es so einen kleinen Grenzverkehr. Wir sind immer rüber, mit unserer Mutter, mit der Tante. Mein Großvater hatte einen wunderbaren Garten mit Obst und Gemüse. Davon haben wir uns was geholt. Und als wir Kinder spitzgekriegt hatten, daß wir 50 Pfennig Westmark an der Friedrichstraße in Ostmark umtauschen konnten, um damit im Osten Bockwurst und Malzbier oder auch Süßigkeiten zu kaufen, was wir uns im Westen niemals hätten erlauben können, da waren wir auf den Grenzverkehr erpicht. Später haben wir dann schon gemerkt, daß dort ein ganz anderer Wind wehte, Unfreiheit, daß alles grauer war, bedrückender, noch bevor die Mauer da war. Das hat auch dazu geführt, daß man immer seltener rüberging. Dann fingen sie mit den Kontrollen an. Ich mußte miterleben, wie irgendwelche Schnösel meinen geliebten Menschen die Sachen – liebevoll gepäppeltes und mühselig gepflücktes Obst, Gemüse – wegnahmen. Dieses Unrecht habe ich instinktiv wahrgenommen, und das hat mir sehr mißfallen.

Und dann gab es schließlich auch keine Faszination mehr für uns Kinder und Jugendliche, noch rüberzugehen. Aber da der Weg dorthin nicht verstellt war, hat man es nicht als schmerzlich empfunden, daß da eigentlich die Welt aufhörte, denn man konnte ja, wenn man wollte, rübergehen. Ganz anders war es, als dann 1961 die Mauer kam. Ich war mit meinem Freund Christian Pechner in Spanien, da las ich in der Zeitung, in Deutschland ist die Mauer gebaut und die Grenze zugemacht worden. Von dem Moment an hab ich es als sehr schmerzlich empfunden, weil unsere Bewegungsfreiheit nun eingegrenzt war und mir ein Teil meiner Stadt genommen war. Selbst wenn ich längst nicht mehr jeden Tag rübergegangen bin, nun ging es überhaupt nicht mehr. Und der Garten war auch weg. Aber da war ich nicht mehr Kind, sondern Jugendlicher, und das Kinderparadies, das es für mich früher gewesen war, war es jetzt sowieso nicht mehr, und so gesehen, war es nicht der große Verlust.

Ein Verlust war Erika, die wir Eka nannten, eine Schülerin meiner Mutter. Nachdem sie in der Schule fertig war, hat sie meiner Mutter geholfen und hat mich und meine Schwester betreut. Als ich 13 war, kam Eka zu uns und machte den Haushalt. Aber nicht nur das, sie war auch eine Verbindungsperson zu meinen Eltern, sie hatte auch Erziehungsbefugnisse, die wir respektierten, weil sie sie nicht

ausgenutzt hat, weil sie sehr redlich und korrekt damit umgegangen ist. Sie war eine zweite Mutter, an Eka haben wir
unser Herz gehängt. Und: Sie lebte im Osten, hatte einen
Ostberliner Kunstmaler geheiratet und konnte nun vom 13.
August 1961 an nicht mehr kommen. Da fehlte plötzlich
ein Familienmitglied. Sie war der einzige Mensch aus der
Familie, der durch die Teilung von uns getrennt wurde. Sie
hat uns allen sehr gefehlt. Aber wir haben über all die Jahre
Kontakt mit ihr gehalten und Päckchen geschickt. Als wir
später Passierscheine bekamen, haben wir sie auch besucht.
Zum ersten Mal gab es diese Passierscheine 1963, aber das
war mit unendlichen Schwierigkeiten verbunden, mit Ta-
schenfilzen und Gesichtskontrolle: »Machen Sie mal das
linke Ohr frei …«, sehr demütigend. Man mußte in einer
Baracke in Wedding seinen Ausweis abgeben, die Einreise
Tage vorher beantragen, Eintrittsgeld bezahlen, es war sehr,
sehr schwierig.
Das erste, was wir taten, als 1989 die Grenze offen war – wir
besuchten Eka und sie uns. Es waren viele Jahre vergangen,
ihre Ehe war geschieden, aber es war ein so schönes Wiedersehen. Eka konnte immer noch einen Job gebrauchen, und
so hat sie jetzt auf unsere Kinder aufgepaßt, und alle haben
Eka geliebt. Und als mein Vater gestorben war, hat sie meiner Mutter im Haushalt geholfen bis zu Mutters Tod. Auch
heute haben wir noch eine liebevolle zärtliche Beziehung
zu ihr. Das war eines der schönsten Geschenke, die uns die
Wiedervereinigung gebracht hat.

*Berlin, du hast es nie verlassen. Was ist das für ein Gefühl,
so ein Leben lang praktisch nur über die Straße gezogen zu
sein und gegenüber zu wohnen, und da drüben ist das Elternhaus, aber die Eltern sind gar nicht mehr da?*

Also, als die Eltern da waren, hatte ich eine sehr intensive Beziehung, auch zu dem Haus, weil das ja auch einen großen

Teil meiner Kindheit und meine ganze Jugend beherbergt hat. Aber mit dem Moment, wo meine Eltern nicht mehr lebten, merkte ich, daß ich daraus ein Museum machen will, es also in dem Zustand zu erhalten, in dem es sich befand, als meine Mutter gestorben ist. Ich war dabei, irgendwie meine Kindheitserinnerungen einfrieren zu wollen. Dann haben wir uns doch von diesem Haus getrennt, und ich sehe es jetzt eigentlich wie ein fremdes Haus. Ich habe auch kein Ziehen in mir drin, wenn ich an dem Haus vorbeigehe. Hella hat das mehr. Die sieht da noch meine Mutter oben an der Tür winken. Von dem Moment an, als es anders gestrichen war und die neuen Bewohner andere Fenster eingesetzt haben und ein anderes Treppengeländer die Treppe rauf gebaut haben, war das für mich ein ganz fremdes Objekt.

Die Erinnerungen sind in meinem Kopf, aber die haben mit dieser Lokalität überhaupt nichts mehr zu tun. Das geht mir komischerweise an vielen Stellen so, daß ich mich von den Gegenständen oder von den Plätzen dann trennen kann, wenn ich die damit verbundenen Erlebnisse in meinem Kopf archiviert habe.

Für Hella ist das Haus da drüben mit einer Person, deiner Mutter, verbunden, für dich mit deiner ganzen Kindheit.

Hella sieht auch, daß sich unsere Kinder in dem Haus sehr wohl gefühlt haben. Die haben wir oft bei den Eltern drüben abgegeben, wenn wir in die Stadt gefahren sind, wenn wir mal für einen Tag weg waren oder zwei. Das ging wunderbar, und meine Eltern haben herrlich mit den Kindern gespielt. Also sie waren da drüben sehr, sehr glücklich, aber es ist eine vergangene Epoche. Ich glaube, wenn man mit seinen Wurzeln einmal eine Kraft aus diesem Boden gezogen hat und wenn man das in sich hat, dann muß es nicht mehr unbedingt dieser Boden da drüben sein.

Ich bin da völlig unsentimental, was solche Dinge angeht.

Die Augenblicke, die Stunden, die Jahre, die wir gehabt haben, und die Momente großen Glücks, die sind ganz wichtig, die haben mich, uns alle, geprägt, verändert.

Ich habe wunderbare Erinnerungen, auch an das Leben hier in unserem Haus, aber es bringt mir nichts, da draußen immer wieder das Gras zu sehen, auf dem Frederik mit seinen Klassenkameraden Fußball gespielt hat. Das war für mich wunderbar, sie alle da draußen rumtoben zu sehen und mir zu sagen, jetzt ist dieser Garten für irgend etwas nutze. Aber in diesem Garten spielen sie nicht mehr, also brauche ich ihn nicht mehr.

Aber euer Haus hier, das sicher für euch beide jetzt zu groß ist, könntest du es einfach so verlassen, wegziehen, woanders hin? Brauchst du das genausowenig wie den Garten da draußen?

Ich hab das alles in mir. Ich bin sehr gerne hier und liebe es, aber wenn Hella mit mir mitkommt und wir ein paar Sachen mitnehmen, an denen ich nun wirklich hänge, das sind z. B. ein paar Fotoalben oder so was, wenn ich –

Also verzeih, gerade dieses Haus, das voll ist mit Gegenständen, von denen ich denke, daß sie alle eine Geschichte haben –

So ist es auch.

Diesen Umzug möchte ich nicht erleben. Sich da zu verkleinern, sich von vielem zu trennen, das ist sicher so einfach nicht.

Das ist richtig, aber manchmal, wenn wir unterwegs waren, hab ich mir als Bastler und Kenner meiner elektrischen Installation oder Heizung gedacht, was wäre, wenn zu Hause ein Kurzschluß war, und du kommst heim, und das Haus ist bis auf die Grundmauern abgebrannt. Dann werde ich fluchen und Scheiße sagen, aber ich werde nicht verzweifeln, weil ich alle die Sachen, das ist wirklich wahr, sogar die Fotoalben, die dann weg sind, in meinem Kopf habe. Ich habe in meinem Schneckenhaus alles bei mir, alles, was ich brauche. Und wenn ich die Menschen, die ich liebe, bei mir habe, dann kannst du uns zusammen mit einem Fallschirm an einem beliebigen Punkt des Erdballes absetzen, und ich glaube, daß ich da heimisch werden kann.

Ich behaupte das von mir auch, aber ich mißtraue mir da doch.

Ich hänge wirklich an jedem Bild, das man irgendwo auf dem Flohmarkt gekauft hat oder das man geschenkt gekriegt hat, oder an Dingen, die man sich irgendwann mal selber gekauft hat, um sich einen Wunsch zu erfüllen. Das hat alles seine Geschichte, aber ich wäre da sehr leicht amputierbar. Und oft habe ich gemerkt – wir haben ja noch eine Bleibe in klein, ganz klein, auf Sylt –, wenn wir einen Monat oder sechs Wochen auf der Insel gewesen sind, dann sind durch zeitliche und räumliche Trennung die Dinge so weit weg, daß man gar nicht mehr weiß, was man für Erinnerungsschätze an der Wand hängen hat. Und wenn aus irgendeinem Grunde der Rückweg verschlossen wäre, würde ich nicht daran verzweifeln.

Und Berlin? Die Stadt? Hella hat angedeutet, daß man eventuell auch woanders leben könnte, das Haus aufgeben, sich verkleinern. Könntest du dir vorstellen, dann nicht mehr in Berlin zu leben?

Ich glaube es mir vorstellen zu können, aber ich habe es noch nie probiert. Ich war noch nie länger als drei Monate nicht in Berlin, und deswegen hab ich gut reden und sag, es macht mir überhaupt nichts aus, ich brauche Berlin nicht, aber ich glaube es nicht ganz, weil ich es mir auch noch nie bewiesen habe. Ich wollte schon oft aus Berlin wegziehen, weil ich mich über etwas geärgert habe und gesagt habe, mit diesem störrischen Menschenschlag und mit diesen ewig Übelgelaunten will ich nichts zu tun haben, bis ich mir natürlich darüber klar geworden bin, daß ich selbst genau dieser Menschenschlag bin, störrisch und stellenweise auch übelgelaunt, und infolgedessen mir selber nicht weglaufen kann.

Wann bist du übelgelaunt?

Wann? Och, das – also – wahrscheinlich, wenn ich mit übelgelaunten Menschen zu tun habe. Also, ja wenn man Stänkerern begegnet, dann ist es sehr schwer, auf solche Leute mit einem Lächeln zuzugehen oder auch von ihnen mit einem Lächeln wegzugehen. Och, das kommt schon vor.

Sind das speziell die Berliner, die so übel gelaunt sind?

Ich glaube schon. Ich kann mich erinnern, wenn wir früher beim Südwestfunk zu tun hatten, die Leute in Süddeutschland erschienen mir oft deutlich entspannter.

Ich hatte immer meine Probleme mit den Berlinern, obwohl (oder weil?) meine Mutter Berlinerin ist. Ich habe Berlin lange gemieden. Jetzt lerne ich seit einiger Zeit Berlin-Mitte und den Prenzlauer Berg kennen, und ich bin erstaunt, wie lebendig es dort, im ehemaligen Osten, ist. Da hat sich sehr viel getan, und es verändert sich auch jetzt ständig. Da treffen Ex-DDRler Ausländer aller Nationen und Westler, die ihr Glück in der Hauptstadt versuchen wollen, aufeinander. Wo vor zwei Wochen ein Teeladen war, ist heute (vielleicht nur für die nächsten paar Wochen) ein Laden für natives Olivenöl. Alle probieren irgendwas aus, alle sind freundlich, und sie treffen sich in Kneipen, wo draußen ein Schild besagt: »Happy Hour, rund um die Uhr«.

Das ist natürlich wieder berlinisch. Da bildet sich wahrscheinlich auch so ein Biotop, es ist kein Zufall, daß das so begehrt ist und daß das ein Viertel ist, wo alle jungen Leute gern hinwollen.

Sie haben schon Angst, daß es eine Übervölkerung von Nichtberlinern wird. Da hörst du schon überall Schwäbisch und Bayerisch.

Ja, aber ich finde eine gewisse Vielschichtigkeit sehr schön. Für unsere Kinder hatte das auch immer einen Reiz. Die wollten immer nach Berlin-Mitte.

Und du, kennst du diese Ecke?

Ich kenne es wenig. Ich bin ein paarmal hingefahren. Ich bin so ein fauler Hund, was das Laufen betrifft. Ich muß immer überall vor der Tür parken, sonst bin ich übel drauf.

Dann bist du also auch kein Kneipengeher?

Nein. Das bin ich nicht, weil ich eben Autofahren und Kneipegehen streng trenne. Und das bedeutet im Grunde genommen, wenn ich irgendwo hingehe, daß ich entweder mit dem Taxi hinfahren muß, wenn ich ein Glas Wein trinken will, oder daß ich Mineralwasser trinken muß. Und um Mineralwasser zu trinken, brauch ich mich nicht in Kreuzberg oder am Prenzlauer Berg in die Kneipe zu setzen.

34

Hat das vielleicht auch mit deinem Bekanntheitsgrad zu tun?

Nein, das hat damit überhaupt nichts zu tun. Mir ist einfach der Aufwand, von hier wegzukommen bis in irgendeine Kneipe, wo es mir gefällt, zu groß. Wenn ich in der Innenstadt wohnen würde, dann hätte ich mit Sicherheit im Umkreis von 500 Metern ein paar Plätze, an denen ich gerne sitzen würde, Leute treffen oder so was. Das ist einfach eine Frage der geographischen Lage.

Was hat der so behütet, gutbürgerlich aufgewachsene Reinhard vom proletarischen Berlin mitbekommen?

Ich bin in Tegel und in Wedding zur Schule gegangen, das war eine ganz normale Volksschule. Da war jede Gesellschaftsschicht vorhanden, und meine Freunde habe ich mir nicht nach dem Geld der Eltern ausgesucht, sondern nach Sympathie. Ich habe meine Augen und meine Ohren aufgemacht und auf der Straße sehr genau hingesehen und den Leuten zugehört. Und wir selbst waren ja sehr einfache und bescheidene Leute und haben keineswegs im Luxus oder im Wohlstand gelebt. Meine Eltern haben alles in unsere Bildung gesteckt. Es ist nicht so, daß ich mit goldenem Löffel im Mund aufgewachsen bin. Ich hatte genausowenig Taschengeld wie die anderen und hatte die gleichen Sehnsüchte.

Aber zu Haus kann ich nur in Berlin sein   1985
Ich mag das Allgäu und die bunten Kühe,
Die auf den sanften, grünen Hügeln muh'n.
Ich mag den Rhein trotz seiner trüben Brühe,
Und ich mag alle, die etwas dagegen tun.
Das Alte Land und Hamburg mag ich gerne,
Ich mag das Land, wo man sich Spätzle macht,

Ich mag den Kohlenpott von Hamm bis Herne,
Und ich mag Mainz, wenn es nicht grade singt und lacht!

Aber zu Haus kann ich nur in Berlin sein,
Da ist das Leben, da wohnt der Bär.
Denk' ich »zu Haus«, fällt mir nur Berlin ein,
Da bin ich glücklich, da fehlt mir nichts mehr.

Ich hab' 'nen Nagelknipser aus Solingen,
Mein Pudding kommt direkt aus Bielefeld,
Mein liebster Suppenwürfel kommt aus Singen,
Und in Vechta kommt mein Frühstücksei zur Welt.
Ich zeche gern im Ratskeller zu Bremen,
Ich friere gern im Sommer in Scharbeutz,
Lass' mir im Schwarzwald den Blinddarm rausnehmen,
Und ich stehe im Stau am Kamener Kreuz.

Ich liebe Kiel und all' die kleinen Sprotten,
In Flensburg sitz' ich gern und prüf' den Rum.
Nur, bleib' ich zu lang' fort, krieg' ich die Motten,
Und dann hilft alles nix, dann kehr' ich einfach um.
Und wenn ich auf der Transitstrecke rolle,
Dann spür' ich schon ein Kribbeln und ein Zieh'n,
Dann schmunz'le ich bei der Gesichtskontrolle:
Na gewiß doch, Herr Genosse, ich will nach Berlin!

Je mehr ich durch die Weltgeschichte renne,
Desto mehr komm' ich dazu, einzuseh'n:
Wenn ich wo einen Ort »Zuhause« nenne,
Dann muß da mindestens Berlin auf'm Ortsschild steh'n!

Denn zu Haus kann ich nur in Berlin sein,
Da ist das Leben, da wohnt der Bär.
Denk ich »zu Haus«, fällt mir nur Berlin ein,
Da bin ich glücklich, da fehlt mir nichts mehr.

Wie siehst du die Entwicklung Berlins nach 89, die bauliche zum Beispiel?

Es gibt manche Sachen, die sind schön, und manche, die gehen total daneben.

Ich sage nur: Potsdamer Platz.

Ja, der ist zugeschissen, ich habe das Unheil sich entwickeln sehen, ganz langsam vom Fenster des Hansa Studios aus, wo ich seit 1990 alle zwei Jahre hinkam, um ein Album aufzunehmen. Wie soll das bloß werden, habe ich bei jedem Mal gestöhnt, die planlos zusammengewürfelten Baustile. Was etwas Besonderes hätte werden können, ist jetzt nur zusammengestückeltes Zeug.
Ja, die haben viel vergeigt.

Was soll deiner Meinung nach mit dem Palast der Republik geschehen?

Ich glaube, er ist historisch nicht so wertvoll, daß man ihn erhalten sollte. Das ist ein häßlicher Klotz, der als »Denkmal für eine Epoche« nichts zum Ausdruck bringt. Und da wir in Berlin so viele große Hallen haben, die man bespielen könnte, fände ich dort eine Grasfläche sinnvoller. Ehrlich gesagt: Es ist mir egal, ob der Palast nun stehenbleibt oder abgerissen wird. Sie sollen nur endlich die Diskussionen darüber beenden.

Was hat sich für dich denn nach dem Fall der Mauer in Berlin verändert?

Daß ich in Dreilinden nicht mehr meinen Ausweis vorzeigen und das linke Ohr freimachen muß, das ist eine ganz wesentliche Verbesserung der Lebensqualität, Freiheit. Freiheit, in die andere Hälfte der Stadt zu gehen, Freiheit, das ganze Land bereisen zu können, überall auftreten zu können, überall Leute zu treffen, sich frei bewegen zu können, das ist fundamental, das ist ein persönliches Weltereignis für mich.

Warst du für Berlin als Hauptstadt?

Wenn ich hätte entscheiden können, ich hätte gegen den Umzug nach Berlin votiert, dadurch ist es nicht besser geworden. In Bonn hat alles wunderbar geklappt, und durch den Umzug haben sich alle nur Schwierigkeiten eingehandelt. Bei jedem Staatsbesuch bricht die ganze Stadt zusammen. Dieses Hauptstadtgedröhne ist mir schon immer auf den Senkel gegangen, schon zu DDR-Zeiten, weil sie nicht von Berlin sprechen konnten, sondern von der Hauptstadt der DDR. Ähnlich peinlich finde ich es, wenn ich schon aus dem Radio morgens höre »na, und was gibt es Neues aus der Hauptstadt?«. Hauptstadt zu unterstreichen, das hat so was Peinliches und Provinzielles.
Ich ärgere mich über die Großmannssucht, die ausgebrochen ist. Man möchte manchmal glauben, am Hofe des Sonnenkönigs zu sein, wenn man sieht, wie sie sich brezeln. Ich hab zu meiner Heimatstadt immer ein kritisches Verhältnis gehabt. Wenn mich gerade mal wieder was geärgert hat an Berlin – der politische Klüngel oder diese unsäglichen Filmfestspiele, dann denke ich, Mensch, hau ab, geh irgendwo auf eine Südseeinsel oder wenigstens nach Südtirol oder nach Nordnorwegen, nur weg hier. Aber nach einer Weile weiß ich, daß ich diesen Ärger auch brauche, und daß ich nirgendanderswo leben und schreiben möchte als hier. Man muß manchmal rausgehen und den Mief woanders schnuppern, nicht nur den heimischen. Mir würde das Schreiben ausgehen, wenn ich woanders leben würde als hier, unter einem ewig blauen Himmel, in immer sorglosem Klima, ohne Anfechtungen.

3. KAPITEL

Rotten Radish Skiffle Guys

1957 – Erste Band: Zunächst Mitglied und später Leader der »Rotten Radish Skiffle Guys« – **1961** – Zusammen mit Schobert Schulz und einem häufig wechselnden dritten Mann entsteht das Trio »Les Trois Affamés« – **1962** – Vertonung der Balladen von François Villon und Gedichte von Georg von der Vring – **1963** – Deutsches Abitur und französisches Baccalauréat am Französischen Gymnasium Berlin. Anschließend zweieinhalb Jahre Industriekaufmannslehre bei der Schering AG Berlin.

Den Reinhard Mey seiner unzähligen Konzerte kennt man als den schmalen Mann mit der Gitarre. Keine Begleitung, keine Band, nicht einmal, wie bei Hannes Wader in früheren Jahren, ein zweiter Gitarrist. Nein, er alleine, oft winzig wirkend auf großen Bühnen. Und es sind zumeist – immer noch – die großen Bühnen, auf denen er steht. Das Publikum, das auf den Alben die Lieder mit allen möglichen Instrumenten arrangiert hört, scheint es so zu wollen.
Wie kam es für den Jungen aus gebildetem Hause, der Klavier spielen sollte, zur Gitarre?

Vielleicht war da tatsächlich schon der Gedanke dabei, daß du nicht überall ein Klavier hast, wo du hinkommst. Noch während des Klavierlernens habe ich eine Gitarre bei einer Tante, die früher Wanderlieder gesungen hat, entdeckt. Die Gitarre stand da rum. Die Tante zeigte mir zwei, drei Griffe. Da konnte man dazu singen, und irgendwie kam das Erfolgserlebnis schneller als beim Klavier. Bei der Gitarre kriegst du drei Griffe gezeigt, und du kannst – wenn's wirklich sein muß – »Wir lagen vor Madagaskar« singen.

Und damit warst du schon ganz weit vorne. Es war eine kompakte Einheit. Ich konnte singen, ich konnte das Ding transportieren, und es war nicht zu schwer am Anfang. Das hat mir gefallen. Es war die Zeit wo ich AFN hörte, den amerikanischen Soldatensender. Meine Schwester, vier Jahre älter, war sehr prägend für meinen Musikgeschmack. Sie hörte AFN und hat mir die ganze Musik von Jazz bis amerikanischer Popmusik der 50er Jahre, die Anfänge des Rock 'n' Roll, quasi intravenös injiziert. Sehr entscheidend in dieser Zeit war, daß ich meiner Schwester natürlich gefallen wollte. Und so habe ich mich ihrem Musikgeschmack angeschlossen. Es hat mir sehr viel Spaß gemacht, die Musik zu hören, die ihr gefiel, und damit eine gemeinsame Ebene mit ihr zu haben. Da waren dann Sachen dabei, die ich mit der Gitarre nachspielen konnte, sehr viel einfacher als mit dem Klavier. Und dann hab ich auch von mir aus angefangen, meine Eltern zu belatschern, mir eine Trompete zu schenken, denn ich wollte in einer Jazzband spielen. Sie haben mir tatsächlich eine zu Weihnachten geschenkt, das muß so 54/55 gewesen sein. Auf der einen Seite war es der Jazz, der mich interessierte. Es gab die ersten Dixieland-Bands, in denen ich mitspielen wollte, aber ich war natürlich mit meinen zwölf, dreizehn Jahren viel zu klein dafür. Ich hab dann einfach versucht, zu den Schallplatten zu spielen. Auf der anderen Seite habe ich gerne Bach gehört. Das kam von meinen Eltern, die sehr große Bach- und Mozartfreunde waren. Mich haben vor allem die Stellen mit den Bachtrompeten fasziniert, und nachdem ich festgestellt hatte, daß das eine ganz andere Trompete war, als die, die ich hatte, wollte ich dann auch noch eine Bachtrompete haben. Aber da hat mein Vater gesagt: »So dicke haben wir es auch nicht, nun lern erst mal das andere Instrument.« Dann hab ich mir selbst Unterricht organisiert. Den einen hab ich bei einem Jazztrompeter genommen und den anderen bei einem Kantor, der einen Posaunenchor leitete. Das hab ich einige Zeit mit großer Begeisterung gemacht, aber sie war doch nicht groß genug, denn in Wirklichkeit wollte ich singen. Und da nutzte mir die Trompte herzlich wenig.

Sven Regener macht beides.

Ja, der macht es, aber so virtuos war ich nicht, also hab ich mich auf die Gitarre konzentriert und habe angefangen, in Bands zu spielen und zu singen, und das war ein guter Entschluß, den ich bis zum heutigen Tage nicht einen Augenblick bereut habe.

Du hast also mit elf, zwölf Jahren angefangen – ?

Ja. Und mit vierzehn hab ich angefangen, in einer Skiffelband zu spielen und zu singen. Lonnie Donegan war das große Vorbild. Den hab ich vor ein paar Jahren mit der Chris-Barber-Band in der Berliner Oper erlebt. Das war für mich eine solche Freude, den noch mal zu hören und zum ersten Mal live zu sehen, nachdem ich in meiner Jugend versucht habe, alle seine Sachen nachzuspielen. Er war mein großer Lehrmeister. Und ich bin froh, daß ich in der Jugend mein Herz nicht an falsche Idole gehängt, sondern mir in Lonnie Donegan den richtigen ausgesucht habe. Das war die Musik, mit der man in den Kneipen rumgekommen ist, die ersten paar Mark zusammengespielt hat, und mit der man die ersten Erfahrungen gesammelt hat, sich vor dem Publikum zu behaupten und sich auch mit widrigen Räumlichkeiten und Lärmpegeln zurechtzufinden. Es war eine harte, aber gute Schule.

Chet   1999
Wir durften in den Laden damals ja noch gar nicht rein
Und wenn sie dich erwischten, gab es jede Menge Ärger.
Ich sah grimmig aus und cool, um 'n bißchen älter zu erschein'

Vor dem Jazz-Tempel Augsburger Straße, Ecke Nürnberger.
In meinem Ami-Parka lungerte ich rum vorm Notausgang
Manchmal kam jemand raus und ließ die Tür kurze Zeit
    offen
Und mit dem warmen Rauch, der naß und schwer ins Freie
    drang,
Kamen Fetzen von Musik und ich stand wie vom Schlag
    getroffen.

Ich kam fast jeden Abend, hab an der Eisentür gelauscht.
Mal kam eine Bedienung raus, »Na, Kleiner, das könnte
    dir so passen!«
Und ich hab meine Briefmarkensammlung bei ihr einge-
    tauscht,
Dafür hat sie mich von der Garderobe aus zuhören lassen.
Da spielten sie: Bob Whitlock, Bass, verzückt und selbst-
    verlor'n,
Saxophon Gerry Mulligan, um den sich alles drehte,
»Das Uhrwerk« Chico Hamilton, und mir klingt's heut noch
    in den Ohr'n:
Der liebe Gott himself: Mister Chet Baker, Trompete!

Und wenn er spielte, dann war's als ob die Welt ringsum
    versank
Den Blick in sich gekehrt, ließ er die Melodien entstehen
In einem klaren, schwerelosen und lupenreinen Klang.
Ich hielt den Atem an, mir sollte nicht ein Ton entgehen.
Und er spielte noch genial, als er schon an der Nadel hing,
Entzug, Rückfall, Entzug, das Leben ging ihm aus den Fugen.
Und er spielte wie ein Engel, als er durch die Hölle ging
Und sie ihm bei 'ner Keilerei alle Zähne ausschlugen.

An Abenden wie heut, wenn ich ihn in alten Platten such,
Will sich ein andres Foto durch die Hochglanzcover
    blenden:

42

Das Bild des Todgeweihten, um den Hals das weiße Tuch,
Das silbern funkelnde Instrument in knöchernen Händen.
Dann ist's, als setzte er's mit schmalen, blassen Lippen an,
Als wenn ein Blues legato, federleicht vorüberwehte –
In Amsterdam verreckt nachts 3 Uhr 10 auf der Straße ein
    Mann,
The God Father himself, Mister Chet Baker, Trompete.

Gehörte Chet Baker auch zu diesen Idolen?

Ja. Meine Schwester hat mich immer in die Jazz-Clubs mitgenommen. Da hab ich mir meine Lieblingsleute rausgesucht, und einer war eben Chet Baker. Der hat mich immer
wieder beim Hören und in den Gedanken berührt. Seine
Geschichte, die traurige Geschichte eines Idols, das letzten
Endes an Drogen zugrunde gegangen ist, hat mich sehr angerührt.

*»Rotten Radish Skiffle Guys« – so was wie »vergammelte
Rettich-Skiffle-Jungs« – was war das für eine Band?*

Also der Bandname kam nicht von mir, den gab es schon
vor mir. Das waren – hier draußen im Vorort von Berlin – Leute, die Lust hatten, Musik zu machen. Alle hatten
sich so ein bißchen im Jazz versucht, ich hatte Trompete
gespielt, andere versuchten es auf allen möglichen Instrumenten. Und weil wir alle, die wir Musik machen wollten,
hier im Vorort rumhingen, kamen wir auf den Gedanken,
was zusammen zu machen. Da bot sich natürlich Skiffle an,
weil das eine Musik war, die gute Laune verbreitete und wenig Virtuosität erforderte. Die konnte man wirklich nach
einer Anlernzeit von drei Nachmittagen draufhaben und irgendwo mitmachen, wenn es darum ging, das Waschbrett
oder den Teekistenbaß zu spielen. Dazu mußte man nicht
Musik studiert haben, und die fünf Akkorde, die hatte man

Rotten Radish Skiffle Guys, 1957

auch schnell drauf. Es war eine Musik, die irgendwie Spaß gemacht hat.

In Reinickendorf haben wir in einem Jugendfreizeitheim einen Übungsraum gekriegt, und dann fingen wir einfach an, diese Musik zu spielen, haben uns beworben, auf allen möglichen Festen oder Veranstaltungen, die es gab. Da gab es einen Jazzband-Ball, und da spielte natürlich eine Jazzband, und dann durfte aber auch eine Skifflegroup kommen, dazu konnte man auch tanzen. So sind wir da reingerutscht. Der Gründer oder Erfinder der »Rotten Radish Skiffle Guys« war schon etwas älter als wir, der hatte auch einen Führerschein und konnte sich so um den Transport kümmern. Ich war vierzehn oder fünfzehn, als ich da einstieg. Da gabs die Gruppe schon ungefähr ein Jahr. Irgendwann stieg dann der Bandleader aus, und ich erbte den Job. Ich bin sozusagen in der Hierarchie aufgestiegen und hab dann den Bandleader gegeben. Mir hat die Sache sehr viel Spaß gemacht, und man braucht auch immer einen, der den ganzen Laden zusammenhält und aufpasst, daß die Kollegen zum Üben kommen und so weiter. Ich hab versucht, diese Band auf Vordermann zu bringen, hab dann den Christian Pechner, mit dem ich zusammen zur Schule gegangen bin, reingeholt. Das Ganze war eine wunderbare Möglichkeit, sich auszuprobieren, indem man auf diesen Festen zum Tanz spielte.

Hast du da schon gesungen?

Ja, das Singen war ganz wichtig. Und Gitarre spielen. Die Gitarre, die du da hinten in der Ecke stehen siehst. Die hab ich damals für 40 Ostmark von einem Freund hier aus der Gegend gekauft, eine Otwin Sonor. Das ist, wie ich inzwischen weiß, ein ganz tolles Instrument, aber damals war das nicht so wichtig. Heute ist das ein Sammlerstück. Das weiß ich aber auch erst seit zwei Jahren. Mit der hab ich in den ersten Bands gespielt. Die hab ich sehr lange gehabt, bis in die 60er rein. Mit der war ich noch auf der Burg Waldeck. Eine Stahlsaitengitarre, die paßte überhaupt nicht zu dem, was ich da gesungen habe, aber irgendwie ging es. Man hatte ja kein Geld, sich zwei Gitarren zu leisten. Und so hab ich erst mal so lange auf der gespielt, bis ich mir meine erste Konzertgitarre leisten konnte. Ich habe hier noch eine alte E-Gitarre. Die hab ich mir mit Schobert zusammen gekauft, Ende der 50er Jahre. Wir nannten uns »Les Trois Affamés« und spielten mit einem wechselnden dritten Mann Skiffel und sangen Chansons. Aber dann haben wir die Beatles gehört, und da mußten wir natürlich auch E-Gitarren haben. So haben wir uns bei QUELLE jeder eine dieser roten E-Gitarren gekauft. Wir konnten gut singen »She loves you«. Wir hatten auch einen Verstärker. Das war damals entscheidend dafür, ob man groß rauskam oder nicht. So ein Ding brauchtest du. Das war das Vehikel zum Ruhm. Da haben wir dann mit einem selbstgebastelten Verstärker, den uns ein Physik-Student gebaut hatte, unsere ersten Jobs gehabt

Wie war bei der Skiffle-Band die Besetzung – Banjo –?

Ja, natürlich, ein Banjo. Die eigentliche Besetzung war ein bis zwei Gitarren, ein Banjo, ein Waschbrett, der Teekistenbass – ja, das wars eigentlich. Wobei wir das dann wirklich verfeinert haben, denn irgendwann hatten wir plötzlich einen E-Gitarristen dabei. Dann hatten wir mal einen Klarinettisten dabei, also auch Sachen eigentlich, die in eine Skifflegroup gar nicht reingehören, aber da waren wir wirklich offen und haben alles gespielt, und jeder, der Lust hatte und irgendwas Gutes beitragen konnte, der durfte bei den Rotten Radish Skiffel Guys mitspielen. Wir waren damals hier in Nordberlin zusammen mit der Tower-Jazz-Band ziemlich bekannt. Da gibt es sicher Leute unseres Alters, die sich noch gut erinnern.

Ging es da schon richtig um Geld? Hat man da schon ver-
dient?

Also, es gab schon mal eine kleine Gage, die konnte auch
in Naturalien bestehen, aber die Hauptgage war eigentlich
die Beachtung, die man bei den Mädchen gefunden hatte.
Es war fabelhaft, auf der Bühne zu stehen, Gitarre zu spielen und zu singen oder Baß zu spielen. Man spielte eigentlich, wie Hannes Wader später immer sagte, nur, um die
Mädchen auf sich aufmerksam zu machen. Wie der Enterich
schnattert, so macht der Musiker Musik, um die Aufmerk-
samkeit des schönen Geschlechts auf sich zu lenken. Und
das gelang damit, und so war der Zweck erfüllt.

War da bei dir schon die Idee, ich mach mal was alleine?

Der Wunsch, der Traum, der war natürlich da. Aber du
wagst es ja nicht zu glauben, daß du so 'ne Sache als Beruf machen kannst oder daß du irgendwann vielleicht mal
deinen Lebensunterhalt damit verdienst. Der Wunsch, der
Traum war immer da, solange ich denken kann. Musik als
Beruf zu haben, das war immer das, wovon ich geträumt
habe, was ich mir immer sehnlichst gewünscht habe. Ich
wußte aber damals nicht, wie das aussehen sollte.
Mit zehn, elf Jahren dachte ich noch, ich werde Dirigent.
Wenn mich meine Eltern in ein Konzert mitgenommen hatten, habe ich danach mit einer Partitur dagesessen und mir
vorgestellt, Dirigent zu sein. Es war also von Anfang an die
Musik. In welcher Form, das war mir noch nicht ganz klar,
aber mein Lebenstraum war es.

Musik zu studieren, daran hast du nicht gedacht?

Doch, ich habe daran gedacht, und ich bin irgendwann mal,
vor oder nach dem Abitur, zur Hochschule der Künste ge-

Was wird wohl aus dem werden?, denkt der Vater, 1953

gangen, um mich zu informieren. Aber der Studienbetrieb an der Hochschule für Musik, damals hieß sie noch so, der hat mich schon nach dem Passieren des Pförtnerhauses so abgetörnt, daß mir klar war, hier geht dein Weg nicht lang. Es fing erst mal mit einer unglaublichen bürokratischen Hürde an, die sie einem da in den Weg gelegt hatten, mit handgeschriebenem Lebenslauf und lauter Sachen, die ich immer gehaßt habe wie die Pest.

Dann hieß es, wenn Sie singen wollen, müssen Sie als erstes Italienisch lernen, das schien mir damals wirklich bescheuert, und ich dachte, was soll ich Italienisch lernen, ich will hier singen. Na gut, inzwischen weiß ich, welchen Sinn das hat. Aber damals wußte ich, diese akademische Musiklaufbahn, das ist nicht mein Ding. Und da habe ich nie wieder einen Fuß reingesetzt. Da wurde mir klar, entweder ich mach das so, wie ich das will, autodidaktisch, oder ich laß es sein.

Da war aber dann immer noch nicht klar, daß das zum Beruf und zur Karriere werden würde?

Meine Eltern machten sich über die Zukunft ihres Sohnes natürlich Sorgen. Ich hatte einen Onkel, Heinz Mey, der war Schauspieler. Er war aus dem Krieg zurückgekommen, hatte ein Bein verloren und spielte bei den »Wühlmäusen« und in der »Schmiere« Kabarett. Später hat er in Hof eine Regie am Theater bekommen. Diesen Onkel haben meine Eltern eine Zeitlang durchgefüttert, und den haben sie mir lange Zeit vorgehalten, »siehst du, als Künstler kann es sehr, sehr schwierig werden«. Ich habe meinen Onkel Heinz geliebt und bewundert und wollte damals auch Schauspieler werden. Meine Eltern haben das gesehen und waren besorgt um die materielle Zukunft ihres Jungen. Dann hab ich mir gedacht, es würde sie sicher erleichtern, wenn ich noch ein seriöses Handwerk erlernte. So hab ich mich nach dem

Abitur bei Schering in Berlin beworben. Das war auch so eine Sache, die ich nie bereut habe.

Auch das hast du nicht bereut, du hast ja nie etwas bereut.

Stimmt, weil ich auch aus Irrtümern und Enttäuschungen was gelernt habe. Und bei Schering bin ich in einen Laden reingekommen, wo sie es mit der Ausbildung ihrer Lehrlinge sehr ernst genommen haben. Sie haben mir genau das geboten, was ich mir gewünscht habe. Wenn ich einen anderen Notendurchschnitt gehabt hätte, hätte ich gerne Medizin studiert, das war auch eine Zeitlang ein großes Interesse.

Und nun wurden wir in dieser Lehre mit Arzneimittelkunde- und Anatomieunterricht beharkt. Ich habe das aufgesogen, was wir dort gelernt haben. Da haben die tollsten Ärzte Vorträge gehalten. Dann hat Schering Spanischunterricht angeboten, und auch das war total mein Ding. Und dadurch, daß ich gut Französisch sprach, haben sie mich bei Schering als Übersetzer bei den Führungen mit französischen Gästen genommen.

Ich kannte mich in dem Laden aus, kannte viele Leute, ich fühlte mich dem Betrieb wirklich zugehörig und hab gelebt wie die Made im Speck. Ich hatte mir eine Position erarbeitet, daß ich als Azubi in Abteilungen kam, in die Festangestellte nicht hineinkamen. Da gab es zum Beispiel das Isotopen-Labor, das war top-secret, da durfte keiner rein, da wurde mit radioaktiven Substanzen experimentiert. Da kamen normalerweise nur der Vorstandsvorsitzende rein und die Leute, die da drin arbeiteten. Nun mußten aber zwei Professoren aus Frankreich herumgeführt werden. Und wer durfte mit? Der kleine Reinhard! Ich hatte wirklich einen super Platz. Ich hatte in Bergkamen in der Außenstelle von Schering Kunstharze kennengelernt, und das hat mich als bekennenden Heimwerker schwer fasziniert, was damit alles zu machen ist. Sie arbeiteten mit einer französischen Niederlassung in Roubaix zusammen. Ich habe übersetzt und mich unentbehrlich gemacht. Nach meiner Lehre hätte ich sofort nach Roubaix gehen können, und nach ein paar Jahren wäre ich vielleicht Chef geworden. Aber ich habe es nicht gemacht, weil ich Musik machen wollte.

Aber wie gesagt, bereut habe ich die zweieinhalb Jahre nicht. Ich hab unheimlich interessante Leute kennengelernt, hab Betriebe kennengelernt, in denen es stank und wo es gefährlich war. Wenn das Feuersignal ertönt, hast du noch 30 Sekunden, um rauszukommmen, dann kommt das CO_2, das alles erstickt.

Ich habe in Schicksale Einblicke bekommen in der Zeit, ich hab mehr über das Leben gelernt als in der Schulzeit, abgesehen von den Sprachen, die ich in der Schule gelernt hatte. Weil ich nun aber nicht wußte, wie das mit der Musik weitergeht, habe ich pro forma ein Studium der Betriebswirtschaft an der TU-Berlin aufgenommen. Aber die Hürden in Finanzmathe und Statistik haben mir das Leben schwergemacht. Auf die Uni zu gehen, selber den Hörsaal rauszukriegen und sich für Scheine anzumelden, da war schon das halbe Semester um.

Durch einen Irrtum bin ich mal in Wärme- und Geräusch-dämmungs-Vorlesungen bei den Architekten geraten, und da bin ich von da an dann immer hingegangen, das war zwar die falsche Fakultät, aber das hat mir Spaß gemacht und was fürs Leben gebracht.

Ansonsten konntest du die Uni für mich vergessen, das war eigentlich nur, um meine Eltern zu beruhigen, während ich eigentlich auf Jobs wartete und Musik machen konnte. In der Zeit habe ich in meinem Elternhaus gewohnt, kostenlos. Und wenn ich das Geld für die Tankfüllung nicht hatte, haben sie mir was dazugegeben und haben mich in allem unterstützt. Ich wußte immer, bei meinen Eltern finde ich Unterschlupf.

Waren sie später eigentlich sehr stolz auf dich?

Ja, besonders mein Vater. Der konnte Gefühle dieser Art besser zeigen als meine Mutter. Sie neigte zum Understatement und hat es nicht so überschäumend gezeigt. Sehr, sehr stolz war meine Tante Illi, die einen großen Anteil daran hatte, weil sie anfangs bei der Promotion mitgemacht hat, indem sie immer in die Plattenläden ging und nach meinen Platten fragte, um den Bedarf anzukurbeln oder vorzutäuschen.

4. KAPITEL

Frédérik Mey

Douce France   2003

Der Junge auf dem fremden Bahnhof, wie ein Hindernis im
  Treck
Der Hastenden, der Reisenden, hatte leichtes Marschgepäck:
Ich stand wie Vasco da Gama vor dem Tor zur neuen Welt,
Die Fahrkarte am Band um meinen Hals, ich war ein Held!
Mit einem unscharfen Foto sucht' ich nach ihnen verstohl'n
Und mein Hasenherz, das flüsterte: Keiner kommt, dich ab-
  zuhol'n.
Verlor'n, verscholl'n, gestrandet, Bahnsteig 10 am Gare
  de l'Est
Ist ein sehr einsamer Platz, wenn dich dein Heldenmut ver-
  läßt …
Da rief jemand meinen Namen, ich bin auf sie zugerannt,
Sie schlossen mich in ihre Arme, die fremden Menschen auf
  dem Bild in meiner Hand.
Douce France!

Alles ist so fremd, so anders, so verwirrend und so schnell.
So viel neue Bilder, alles ist so aufregend, so grell.
Die Worte, die ich nachspreche und beginne zu versteh'n,
Menschen, die mir hier begegnen und die Dinge, die
  gescheh'n:
Wie sie ihre Autos parken, ohne Skrupel, ohne Zwang,
Küssen sich auf offner Straße und sie essen stundenlang,
Menschen, die auf U-Bahnschächten schlafen, hatt' ich nie
  geseh'n,
So viel Lebensmüde, die bei rot über die Kreuzung gehen.
Und Cafés stell'n Tisch und Stühle auf die Bürgersteige raus

Ich bin so fern von zuhause und ich fühl mich doch schon
zuhaus!
Douce France!

100 Francs für eine Cola, 3 mal 50 für Kultur
Aus der Juke-Box für den großen Georges, Trénet und
Aznavour.
Wie haben sie mich entzündet, überwältigt und bewegt,
Hab' mein ganzes Taschengeld in ihren Liedern angelegt!
Und die spielt' ich nach auf den Boulevards als Straßen-
musikant
Abends vor den Filmpalästen, wo man damals Schlange
stand.
Ich habe Boris Vian gehört, Grapelli und Béchet –
Sein Sopran drang auf die Straße vorm »Caveau de la
Huchette«.
Andächtig standen wir draußen, zwei Kinder Arm in Arm,
Der Lebensdurst, die Zärtlichkeit und der Jazz hielten uns
warm.
Douce France!

Hab' die Frauen in der Rue du Faubourg St. Denis geseh'n,
Die ihre Schönheit verkaufen und ich konnt' es nicht ver-
steh'n,
Daß sie sich für jeden Drecksack hinlegen, für jeden Wicht,
Wenn er nur die Kohle hinlegt – ich versteh' es heut noch
nicht!
Ich sah Pflastersteine fliegen, sah die Fratze der Gewalt,
Sah die Klugheit unterliegen, sah die Hand zur Faust geballt,
Sah sie offen ausgestreckt und zur Versöhnung schon bereit,
Lebte Freiheit, fühlte Gleichheit und ich fand Brüderlichkeit.
Douce France!

Wie ein Film flimmert mein Leben über die Kinoleinwand,
Einer von den schönen alten mit Ventura und Montand.

Ich seh: Soviel hat der Junge, der da spielt, bei dir gelernt.
Hat dich 100 mal verlassen, hat sich nie von dir entfernt.
Hat geübt, sein eignes Land mit Liebe besser zu versteh'n
Und Unabdingbares milder und versöhnlicher zu seh'n.
Da war nie ein Wort der Feindschaft, nie eine Demütigung,
Nur so ein gewisses Lächeln in meiner Erinnerung.
Manchmal, wenn ich an mir leide, dann machst du mich
    wieder heil,
Von meiner schweren, dunklen Seele bist du der helle, der
    federleichte Teil.
Douce France!

Frédérik Mey, das Alter ego von Reinhard Mey, ist in Frankreich ebenso erfolgreich wie »das Original« hierzulande. Wie kam das für einen Berliner Jungen?

Meine Eltern hatten sich in den 30er Jahren mit einem französischen Ehepaar angefreundet und sind zusammen verreist, haben sich gegenseitig besucht. Als der Krieg kam, sind sie getrennt worden, haben sich dann noch mal in der Schweiz getroffen und sich geschworen, wenn der Wahnsinn irgendwann mal zu Ende sein sollte, würden sie ihren Beitrag dazu leisten, daß es wieder eine deutsch-französische Verständigung gebe, auf familiärer Ebene, daß ihre Kinder die Nachbarn besser kennenlernen würden. Das wurde sicher so nicht ausdrücklich formuliert, aber das wird der Gedanke gewesen sein, sie haben sich gemocht, sie haben sich geliebt, sie haben sich verstanden. Die geschichtlichen Ereignisse sind ihnen schwer in die Quere gekommen, aber danach – mein Vater war nur als Flaksoldat im Norddeutschen stationiert – haben sie wieder Verbindung aufgenommen. Deswegen haben mich meine Eltern auf eine französische Schule geschickt. Und das schon nach der 4. Klasse. Ich habe da sehr mit meinen Eltern gehadert, fand das gar nicht lustig, mußte aus meiner geliebten Grundschulklasse raus, aus meinem Klassenverband. Später war ich dann sehr dankbar dafür.

Mein Vater war sehr gut in Französisch, das muß sein persönliches Interesse gewesen sein, meine Mutter sprach nicht so brillant, konnte sich aber durchschlagen. Die Franzosen waren ein Lehrerehepaar, er gab Deutsch, und auch da war es so, daß er besser Deutsch sprach. Meine Schwester hat sich gegen die französische Schule erfolgreich gesträubt. Sie war wohl resoluter als ich.

Die ersten zwei Klassen auf der deutsch-französischen Schule waren noch getrennt, also hatten wir jeden Tag zwei oder drei Stunden Französischunterricht, sozusagen »Hochdruckfranzösisch«. Ab der siebten Klasse passierte alles außer Deutsch in französischer Sprache. Auch Englisch. Außer dem Deutschunterricht war auch Englisch getrennt, weil die Deutschen einfacher Englisch lernten.

Ich war immer kurz davor, rauszufliegen, und habe mich immer haarscharf über die Runden gerettet. Ich habe sehr darunter gelitten, daß ständig dieses Damoklesschwert über mir hing, im nächsten Jahr rauszufliegen. Man mußte einen bestimmten Notenschnitt haben, um bleiben zu dürfen. Für die französischen Kinder hat das nicht gegolten, die konnten sie nicht so leicht rausschmeißen, für die gab es ja keine andere Schule in Berlin. Die Deutschen wurden doch anders rangenommen als die Franzosen. Die Franzosen mußten auch nicht so gut Deutsch können wie wir Französisch.

Schließlich habe ich ein französisches Abitur gemacht, nicht aus reinem Wissensdurst, sondern weil es ein halbes Jahr vor dem deutschen Abitur stattfand, und ich sagte mir, wenn ich durch das deutsche falle und das französische schon habe, kann ich darüber nur kichern. Dann hab ich wenigstens das französische. Und das reicht mir auch. Das deutsche hab ich dann später ganz gelassen auch noch gemacht. Mein Vater hat mit mir Vokabeln geübt. Er hat Geschichten erfunden, die ich dann übersetzt habe. Und obwohl er kein Pädagoge war, hat er großes pädagogisches Geschick bewiesen, und meine Französisch- und Lateinstunden mit ihm waren das reinste Vergnügen. Daß ich in Französisch gut geworden bin, verdanke ich der Tatsache, daß er mich so listenreich und klug herangeführt hat, so, daß es mir Spaß machte. Wenn ich mit ihm gelernt habe, hatte ich Freude daran. Seine Französisch- und Lateinlektionen habe ich in zärtlichster Erinnerung.

Zudem gab es den erwähnten französischen Freund Elie aus Lyon. Meine Eltern hatten mir schon so viel von ihren Freunden erzählt, daß es für den kleinen Jungen eine ganz exotische Geschichte war, als Elie tatsächlich eines Tages zu Besuch kam. Ich hatte mir schon meine Vorstellungen von ihm gemacht, hatte Fotos gesehen, dann kam er, wohnte bei uns, und ich hatte sofort einen Narren an ihm gefressen. Der war witzig, sprach perfektes Deutsch mit einem wunderbaren Akzent. Mit ihm, der mich auch in sein Herz geschlossen hatte, war ich drei Wochen ununterbrochen unterwegs. Ich, der Elfjährige, hab ihm Berlin gezeigt. Und ein Jahr später durfte ich dann zu ihnen nach Frankreich fahren. Wir hatten französische Sommerferien, die dauerten damals zweieinhalb Monate, und die hab ich dort verbracht. Elie hatte fünf Kinder, darunter einen Jungen, Etienne, der zwei Jahre jünger als ich war. Über sein Schicksal hab ich später das Lied geschrieben **Weißt du noch, Etienne?**.

Ich wurde aufgenommen wie ein weiterer Sohn der Familie, fühlte mich sehr wohl. Auch Elie hatte großes pädagogisches Geschick, so daß er seinen Sohn und mich jeden Morgen dazu gekriegt hat, um halb neun bei ihm auf der Matte zu stehen zum Sprachunterricht – und das freiwillig. Das Dorf in der Ardèche, in dem sie lebten, hieß Albon. Überall waren Großeltern, Geschwister, Tanten, man war als Kind nirgendwo verloren. Wir wohnten bei der Großmutter und sind jeden Morgen zu Eli gestiefelt und haben uns ein Kapitel aus der Schatzinsel auf französisch diktieren

Mit Etienne und seinen Eltern, 1954

lassen, eine Art Wettstreit, wer von uns das bessere Diktat hatte. Wenn du einen faulen Hund wie mich dazu kriegst, das freiwillig zu machen, muß da ein großes pädagogisches Talent dahinter sein. Diese eine Stunde Diktat morgens war sogar die schönste Ferienattraktion überhaupt. Als ich dann nach zweieinhalb Monaten nach Hause fuhr, durfte ich zum ersten Mal fliegen. Es war wohl nicht so leicht damals, als unbegleitetes Kind durch die DDR zu kommen, und so durfte ich als Belohnung für meine Französich-Fortschritte von Frankfurt nach Berlin fliegen. Als ich in Berlin ankam, ist es mir schwer gefallen, Deutsch zu sprechen, weil ich so in das Französische eingetaucht war. Ich mußte erst mal wieder nach den deutschen Wörtern suchen. Jetzt bin ich grade wieder dabei, ein paar französische Lieder zu schreiben. Ich bin ein bißchen aus dem Training, aber mit etwas Übung krieg ich meine alte Kondition, dann spreche ich akzentfrei.

Und als ich dann anfing, Musik zu machen, kam mir der Gedanke, Mensch, du hast ja eine zweite Sprache, laß sie nicht brach rumliegen, sondern versuch es einfach mal auf Französisch. Und siehe da, es war überhaupt gar kein Problem. Später war ich noch in anderen Austauschfamilien, die Spaß an der Musik hatten, und so habe ich viel von französischer Musik mitbekommen. Einen Teil meiner Musikprägung, den angloamerikanischen Teil, habe ich meiner Schwester zu verdanken, und den anderen der französischen Schule und den Familien, bei denen ich in Frankreich zu Besuch war.

Weißt du noch Etienne?   2001

Weißt du noch Etienne,
Wie ich in deinem Zimmer Stand,
Den winz'gen Koffer in der Hand,
Der meine ganze Habe barg, mit einem Gürtel meines
    Vaters zugezurrt?
Unter der schäb'gen Pappehaut

Hatt' ich meine Kleider verstaut
All meine Schätze, mein Zuhaus. Ich stellte ihn auf's Bett
und öffnete den Gurt.
Etienne, ich war vor Heimweh krank
Und als das Kofferschloß aufsprang,
Sprang auch der Ring um meine Kehle und die Tränen
schossen heiß mir ins Gesicht.
Der Junge aus dem andern Land,
Der meine Sprache kaum verstand,
Half mir beim Auspacken und lächelte und tat, als merkte
er mein Weinen nicht.
Etienne, was wäre, wenn …?

Weißt du noch Etienne,
Wie streunten wir um euer Dorf,
Die Nägel schwarz, die Knie voll Schorf,
Ich mehr dein Bruder, als ein Gast, für eine Weile nur in
deinem Elternhaus.
Und alles, was verboten war,
Alles, was Ärger brachte, klar,
War unser Ding, mit jeder Strafe mehr wuchsen wir erst
recht über uns hinaus.
Nein, Strafen kümmerten uns nie.
Uns kümmerten nur die Zizis,
Die wir verglichen im Gebüsch neben der Schleuse hinter
dem verfall'nen Haus.
Und für vier Kaugummis, ein Bier,
Zwei Zigaretten ließen wir
Schon mal die Dorfjugend zusehn und ernteten ungläub'ges
Staunen und Applaus.
Etienne, was wäre wenn …?

Weißt du noch Etienne,
Du konntest mit der bloßen Hand
Forellen fangen und ich stand

Bewundernd neben dir im Bach. Und einmal hab'n wir dort
    den Bäcker mit der Yvonne
Ertappt in ihrem Liebesnest
Und einen Sommer lang erpreßt:
Croissants und Schnecken, bitte sehr und dann erfährt
    Madame Chapuis auch nichts davon.
Und dann, dann war Maryse da,
Maryse, Maryse, wenn ich sie sah,
Wie sich mein Herz zusammenzog! Maryse, die schönste
    zwischen Privas und Le Puy!
Manchmal hofft' ich: Jetzt sieht sie mich,
Aber ich ahnte: Sie sah dich
Mit diesem strahlenden Blick und du flüstertest: »Im nächsten
    Sommer küss' ich sie!«
Etienne, was wäre, wenn ...?

Was wäre wenn, ja, was wär' wenn die Zeit nur einen
    Wimpernschlag
Innegehalten hätte, wenn wir nur an diesem Vormittag
Ein Räkeln lang getrödelt hätten in den Betten,
Unseren Stubenarrest abgebummelt hätten.
Hätten wir noch in dem verbot'nen Heft geblättert,
Hätte der Hauswart nur drei Worte mehr gewettert,
Hätt' ich ein Fußballbild am Straßenrand gefunden,
Hätt' ich mein Schuhband nur noch einmal zugebunden,
Dann wär's vorbeigefahr'n an uns, das gottverdammte
    Motorrad,
Das alle Träume, alle Pläne, alles Lachen totgefahren hat.

Du bist da, Etienne,
Du bist noch immer dreizehn Jahr,
Hast noch dein schönes, schwarzes Haar
Und deine dunklen Augenbrau'n und ich bin alt geworden,
    Etienne, alt und grau.
Man schließt nur weg, man vergißt nichts,

Und jeden Zug deines Gesichts
Seh ich klar, wie an jenem Tag, jede Bewegung Bild für
    Bild nur zu genau.
Heut' Nacht bin ich in deinem Land
Und trink', den Blick zur Sternenwand
Gelenkt, dies Glas auf dich und mir gefällt die Vorstellung,
    daß du dort irgendwo
Auf mich herabsiehst aus der Ferne,
Von irgendwo, jenseits der Sterne!
A la tienne, Etienne! Ich denk an dich! Mach's gut, bis
    irgendwann! A bientôt!

*Als ich Reinhard Mey bei einem Interview 1972 kennen-
lernte, gab es Christine, die französische Frau an der Seite
des doppelten, des deutschen und des französischen Mey.
Wie kam es zu dieser Verbindung?*

1961, als ich sitzengeblieben bin, haben mir meine Eltern – man beachte – zum Trost erlaubt, daß ich mit meinem Freund Christian Pechner mit einem Europabus nach
Spanien fahre. Wir hatten unsere Gitarren mitgebracht und
haben eine Zeitlang in einem Hotel mit angegliederter Bar
und Musikbetrieb gewohnt und musiziert, auch abends,
englische Folklore.

In der Bar?

Unter freiem Himmel, da gab es Musik, Flamenco kam dann
irgendwann dazu, also ein buntes Unterhaltungsprogramm.
Und wir sind da als zwei kleine Exoten mit unseren Gitarren
angetreten. Sie haben uns eingestellt, und wir haben Musik
gemacht und konnten uns dadurch dieses Hotel erlauben,
beziehungsweise wir haben umsonst da gewohnt. Das war
alles sehr schön, und es ging wunderbar. Und dann kam den
Spaniern irgendwann das Arbeitsamt oder die Steuerfahn-

dung auf die Schliche, und die haben gesagt, was machen eigentlich diese beiden deutschen Jungs da, wie werden die bezahlt? Und deswegen ging es plötzlich nicht mehr. Dann war eigentlich von einem Tag auf den anderen die Kohle alle. Deswegen mußten wir uns ein etwas einfacheres Quartier suchen, und wir haben eine Garage gefunden, die wir mieten konnten. Da waren zwei Pritschen drin. Und das war genau das, was wir brauchten. Es war warm, es war Sommer, jeder hatte seine Pritsche. Wunderbar. Und zu dieser Garage gehörte ein Haus, das die Besitzerin an eine französische Familie vermietet hatte. Diese Familie wiederum hatte zwei Töchter, Dominique und Christine. Mein Freund Christian hat sich in Dominique verliebt und ich in Christine. So wunderbar ging das. Es waren herrliche Ferien, es war junge Verliebtheit, aber sehr schüchtern, sehr zurückhaltend. In diesem Jahr noch ganz die platonische Liebe. Es reichte, wahnsinnig verliebt zu sein, es mußte nicht mehr sein.

Diese Familie – Vater, Mutter und die beiden Töchter – brachte uns große Herzlichkeit, Freundlichkeit und Zuneigung entgegen. Wir haben uns einfach einen Sommer lang wunderbar vergnügt, haben uns dann getrennt und uns versprochen, uns wieder zu sehen. Das dauerte ein Jahr. Wir haben uns geschrieben, und ein Jahr später hatte ich ein Stipendium gewonnen für einen Frankreichaufenthalt, weil ich einen Aufsatz über Europa geschrieben hatte. Das Thema war Europa, mehr weiß ich nicht mehr.

Und dann hab ich Christines Eltern gefragt, ob ich wieder bei ihnen wohnen könnte. Christian ist auch mitgekommen –

Der hatte auch den Briefwechsel mit der Schwester weitergeführt?

Ja. Dann haben wir uns beide in ihrer Wohnung in Paris eingenistet, aber da sie so groß auch nicht war, sind die beiden Töchter zu Hause ausgezogen und haben für die Ferien bei der Großmutter geschlafen, die drei Straßen weiter wohnte. Man hat sich schon umarmt und geküßt, aber immer noch sehr schüchtern und sehr zurückhaltend. Dann mußte ich wieder nach Deutschland zurück, die Ferien waren zu Ende, und wir haben uns wieder sehr viel geschrieben.

Das war dann schon die große Liebe?

Ja, auf alle Fälle. Alle meine Lieben waren große Lieben. Das muß ich wirklich sagen. Auch in meine erste Freundin – ich war in der Grundschule, acht oder neun Jahre – war ich so verliebt, über eine lange, lange Zeit. Da mußte ich nicht nach anderen kucken oder mit anderen flirten, für mich war das meine große Liebe. Und als es vorbei war, war eine andere die große Liebe. Aber es war immer ausschließlich, d.h., ich habe nie eine meiner Freundinnen betrogen. Auch nicht gefühlsmäßig. Und so war es auch mit Christine, sie war einzig. Wir haben uns kistenweise Briefe geschrieben, eigentlich täglich, und dann, 64, sind wir uns wirklich in die Arme gefallen, und es ist passiert.

Da warst du 21, und sie?

Sie war 16. Von da an war für uns klar, daß wir so lange zusammenbleiben, wie die Liebe reicht, und wir sind lange zusammengeblieben und sehr glücklich miteinander gewesen.

Man merkt das den Liedern aus der Zeit von 1966 bis 1969 an, den Liebesliedern **Du, meine Freundin** *oder* **Und für mein Mädchen** *oder dem Lied, das es nur auf Französisch gibt, ihr Lied, das ihren Namen trägt,* **Christine**.

Es ging wirklich gut mit uns – bis es für sie nervig wurde, immer nur das Anhängsel von jemandem zu sein. Wenn wir irgendwo hinkamen, dann haben die Journalisten eben mit mir gesprochen, dann war ich im Zentrum. Ich war natürlich dann auch aufgekratzt und aufgeregt und fühlte mich gebauchpinselt. Ich war der Mittelpunkt und habe dann sicher nicht begriffen, daß jemand, der dabei ist und nicht so im Mittelpunkt steht, es als tödlich langweilig und als Ärgernis empfinden muß.

War es für sie auch ein Sprachproblem, als sich deine Karriere doch vorwiegend in Deutschland abspielte?

Eigentlich nicht, denn je mehr sie herkam, desto mehr Deutsch konnte sie, und sie hat nachher wunderbar gesprochen und wunderbar verstanden, es war ein witziges, oft verblüffendes, angelerntes Umgangsdeutsch. Also die Sprache war mit Sicherheit kein Hindernis, sondern es war einfach so, daß sich jeder von uns beiden sein eigenes Universum aufgebaut hatte und wir dafür nicht mehr zusammen sein mußten. Ich würde sagen, nach 14 Jahren Kennen und acht Jahren Ehe war unser Reservoir an Gemeinsamkeiten und auch an Liebe erschöpft. Wir hatten das Glas ausgetrunken, es war nichts mehr drin. Aber so lange noch etwas drin war, war es sehr schön.

Wo habt ihr eigentlich hauptsächlich gelebt?

Wir haben eigentlich nur aus dem Koffer gelebt. Wenn wir in Berlin waren, haben wir bei meinen Eltern drüben unter dem Dachboden gewohnt. Wir hatten – bis auf die letzten zweieinhalb Jahre – nie eine eigene Bleibe.

Auch in Frankreich nicht?

In Paris haben wir bei ihren Eltern gewohnt, die haben uns dann ihr Zimmer abgetreten. Ja, eigentlich haben wir die

Mit Christine, 1970

meiste Zeit, das war die Sturm-und-Drang-Zeit, in Hotels oder Pensionen oder auf der Reise irgendwo unterwegs gelebt.

Gibt es da zufällig keine Kinder?

Mit Absicht. Wir wollten keine.

Wolltest du damals noch nicht?

Wir wollten es beide nicht. Da waren wir uns vollkommen einig.

Ist dieser Sinneswandel dann durch Hella erst gekommen? Denn die war ja drei Monate nach eurem Zusammensein schwanger.

Ja, Hella wollte gerne Kinder. Ich konnte mir das überhaupt nicht vorstellen, bis ich Hella traf. Bis zu diesem Tag hatte mir nichts gefehlt. Im Gegenteil. Wo auch immer ich war, war mir völlig klar, Kinder kommen für dich überhaupt nicht in Frage, vielleicht mal ein Hund oder eine Katze, aber keine Kinder. Das war kein Thema. Das war auch klug. Solange Christine und ich ganz unstet gelebt haben, ging es uns besser als am Schluß, als wir dieses Haus als Ankerpunkt hatten. Das hab ich 1972 gekauft – und wir haben noch zweieinhalb Jahre darin gewohnt. In dieser Zeit sagte sie plötzlich immer häufiger, fahr du mal, ich bleib jetzt lieber zu Hause. Und am Ende war es so, daß sie sagte: Wenn du weg bist, dann bin ich allein zu Hause, dann fahr ich über die Zeit lieber zu meinen Eltern nach Paris.

Christine   1969

Christine, ma belle, ma douce, ma jolie!
Je chante pour elle et pour elle je ris!
Elle est tendre et sauvage, elle est comme un torrent
Qui me berce et m'enztaîne, elle est comme le vent.
Ell est comme le vent qui joue dans mes cheveux,
Capricieuse et changeante, elle est comme le feu
Qui brûle ma mémoire, je ne sais qui je suis.
Christine, ma belle, ma douce, ma jolie!

Si je ne sais pas qui dirige l'univers,
Si je ne sais pas pourquoi tourne la terre,
Je sais bien cependant, que serré dans ses bras,
Je frémis comme frémissent les cordes sous mes
    doigts!
J'ai perdu la mémoire, l'orgueuil, l'assurance,
J'ai perdu le sommeil, la tête et la patience!
Mais ce que j'ai perdu ne pèse pas bien lourd:
J'ai perdu avec joie, pour gagner son amour!

Je me ferais noble pour lui faire plaisir,
Je deviendrais sage, gendarme ou fakir
Ou pompier ou ministre et si elle veut bien
Je reste qui je suis et ne deviendrai rien.
Je changerais pour elle mes anciennes opinions,
Et je ferais des siennes mes nouvelles convictions!
Je lui cèderais tout, mais lui refuserais,
Si elle me demandait de cesser de l'aimer.

Christine, ma belle, ma douce, ma jolie!
Je chante pour elle et pour elle je vis!
Elle est tendre et sauvage, elle est comme un torrent
Qui me berce au rivage, qui m'entraine en riant.
Elle est douce, elle est tendre, et moi, je l'aimerai
Cent mille ans et trois jours, jusqu'à la Saint-Jamais!
Et tant pis si demain je meurs au point du jour:
J'aurai vécu dans ses bras plus de mille ans d'amour!

5. Kapitel

Ich wollte wie Orpheus singen

1964 – Erstes eigenes Chanson **Ich wollte wie Orpheus singen** – Auftritt beim Chansonfestival auf der Burg Waldeck – **1965** – Kaufmannsgehilfenprüfung – Studium an der Technischen Universität Berlin, Betriebswirtschaft – **1966** – zwei EPs mit neun eigenen Chansons – erstes Chanson in französischer Sprache – **1967** – Chansonfestival in Knokke/Belgien, französischer Plattenvertrag – erste LP in Deutschland, **Orpheus …** – Heirat mit Christine – **1968** – erste französische LP, **Frédérik Mey, Volume 1** – »Prix International« der »Académie de la Chanson Francaise«

Ich wollte wie Orpheus singen   1965

Ich wollte wie Orpheus singen,
Dem es einst gelang,
Felsen selbst zum Weinen zu bringen
Durch seinen Gesang.
Wilde Tiere scharten sich
Friedlich um ihn her.
Wenn er über die Saiten strich,
Schwieg der Wind und das Meer.

Meine Lieder, die klingen nach Wein
Und meine Stimme nach Rauch,
Mag mein Name nicht Orpheus sein,
Mein Name, gefällt mir auch!

Meine Lyra trag' ich hin,
Bring' sie ins Pfandleihhaus.
Wenn ich wieder bei Kasse bin,
Lös' ich sie wieder aus.

Meine Lieder sing' ich Dir,
Von Liebe und Ewigkeit,
Und zum Dank teilst du mit mir
Meine Mittelmäßigkeit.

Kein Fels ist zu mir gekommen,
Mich zu hören, kein Meer!
Aber ich hab' dich gewonnen,
Und was will ich noch mehr?!

*Wen auch immer ich von denen frage, die Reinhard Meys
Karriere von Anfang an verfolgt haben, er sagt mir, daß
Ich wollte wie Orpheus singen sein Lieblingslied ist. Klaus
Hoffmann erzählt mir, er, der zehn Jahre Jüngere, sei auf
das Lied damals völlig abgefahren und habe es in der Firma
Klöckner, wo er eine kaufmännische Lehre machte, immer
den Sekretärinnen vorgesungen.*
*Hat dieses Lied für den Künstler selbst den Stellenwert, den
es für das Publikum hat?*

Also, wenn ich diese erste Platte heute höre, dann ist das
ein junger Mann mit einer Stimme, die ist aus einem ganz
anderen Leben, das ist sehr weit weg, aber weil es die erste
Platte war, ist sie natürlich mein erster Meilenstein.

Nur deshalb?

Na ja, das war so: Orpheus war in einem gewissen Sinne natürlich ganz wichtig. Da gab es die Firma **Intercord**, die zum
Holtzbrinckkonzern gehörte und Geld dafür bekam, alles
einzukaufen, was irgendwie in der Liedermacherszene pro-
duzierte, und da bin ich dann auch mit reingerutscht. Das
war ein großes Glück für mich, weil der Chef, Dr. Udo Un-
ger, ein Musiker war und kein Erbsenzähler. Für den stand
die Musik ganz oben. Daß er auch noch Schallplatten ver-

Ich wollte wie Orpheus singen, 1972

kaufen mußte, war schließlich sein Unglück, sie haben ihn dann nachher rausgeekelt, weil er zu sehr Mensch war und mit einigen Produkten auch viel Geld in den Sand gesetzt hatte. Aber für mich war er ein guter Mann.

*War denn **Orpheus** auf Anhieb ein Erfolg?*

Nein, kommerziell überhaupt nicht, keine Millionen, kein »Gold«, kein Chartplatz, aber für mich war es ein großer Erfolg, eine Sprosse, die ich erklommen hatte – ich hatte es geschafft, mein erstes Album herauszubringen. Aber es hat lange gedauert, bis das Album einen Platz bei den Rundfunkredakteuren gefunden hat, drei Jahre vielleicht. Ich hatte zwar inzwischen schon eine zweite Platte, **Ankomme Freitag, den 13.**, herausgebracht, aber das hieß nicht, daß die erste wie geschnitten Brot über die Ladentheke gegangen war.
Ich kann nicht mehr genau sagen, welche Platte schließlich die andere mitgezogen hat, wahrscheinlich hat **Freitag, der 13.** dann **Orpheus** ... mitgezogen, aber darum ging es mir gar nicht, ich war glücklich, diese Platte machen zu können, und ich war mit den Liedern in Miniclubs auf Tournee, vorwiegend in Süddeutschland, vierzehn Tage hintereinander, vierzehn Konzerte. Das waren die kleinen Säle in Jugendfreizeitheimen, Jazzkellern, Plätze mit 100 bis 150 Leuten, und die, die abends da gewesen sind und zugehört haben, die waren der Erfolg, der mich beseelt und wirklich glücklich gemacht hat. Die haben mir Lust und Kraft gegeben weiterzumachen und mir das Geld eingebracht, um überleben zu können.

*Im Refrain des Liedes **Freundliche Gesichter** (1980) beschreibt er dieses, sein erstes größeres Publikum.*

....
Da waren freundliche Gesichter, und es war gut,
ein Lächeln zu seh'n!
Wie Freunde, wie Komplizen waren wir.
Ich hatte meinen Weg gefunden, sie gaben mir Mut,
ihn zu geh'n,
Und mir und meinen Liedern ein Quartier,
Als keiner an mich glaubte, außer ihnen und mir.
...

Und da die Meysche Karriere in Frankreich begann und sich sehr schnell in beiden Ländern entwickelte, gab es das Lied wenig später auch auf Französisch: **Mes amis d'autrefois.**

...
Il y avait des ombres aimables que je devinais dans le noir,
Des amis, des complices de surcroît.
J'avais choisi la route à suivre, et ils m'ont donné de
l'espoir,
Une place à leur table, un lit sous leur toit,
Quand les seuls à croire en mes chansons étaient eux et
moi.
...

Ja, in Frankreich fing es an, genauer gesagt in Belgien. Da gab es dieses Chansonfestival in Knokke. Da wollte ich hin. 67 war das, schon nach der Burg Waldeck. Und ich dachte mir, Belgien, die sprechen französisch, da nimmst du auch ein zwei Lieder mit, die du auf Französisch singst. Und dann war es wie im Showbusineß-Märchen. Ich lernte einen französischen Produzenten kennen, der nach der Veranstaltung zu mir kam und sagte, wir machen eine französische Schallplatte zusammen. Wirklich, das war wie im Märchen! Dann haben wir uns hingesetzt, dieser Nicolas Péridès und ich. Er war ganz optimistisch und sagte, paß auf, das wird was. Und so haben wir zusammen eine Platte gemacht, **Frédérik Mey, Volume 1** (erschienen 1968, ein Jahr nach der ersten deutschen LP, **Orpheus**).

Ich hab die Platte damals unter primitivsten Bedingungen selber aufgenommen, mit einem Grundig Tonbandkoffer TK 320 und einem Sennheiser Mikro MD 421, das weiß ich noch ganz genau. Und Nicolas sagte, da tagt gerade eine Jury; die vergibt den Chansonpreis der Académie de la Chanson Française. Wir haben diese Platte eingereicht, und mit dem Glück, das dem Anfänger manchmal hold ist, hat die Jury gesagt, diese Platte kriegt einen Preis, der erste Preis, den ich bekommen habe.

Das war dann auch in Frankreich der Beginn einer langjährigen Zusammenarbeit?

Mit diesem Produzenten habe ich alle sechs französischen Alben gemacht. Es ist für mich in allen Arbeits- und Lebensbeziehungen so wichtig, daß ich mit Menschen zusammenarbeite, die ich mag und denen ich vertrauen kann, weil ich mich dann rückhaltlos hingebe und öffne, alles verschenke, was ich habe. Wenn ich merke, ich bin bei einem Mensch gut aufgehoben, der betrügt mich nicht, der respektiert mich und der ist aufrichtig zu mir, dann will ich den nicht mehr loslassen. Deswegen ist es für mich immer wichtig gewesen, solche Freunde zu behalten und mit ihnen weiterzuarbeiten, auch wenn ich weniger Schallplatten verkaufen würde. Als der Preis da war, kamen andere Produzenten, die sagten, wir habe eine größere Plattenfirma und wir haben einen ganz anderen Promotion-Bulldozer, den wir für dich in Gang setzen können. Aber diesen Versuchungen habe ich widerstanden. Ich wollte mit meinem Nicolas weiterarbeiten.

Das ging bis 1982. Danach bin ich nicht mehr in Frankreich aufgetreten und habe auch kein französisches Album

Frédérik Mey, Bobino, Paris, 1979

mehr gemacht. Einfach weil ich das zeitlich mit unseren Kindern nicht auf die Reihe bekommen habe. Vater zu sein, in Deutschland zu arbeiten und dann noch zusätzlich in Frankreich, das wäre zuviel gewesen. So hab ich mich mit meinem Album »**Frédérik Mey, Vol 6.**« 1982 verabschiedet und gesagt, jetzt ist erst mal Sendepause.

Der Preis war unglaublich wichtig, weil er eine Visitenkarte war. Bis dahin war ich auf den Rundfunk beschränkt. Das war schon nicht schlecht. Da gab es die verschiedenen Rundfunkanstalten, und das Schöne war, daß die kaum miteinander kommunizierten, das heißt, ich hatte zwölf Lieder, die ich einmal beim WDR zum Tarif von 100 oder 200 Mark gesungen habe. Und dann konnte ich noch zum Saarländischen Rundfunk und zum Süddeutschen Rundfunk gehen und die Lieder dort noch einmal verkaufen.

Jetzt aber, mit dem Preis, konnte ich rufen: »Kuckuck, ich bin zwar ganz neu, aber ich hab von der Académie schon einen Preis!« Das war der Dietrich, der Türen öffnen konnte. Auf diesen Kredit hin habe ich meine erste »ZDF-Drehscheibe« bekommen, auf die französische Platte hin. Ich habe aber auf Deutsch gesungen, **Ich wollte wie Orpheus singen.** »Die Drehscheibe« war damals das Sprungbrett überhaupt. Wenn man eine »Drehscheibe« hatte, hatte man es geschafft. Und dann hab ich versucht, mit dieser Brechstange des französischen Preises auch die eine oder andere Studiotür zu knacken, und so nach und nach ist es dann auch gelungen. Es war eine ganz langsame Entwicklung.

Du hast jetzt über die Jahre 67 und 68 gesprochen, nach dem Erscheinen der ersten LPs. Was war vorher, zwischen Rotten Radish und erster Drehscheibe? Orpheus hattest du ja schon 64 geschrieben.

Da bin ich – mal alleine, mal mit Schobert, später mit Hannes Wader – durch die Berliner Clubs gezogen. »Go In«, »Steve Club« und »Dannys Pan«, das waren die Plätze, wo man für eine kleine Abendgage seine Lieder ausprobieren und sich das materielle Überleben sichern konnte. Zu Anfang haben wir 5 Mark bekommen, wenn man sich dann etabliert hatte, konnte man das auf 25 Mark steigern. Wenn man die Runde gemacht hat und die Läden brummten, dann hatte man am Abend in drei Kneipen gespielt und hatte 75 Mark zusammen, das war mehr, als man damals ausgeben konnte. Hannes Wader und ich, wir haben uns in den Läden immer die Klinke in die Hand gegeben, und dann haben wir versucht, das mal über die Grenzen von Berlin hinaus auszuprobieren. Da wir aber beide noch kein volles Abendprogramm hatten, jeder höchstens 45 Minuten, haben wir gesagt, wir tun uns einfach zusammen. Ich hatte schon einen Käfer, wir haben zusammen die Tournee geplant und sind von Club zu Club durch die Provinz getingelt. Der süddeutsche Raum war besonders gut, weil die da so eine Kellertheater-Infrastruktur hatten, die es im Norden so noch nicht gab. So bin ich mit Hannes im Käfer durch die Lande gezogen.

Hannes Wader erzählte mir mal über diese Tourneen mit Reinhard Mey. Vor den Auftritten habe Reinhard aus einem Rucksack eine riesige Rechenmaschine herausgeholt und dem Clubbesitzer ausgerechnet, was sie an Gage, Spritbeteiligung und dergleichen zu bekommen hätten. Stimmt die Geschichte?

Ich eine Rechenmaschine? Nein! Aber ein schönes Bild – und bei den Strolchen, die damals veranstaltet haben, wär das manchmal durchaus angebracht gewesen, nachzurechnen. Und tatsächlich habe ich immer die Abrechnung gemacht. Aber bei dem, was damals abzurechnen war, konnte das auch jemand im Kopf ausrechnen, der so schlecht im Kopfrechnen ist wie ich.

Das Organisatorische war also schon dein Part?

Wir haben es aufgeteilt. Hannes hatte keinen Führerschein, also war das Fahren meine Sache. Und auch die technischen Geschichten habe ich geregelt.

*Wer Wader-Konzerte erlebt hat, kennt das minutenlange, Stimmen der Gitarre. Manchmal begann Hannes ein Lied, brach ab und stimmte erneut.
Hast du Hannes auch die Gitarre gestimmt?
(Reinhard lacht.)*

Nein, ich kann mich nicht erinnern, daß Hannes damals schon so pingelig mit dem Stimmen war, ich glaube, das hat sich bei ihm erst später entwickelt. Ich bewundere seine Ruhe und Gelassenheit dabei, und ich glaube, wir lieben Hannes alle auch für sein Stimmen, es ist Teil des Gesamtkunstwerkes, wenn es fehlte, würden wir's vermissen.

Ich hab das immer für eine Marotte gehalten. Vielleicht ist es auch das Überspielen von Ängsten, vom klassischen Lampenfieber.

Mag sein. Aber ich muß sagen, so eine Gitarre auf der Bühne zu stimmen ist eine kitzlige Angelegenheit. In einem Raum wie diesem habe ich die Gitarre in Null Komma nix gestimmt, aber auf der Bühne, unter Zeitdruck, da kommt ein psychisches Moment dazu; es ist eine schwierige Sache. Man hört dann auch minimale Schwebungen in der Stimmung, die das Publikum vielleicht gar nicht hört, die denen auch ganz egal sind. Jedenfalls, damit das Singen wirklich Spaß macht, ist es für mich ganz wichtig, eine sauber gestimmte Gitarre zu haben. Für Hannes bestimmt genauso. Ich hab keine Probleme mit einem Stimmgerät auf der Bühne.
In den Liedern, die ich hintereinander singe, habe ich einen Erzählbogen. In dem Moment, in dem ich stimmen würde, wäre der Bogen gebrochen. Dann kann es sein, daß das Publikum abspringt. Also versuche ich, die Stimmpausen zu minimieren. Ein Stimmgerät auf der Bühne erlaubt mir nachzustimmen, ohne daß ich in Streß gerate.

Du hast doch Hannes Wader erst auf der Burg Waldeck kennengelernt?

Ja, das war 65. Er hat mir sofort gut gefallen und hat mich vom ersten Ton an gefangengenommen, »**Die Blumen des Armen**« zum Beispiel, oder »**Das kleine Mädchen**«. Ich wußte plötzlich, hier gibt es jemanden wie Brassens in Frank-

reich. Wir saßen andächtig im Freilufttheater und lausch-
ten ihm – ihm und Degenhardt – unser aller Meister – und
Hüsch und Süverkrüp. Aber die spielten schon in einer anderen Liga.

Die legendäre Waldeck –

1964 wollte ich mit Schobert zusammen auf der Waldeck
auftreten. Wir hatten eine Einladung. Aber kurz bevor das
losging, fiel Schobert ein, daß seine Freundin auf Besuch
kommt und er leider nicht mitkommen kann. Also, dachte
ich mir, dann versuchst du es halt alleine. Und so bin ich
mit meinen drei Liedern solo auf der Bühne gestanden, und
siehe da, es funktionierte.
Und es gab die ersten Kontakte. So durfte ich plötzlich in
einer Fernsehsendung etwas sagen!
Die Waldeck war ein gegenseitiges Sichentdecken. Es bil-

Auf der Burg Waldeck, 1965

dete sich in Deutschland eine Musikszene, die in den Medien gar nicht stattfand.

Und ich lernte Hanns Dieter Hüsch kennen, der mich Greenhorn sehr liebenswürdig und sehr väterlich behandelt hat und mir Ratschläge gab – du mußt mal da und da hingehen und mit dem und dem reden. Er war wie ein guter Geist für mich.

Komm, gieß' mein Glas noch einmal ein 1969

Komm, gieß' mein Glas noch einmal ein
Mit jenem bill'gen roten Wein,
in dem ist jene Zeit noch wach,
Heut' trink ich meinen Freunden nach.

Bei diesem Glas denk' ich zurück
An Euch, mit denen ich ein Stück
Auf meinem Weg gegangen bin;
Mit diesem Glas trink' ich im Sinn
Nach Süden, Osten, West und Nord
Und find' Euch in Gedanken dort,
Wo immer Ihr Zuhause seid,
Seh' die Gesichter nach der Zeit
In meinem Glas vorüberzieh'n,
Verschwommene Fotografien,
Die sich wirr aneinanderreih'n:
Und ein paar Namen fall'n mir ein.

Karl, der sich nicht zu schade fand,
Der, wenn es mulmig um mich stand,
So manche Lanze für mich brach.
Auf Klaus, der viel von Anstand sprach
Und der mir später – in der Tat,
Die beste Pfeife geklaut hat.
Mein Zimmernachbar bei Frau Pohl,
Der nach Genuß von Alkohol

Mein Zimmer unerträglich fand
Und alles kleinschlug kurzerhand.
So übte der sich damals schon
Für seine Weltrevolution.

Dem stets betrunk'nen Balthasar,
Der immer, wenn er pleite war,
Seinen Kredit bei mir bekam,
Und wenn ich mich selbst übernahm,
Dann zahlte stets der Franz für mich,
Bis Balthasar die Schuld beglich.
Volker und Georg, die mit mir
Brüderlich teilten Schnaps und Bier,
Die fahr'n zu dieser Zeit voll Rum
Auf irgendeinem Pott herum,
Auf irgendeinem Ozean
Und spinnen neues Seemannsgarn.

Verwechs'le ich Euch, vergaß ich Dich,
Läßt mich mein Gedächtnis im Stich?
Vieles ist schon so lange her,
Kenn' ich nicht alle Namen mehr,
So kenn' ich die Gesichter doch
Und erinnere mich noch.
Und widme Euch nicht wen'ger Raum,
Geschrieben haben wir uns kaum. –
Denn eigentlich ging keiner fort:
In einer Geste, einem Wort,
In irgendeiner Redensart
Lebt Ihr in meiner Gegenwart.

*Kommen wir nochmal zur Burg Waldeck, dem Mythos
der Liedermacher- und Kabarettistenszene der 60er Jahre. Was jahrelang ein friedliches Festival war, wurde dann
68 vom politischen Aufstand heimgesucht. Du hast miter-*

lebt, wie man Hanns Dieter Hüsch fertiggemacht hat. Wie war das?

Ich war 64, 65, 67 und 68 auf der Waldeck. Für uns war das ein Treffen mit Leuten, die ein ähnliches Handwerk versuchen, die etwas ausprobieren wollten, und das Publikum kam, um zu hören, was gibt es Neues, was tut sich da. Es ging vor allen Dingen auch darum zu hören, was die Ikone Franz Josef Degenhardt wieder Neues hatte. Es war einfach ein Open-air-Konzert

Wer hat das veranstaltet?

Eine Arbeitsgemeinschaft Burg Waldeck. Gockel hieß der Verantwortliche. Ich weiß gar nicht, wie der richtig hieß. Die Waldeck war eine fabelhafte Sache. Es ging um Musik, es ging um Lieder, es ging um Hören, Singen, Zusammensitzen, Essen, Trinken, miteinander reden, es war einfach Klasse.

Da waren schon hauptsächlich Liedermacher, keine Bands?

Doch, die gab es auch, mit englischen Titeln, es gab auch reine Folkloregruppen, es gab die Pontoks mit Black, der später Teil von Schobert und Black war. Die machten tolle Musik. Es war das ganze Spektrum dessen, was sich in dieser Zeit abspielte. Und 68 war es einfach so, daß ein paar diesen Musikbetrieb, den sie inzwischen für Musikestablishment hielten, sprengen wollten. Und nachdem es eben ein paarmal wirklich schön gelaufen war, machte es dem Kind Spaß, die Bauklötze wieder umzuschmeißen. Genau das ist 1968 auf der Waldeck passiert.

Ich kenne das aus Filmen über die Waldeck. Den Hüsch haben sie da richtig beleidigt und fertiggemacht. Es war

für ihn jahrelang ein Trauma. Der Wortführer war Dieter Dehm alias Lerrin.

Das kann sein. Mir ist eigentlich niemand besonders als Wortführer aufgefallen. Es war einfach so, wenn in deinem Lied nicht das Schlagwort Revolution vorkam, dann brauchtest du gar nicht aufzutreten. Eigentlich war damit der musikalische Teil der Waldeck erledigt und die ganze Sache kaputt. Die Störer wollten auch gar keine Musik mehr hören. Süverkrüp zum Beispiel, der war ihnen schon zu bürgerlich. Weil er schon viele Jahre kam und sogar Erfolg hatte, war er schon suspekt. Es sollte nur noch krachen. Ich habe das Gefühl, auch im Rückblick, es war ein schönes Gebilde aufgebaut worden mit Liebe und Idealismus, und jetzt kamen einfach ein paar aufmüpfige Kinder und wollten mal sehen, was passiert, wenn wir diese Sache vom Tisch fegen. Gesagt, getan. Und die Waldeck hat sich nie davon erholt.

Gab es die dann noch weiter?

Es sind Reanimationsversuche gemacht worden, aber das ist wie die Wiedergeburt auf dem Friedhof der Kuscheltiere, es war nie mehr so, wie es einmal war.

Wie ist dieser Protest denn genau vor sich gegangen?

Es ist das Musikmachen gestört und zerstört worden. Es ging nicht mehr darum, ein Programm vorzuspielen, über das man ja hätte reden können, sondern es wurde gleich nach den ersten Takten gerufen: Diskussion. Wir wollen jetzt keine Musik hören.

Auch bei dir?

Ich hab mein erstes Konzert noch völlig ungestört geben können, das ging wunderbar. Die, die schon etwas etabliert waren, hatten ihr eigenes Konzert ziemlich zu Beginn der sieben Tage, am ersten oder zweiten Tag, als noch Ruhe herrschte, so auch ich. Ich hab mein Konzert mit Beifall und völlig normal über die Bühne gebracht. Den großen Aufstand hat es dann tatsächlich mit Hanns Dieter Hüsch gegeben. Und dann haben sie sich auch alle anderen vorgeknöpft, die eben nicht das Wort Revolution in ihren Liedern hatten. Da war ich natürlich auch mit dabei und wurde als Reaktionär eingestuft. Und ich wußte, es ist vorbei. Dabei war es ein Zwergenaufstand. Sie waren frustriert. In Paris, 68, war es richtig losgegangen. Ich kam da gerade her, hatte es erlebt. Nun wollten sie es eben auch mal in Deutschland krachen lassen. Dabei muß ich sagen, daß es vielleicht sogar an der Zeit war, dieses Waldeckgebilde zu zerbrechen.

Warum das?

Es wäre vielleicht wirklich nichts Neues mehr gekommen. Es wäre eine Selbstbespiegelung geworden, und insofern muß ich sagen, die Jahre, die ich es mitgemacht habe, waren Klasse. Aber irgendwann sind solche Sachen tatsächlich vorbei, und vielleicht hatte es sich auch überlebt. Es war entstanden aus einer Aufbruchstimmung, und alle, die das Gefühl hatten, aufbrechen zu wollen, haben dadurch ihren Initialzündsatz bekommen, Hannes Wader zum Beispiel und auch ich, und damit hatte es eigentlich seinen Zweck erfüllt.
Die Tatsache, daß später viele Male versucht worden ist, das Ding wieder aufzuziehen, hat eben wirklich was von Reanimation und von Nekrophilie. Es war toll, aber du kannst eben ein tolles Erlebnis nicht beliebig wiederholen, das geht einfach nicht.

6. KAPITEL

Bevor ich mit den Wölfen heule

Bevor ich mit den Wölfen heule   1971
Bevor ich mit den Wölfen heule,
Werd' ich lieber harzig, warzig grau,
Verwandele ich mich in eine Eule
Oder vielleicht in eine graue Sau.
Ich laufe nicht mit dem Rudel,
Ich schwimme nicht mit im Strudel,
Ich hab' noch nie auf Befehl gebellt.
Ich lasse mich nicht verhunzen,
Ich will nach Belieben grunzen,
Im Alleingang, wie es mir gefällt!
Ich will in keinem Haufen raufen,
Laß mich mit keinem Verein ein!

Rechnet nicht mit mir beim Fahnenschwenken,
Ganz gleich, welcher Farbe sie auch sein'n.
Ich bin noch imstand', allein zu denken,
Und verkneif' mir das Parolenschrei'n.
Und mir fehlt, um öde Phrasen,
Abgedroschen, aufgeblasen,
Nachzubeten jede Spur von Lust.
Und es paßt, was ich mir denke,
Auch wenn ich mich sehr beschränke,
Nicht auf einen Knopf an meiner Brust!
Ich will in keinem Haufen raufen,
Laß mich mit keinem Verein ein!

Bevor ich trommle und im Marschtakt singe
Und blökend mit den Schafen mitmarschier',

Gescheh'n noch viele ungescheh'ne Dinge,
Wenn ich mir je gefall' als Herdentier.
Und so nehm' ich zur Devise
Keine andere als diese:
Wo schon zwei sind, kann kein dritter sein.
Ich sing' weiter ad libitum,
Ich marschier' verkehrt herum,
Und ich lieb' dich weiterhin allein!
Ich will in keinem Haufen raufen,
Laß mich mit keinem Verein ein!

Erinnert euch daran: Sie waren zwölfe:
Den dreizehnten, den haben sie eiskalt
Verraten und verhökert an die Wölfe.
Man merke: Im Verein wird keiner alt!
Worum es geht, ist mir schnuppe:
Mehr als zwei sind eine Gruppe.
Jeder dritte hat ein andres Ziel,
Der nagelt mit Engelsmiene
Beiden ein Ei auf die Schiene!
Nein, bei drei'n ist stets einer zuviel!
Ich will in keinem Haufen raufen,
Laß mich mit keinem Verein ein!

Wir leben in Zeiten, wo man das singen kann, ohne Schwie-
rigkeiten zu bekommen. Konstantin Wecker hat einmal
gesungen: »hätt ich zu meines Vaters Zeit / dasselbe Lied
geschrieben? / Manchmal beschleicht mich das Gefühl, / ich
wär sehr stumm geblieben«.
Wie und wann hat bei dir ein politisches Bewußtsein einge-
setzt?

Von der frühsten Kindheit an habe ich alles wahrgenommen, alles beobachtet und alles, was sich zunächst in meinem engen persönlichen Umfeld und dann im weiteren

getan hat, registriert, bewertet und für mich verarbeitet, angefangen von den ersten Eindrücken, die mit der Berliner Blockade z. B. zu tun hatten. Das betraf mich ja, da ging es ja ganz direkt ums Überleben – wenn wir keinen Strom hatten, weil Stromsperre war oder weil es nichts zu essen gab. Und vorher noch, wenn meine Tante und meine Mutter losziehen mußten, um irgendwo im Umland von Berlin bei Hamsterkäufen irgendwas zum Essen, zum Überleben zu ergattern. Das sind alles Dinge, die mich sehr persönlich betroffen haben. Aber mir war klar, daß die politischen Ereignisse, die dahinter standen, so etwas ausgelöst hatten, es war der Krieg, dessen Folgen ich überall gesehen habe, an den Ruinen, die auch überall in den Außenbezirken waren. Aber ich bin natürlich mit meiner Mutter auch in der Innenstadt gewesen. Ich habe dieses vom Krieg zerbombte Berlin gesehen, ich habe die Heimkehrer kommen sehen, ich habe die zerschossenen, zerschundenen und zerstörten Menschen gesehen, die nach Hause gekommen sind, nach diesem Krieg, und ich wußte, daß Krieg die schlimmste Katastrophe ist, die Menschen herbeiführen können und die den Menschen widerfahren kann. Es genügte der Blickwinkel des Kindes, das zu begreifen. Und in allen Gesprächen, die zu Hause stattfanden, wurde das weiter ergänzt. Mit meinem Vater, der in Gefangenschaft war und nach Hause kam und in keinem Gespräch einen Zweifel daran gelassen hat, daß Krieg ein Verbrechen ist und welche Katastrophe er für die Natur, für die Menschen, insbesondere für die Kinder, bedeutet, für die Familien.

In unserer Familie ist ein Bruder meines Vaters im Krieg gefallen, und zwar ausgerechnet der von den drei Brüdern, der schon vor dem Krieg der pazifistischste von allen war. Ein anderer Bruder hat ein Bein verloren. Er hat seinen ganzen Lebenstraum dadurch verloren und sehr lange körperlich und seelisch unter dieser Verletzung gelitten. Das waren alles Dinge, die waren im persönlichen Erleben ganz nah an mir dran. Ich wußte, was Krieg bedeuten konnte, selbst wenn ich das Einschlagen von Bomben und die Zerstörung nur im Unterbewußtsein registriert hätte. Ich erinnere mich aber, daß ich mit meiner Mutter, meiner Oma, meiner Tante immer in den Luftschutzkeller mußte.

Du warst zwei, drei Jahre alt.

Ich glaube trotzdem, daß ich es erlebt habe. Es kann natürlich sein, daß mir durch Erzählungen Bilder erscheinen, die ich vielleicht wirklich gar nicht erlebt habe. Aber es ist durchaus möglich, daß so intensive Eindrücke wie ein Bombenangriff sich so einprägen, daß sie auch bei einem zwei- bis dreijährigen Kind bleibende Eindrücke hinterlassen, aus denen es sich ein Bild machen kann. Ich glaube beschreiben zu können, wie es gewesen ist, aber ich weiß es nicht genau. Und wenn es nicht das eigene Erleben war, dann zeigt mir das, wie plastisch die Erzählungen meiner Großmutter und meiner Mutter gewesen sein müssen.

Mir, der ich in einem kleinen Dorf aufgewachsen bin, wurde der Krieg erst wirklich bewußt, als man in den Fünfziger Jahren ein Kriegerdenkmal mit den eingravierten Namen der Gefallenen beider Weltkriege aufstellte. Da standen über 50 Namen aus 15 Bauernfamilien, es waren manchmal zwei, drei Brüder gefallen, jede Familie war betroffen. Ihr Großstadtkinder, aufgewachsen mit Ruinen, habt den Krieg und seine Folgen viel elementarer erlebt. Dieses Erleben ist das eine. Das andere ist das Umfeld, die Frage also, wie verhielten sich zum Beispiel die Eltern. Es gab ja schließlich die, die den Krieg verfluchten, und die, die dem Endsieg nachtrauerten.

Auf meinem letzten Album gibt es das Lied **Die Waffen nieder,** und darin den Satz »Nie wieder Krieg«. Dieser Satz stand bei meinen Eltern in großen, feurigen Buchstaben über allem, wenn es um die Bedrohung durch einen neuen Krieg oder um Wiederaufrüstung ging. Da waren sie kompromißlose Gegner. Dieser Satz ist mir durch mein Elternhaus so gegenwärtig und so verankert, daß ich lange Zeit geglaubt hatte, das müsse in allen Familien so sein. Dann mußte ich feststellen, daß das keineswegs der Fall war und daß Leute, die es eigentlich genauso hätten sehen müssen, plötzlich wieder mit dem Gedanken der Wiederbewaffnung spielten und daß eine militärische Auseinandersetzung letzten Endes eben die Fortsetzung der Politik wäre. Das war für mich ein sprachloses, staunendes Erwachen, daß nicht diese Maxime: »Nie wieder Krieg« bei allen im Familienstammbuch stand.

Nun haben die, die für die Wiederaufrüstung waren, damals den Leuten eingeredet, es sei nötig, um wieder Krieg zu verhindern. Welche Konsequenz haben deine Eltern daraus politisch gezogen?

Meine Eltern haben, soweit ich weiß, immer sozialdemokratisch gewählt. Wobei ich denke, daß sie wie ich oft das kleinere Übel gewählt haben.

Hättest du je nicht wählen können?

Nein. Ich hab bis auf den heutigen Tag immer gewählt. Das kommt auch aus dieser Erziehung meiner Eltern. Ich habe ähnlich wie dem Führerschein dem Tag entgegengefiebert, an dem ich das erste Mal wählen durfte. Und seitdem habe ich es nie ausgelassen. Das hat sich bei unseren Kindern auch sofort niedergeschlagen. Wählen ist für die wirklich eine heilige Pflicht, würde ich sagen. Frederik, der gerade als Zimmermann auf Wanderschaft ist, hat sich von unterwegs gemeldet, um an seine Briefwahlunterlagen zu kommen, und Max ist extra aus dem Ausland gekommen, um seinen Stimmzettel auszufüllen. Also, da hat die Erziehung wunderbar geklappt, sie sind sehr gewissenhafte Staatsbürger.

War jemand von euch je in einer Partei?

Ich glaube mich zu erinnern, daß mein Vater eine Zeitlang auch Mitglied der SPD war, sich dann aber irgendwann – wie ich das sehr gut nachvollziehen kann – so geärgert hat, daß er wieder ausgetreten ist. Und ich weiß noch, bei seinem Geburtstag kam immer eine Frau von der SPD und brachte einen Blumenstrauß vorbei. Wir hatten den Eindruck, sie wollen ihn so wieder ködern. Ich habe oft mit Hella über die Frage, geht man in die Partei, gesprochen. Manchmal habe ich dann gesagt, morgen gehe ich hin und trete ein.

Ja, und am nächsten Morgen habe ich dann die Zeitung in die Hand genommen und habe irgend etwas von irgend einem Parteibonzen gelesen und mir gesagt: So eine Scheiße. Dieser Parteidisziplin kann ich mich nicht unterwerfen. Wie gut, daß ich gestern nicht hingegangen bin. Ich bin ein, ja, ein kritischer Freund, aber ich …

Grüner bist du nicht geworden?

Nein. Ich habe sicher irgendwann Grüne gewählt, wenn es um ökologische Dinge ging. Aber mich hat die Abkehr der Grünen vom Pazifismus verdrossen.

Dann kannst du doch die SPD gar nicht wählen.

Stimmt! Eigentlich wähle ich da im Herzen auch nur Leute wie Christa Lörcher, die mutig als einzige in der ganzen SPD im Bundestag gegen den Einsatz deutscher Soldaten in Afghanistan gestimmt hat – und gehen mußte.

Man muß ja, ob man will oder nicht, feststellen, daß der Pazifismus von keiner wählbaren Partei vertreten wird.

Ja, darum hat man seine Gallionsfiguren nicht mehr in den Parteien. Ich habe ein Leuchtfeuer, an dem ich mich orientiere, einen Mann, der mir sehr kluge Dinge zu Krieg und Frieden sagt, das ist Eugen Drewermann. In seinem Buch »Reden gegen den Krieg« findet man zu allen Fragen, an denen man manchmal hilflos herumstottert, kluge Argumente. Man spürt instinktiv, daß es richtig ist, die pazifistische Position einzunehmen, aber man kann es nicht immer gut begründen. Da gibt Eugen Drewermann die wunderbarsten und wirklich die klügsten Argumentationshilfen. Im Moment lese ich von ihm »Krieg ist keine Lösung, es ist eine Krankheit«. Da widerlegt er als Vertreter des reinen Pazifismus alle Theorien, nach denen man den Satan mit dem Satan austreiben kann, das hat sich mir sehr eingebrannt.

Sei wachsam   1995
Ein Wahlplakat zerrissen auf dem nassen Rasen,
Sie grinsen mich an, die alten aufgeweichten Phrasen,
Die Gesichter von auf jugendlich gemachten Greisen,
Die Dir das Mittelalter als den Fortschritt anpreisen.
Und ich denk' mir, jeder Schritt zu dem verheiß'nen Glück
Ist ein Schritt nach ewig gestern, ein Schritt zurück.
Wie sie das Volk zu Besonnenheit und Opfern ermahnen,
Sie nennen es das Volk, aber sie meinen Untertanen.
All das Leimen, das Schleimen ist nicht länger zu
    ertragen,
Wenn du erst lernst zu übersetzen, was sie wirklich sagen:
Der Minister nimmt flüsternd den Bischof beim Arm:
Halt du sie dumm, – ich halt' sie arm!

Sei wachsam,
Präg' dir die Worte ein!

Sei wachsam,
Fall nicht auf sie rein!
Paß auf, daß du deine Freiheit nutzt,
Die Freiheit nutzt sich ab, wenn du sie nicht nutzt!
Sei wachsam,
Merk' dir die Gesichter gut!
Sei wachsam,
Bewahr dir deinen Mut.
Sei wachsam
Und sei auf der Hut!

Du machst das Fernsehen an, sie jammern nach guten,
    alten Werten.
Ihre guten, alten Werte sind fast immer die verkehrten.
Und die, die da so vorlaut in der Talk-Runde strampeln,
Sind es, die auf allen Werten mit Füßen rumtrampeln:
Der Medienmogul und der Zeitungszar,
Die schlimmsten Böcke als Gärtner, na wunderbar!
Sie rufen nach dem Kruzifix, nach Brauchtum und
    guten Sitten,
Doch ihre Botschaft ist nichts als Arsch und Titten.
Verrohung, Verdummung, Gewalt sind die Gebote,
Ihre Götter sind Auflage und Einschaltquote.
Sie biegen die Wahrheit und verdrehen das Recht:
So viel gute alte Werte, echt, da wird mir echt
    schlecht!

Sei wachsam,
Präg' dir die Worte ein!
Sei wachsam,
Fall nicht auf sie rein!
Paß auf, daß du deine Freiheit nutzt,
Die Freiheit nutzt sich ab, wenn du sie nicht nutzt!
Sei wachsam,
Merk' dir die Gesichter gut!

Sei wachsam,
Bewahr dir deinen Mut.
Sei wachsam
Und sei auf der Hut!

Es ist 'ne Riesenkonjunktur für Rattenfänger,
Für Trittbrettfahrer und Schmiergeldempfänger,
'ne Zeit für Selbstbediener und Geschäftemacher,
Scheinheiligkeit, Geheuchel und Postengeschacher.
Und die sind alle hochgeachtet und sehr anerkannt,
Und nach den schlimmsten werden Straßen und
    Flugplätze benannt.
Man packt den Hühnerdieb, den Waffenschieber
    läßt man laufen,
Kein Pfeifchen Gras, aber 'ne ganze Giftgasfabrik
    kannst du kaufen.
Verseuch' die Luft, verstrahl' das Land, mach ungestraft
    den größten Schaden,
Nur laß dich nicht erwischen bei Sitzblockaden!
Man packt den Grünfried, doch das Umweltschwein
    genießt Vertrau'n,
Und die Polizei muß immer auf die Falschen drauf hau'n.

Sei wachsam,
Präg' dir die Worte ein!
Sei wachsam,
Fall nicht auf sie rein!
Paß auf, daß du deine Freiheit nutzt,
Die Freiheit nutzt sich ab, wenn du sie nicht nutzt!
Sei wachsam,
Merk' dir die Gesichter gut!
Sei wachsam,
Bewahr dir deinen Mut.
Sei wachsam
Und sei auf der Hut!

94

Wir ha'm ein Grundgesetz, das soll den Rechtsstaat
garantieren.
Was hilft's, wenn sie nach Lust und Laune dran
manipulieren,
Die Scharfmacher, die immer von der Friedensmission
quasseln
Und unterm Tisch schon emsig mit dem Säbel rasseln?
Der alte Glanz in ihren Augen beim großen Zapfenstreich,
Abteilung kehrt, im Gleichschritt marsch, ein Lied und
heim ins Reich!
»Nie wieder soll von diesem Land Gewalt ausgehen!«
»Wir müssen Flagge zeigen, dürfen nicht beiseite
stehen!«
»Rein humanitär natürlich und ganz ohne Blutvergießen!«
»Kampfeinsätze sind jetzt nicht mehr so ganz
auszuschließen.«
Sie zieh'n uns immer tiefer rein, Stück für Stück,
Und seit heute früh um fünf Uhr schießen wir wieder
zurück!

Sei wachsam,
Präg' dir die Worte ein!
Sei wachsam,
Fall nicht auf sie rein!
Paß auf, daß du deine Freiheit nutzt,
Die Freiheit nutzt sich ab, wenn du sie nicht nutzt!
Sei wachsam,
Merk' dir die Gesichter gut!
Sei wachsam,
Bewahr dir deinen Mut.
Sei wachsam
Und sei auf der Hut!

Ich hab' Sehnsucht nach Leuten, die mich nicht betrügen,
Die mir nicht mit jeder Festrede die Hucke voll lügen,

Und verschon' mich mit den falschen Ehrlichen,
Die falschen Ehrlichen, die wahren Gefährlichen!
Ich hab' Sehnsucht nach einem Stück Wahrhaftigkeit,
Nach 'nem bißchen Rückgrat in dieser verkrümmten Zeit.
Doch sag die Wahrheit und du hast bald nichts mehr zu
    lachen,
Sie wer'n dich ruinier'n, exekutier'n und mundtot machen,
Erpressen, bestechen, versuchen, dich zu kaufen.
Wenn du die Wahrheit sagst, laß draußen den Motor
    laufen,
Dann sag sie laut und schnell, denn das Sprichwort lehrt:
Wer die Wahrheit sagt, braucht ein verdammt schnelles
    Pferd.

Sei wachsam,
Präg' dir die Worte ein!
Sei wachsam,
Fall nicht auf sie rein!
Paß auf, daß du deine Freiheit nutzt,
Die Freiheit nutzt sich ab, wenn du sie nicht nutzt!
Sei wachsam,
Merk' dir die Gesichter gut!
Sei wachsam,
Bewahr dir deinen Mut.
Sei wachsam
Und sei auf der Hut!

Der Reinhard Mey, der dieses Lied 1995 schrieb und seine ganze geballte Wut auf Staat, Politik und Gesellschaft darin entladen hat, hat zwölf Jahre davor das Bundesverdienstkreuz entgegengenommen. Wir werden später darauf kommen. Ich sehe darin einen Widerspruch.
1968 – 26 Jahre alt, stand er am Beginn einer großen Karriere. Wie hat er – abgesehen von der Waldeck-Revolte – die 68er Aufstände erlebt?

1968 war ich hauptsächlich in Frankreich, wo ich gerade meine erste Platte rausgebracht hatte. Wir wohnten damals in der Nähe des Pont Neuf, auf der rechten Seine-Seite, und merkten, wie auf der linken Seine-Seite, im Studentenviertel Rive Gauche, die Studentenunruhen losgingen. Es brodelte, es herrschte Unzufriedenheit über die festgefahrenen Zustände, wie bei uns. Das war in Frankreich noch viel schlimmer. Verschärfend kam hinzu, daß General de Gaulle in einer selbstherrlichen und oft auch despotischen Weise das Land regierte. Die Jugend wollte sich das nicht mehr gefallen lassen. Die Franzosen sind ja durch Tradition geschult im Aufbegehren. Was mich dann allerdings sehr verblüfft hat, und wohl nicht nur mich, sondern sehr viele Menschen, war das Gewaltpotential, das da freigesetzt wurde. Das war nicht mehr nur ein Aufbegehren, sondern das waren bürgerkriegsähnliche Zustände. Man hat sehr schnell erkannt, daß es nicht ratsam war, über die Seine zu gehen, man hätte sehr leicht einen Pflasterstein oder einen Gummiknüppel übergebraten bekommen können. Die Informationen hierüber kamen in erster Linie aus dem Radio oder aus dem Fernsehen, aber man hat es auch ganz unmittelbar mitgekriegt, an den Feuerwehrautos und den Ambulanzen, die vorüberfuhren, an Polizeiautos, die in langen Kolonnen in den 6. Bezirk fuhren, wo das meiste passierte, um diesen Bereich abzuriegeln. Ich kannte so gewaltige Auseinandersetzungen nur aus Filmen, Wochenschauen und Büchern und habe diese nahen Gewaltexplosionen als sehr bedrohlich empfunden. Eine angeborene oder tiefverwurzelte Ablehnung von Gewalt hat dieses Gefühl noch verstärkt. Ich habe gesehen, daß auch viele Unbeteiligte schwer verletzt wurden, diese Gewaltbereitschaft hat der Sache, um die es eigentlich ging, sehr geschadet.

Das hat ja so in Deutschland auch stattgefunden, gegen den Vietnamkrieg, die Nazigeneration und das Establishment.

Aber es ist ja Gott sei Dank nicht so furchtbar eskaliert wie in Frankreich. Obwohl es gerade in Deutschland überfällig war. Und ich empfinde es leider auch heute noch als viel zu spät, viel zu undeutlich, es hat nicht die gesamte Gesellschaft durchdrungen. Die Nazischergen waren auch danach immer noch in Amt und Würden, dafür war es noch recht glimpflich. Dem großen Publikum konnte das gar nicht klargemacht werden, daß es darum ging.

Ich hab zu der Zeit studiert. Wir hatten zum Beispiel einen alten Volkskundeprofessor, dessen Forschungsliteratur aus der Nazizeit wir kannten. Den haben wir aus dem Lehrsaal geworfen und vorgelesen, was er geschrieben hatte. Er wurde dann aus dem Verkehr gezogen. Aber die Öffentlichkeit hat das nicht interessiert. Und wir hatten ja – ich auf jeden Fall auch – die Diskussion mit den Eltern über ihr Verhalten in der Nazizeit. Das hattest du ja mit deinen Eltern nicht. Ich kann nicht verhehlen, daß man damals manchmal auch gewaltbereit war, wenn die Leute so gar nichts begreifen wollten.

Aber man merkte doch in Frankreich, daß selbst dort, wo alles lauter und gewaltbereiter passierte, es der Sache nur geschadet hat. Die Gewalt hat nichts bewirkt, denn auch Leute, die progressiv eingestellt waren, wollten mit der Gewalt nichts zu tun haben, und das zu Recht. Und insofern bin ich sicher, daß die Pflastersteine, die geflogen sind, nur geschadet haben.

Es gibt verschiedene Formen der Gewalt – auch die des Staates. Wackersdorf zum Beispiel. Das sollte gegen den Willen der Menschen gebaut werden. Man hat es mit friedlichen Mitteln zu verhindern versucht. Und doch mußte man zur Gewalt greifen, um die Polizei an der Räumung zu hindern, indem man ihr die Zufahrt zum Gelände verweigerte …

Das würde ich aber als zivilen Ungehorsam bezeichnen, eine Sache, die ich jederzeit unterschreiben und mitmachen würde.

Dafür geht man aber unter Umständen auch ins Gefängnis, weil es Widerstand gegen die Staatsgewalt ist. Wenn dir das passiert wäre …

Das ist das Risiko, das man eingehen muß, wenn man für sich selbst einen Notstand erkannt hat. Die einzige Frage ist dann: Ist das jetzt ein übergesetzlicher Notstand vor meinem Gewissen oder nicht? Ich muß ganz allein für mich entscheiden, setz ich mich jetzt in Mutlangen vor das Tor. Vom Gesetz her ist das eine Straftat, für mich ist das in diesem Augenblick meine Bürgerpflicht.

Ich glaube nicht   2003

Hin und wieder geißl' ich mich und geh' hart mit mir ins
    Gericht
Und befrag' mich hochnotpeinlich, ob ich glaube oder nicht.
Nur ein bißchen Folter und schon erpress' ich mir den
    Beweis,
Daß ich erstens gar nichts glaube und zweitens gar nichts
    weiß.
Ich glaub' nur, daß, wenn es ihn tatsächlich geben sollte,
Er, was hier in seinem Namen abgeht, gar nicht wollte!
Erstmal glaub' ich, daß die Weihwasserbeckenfrösche
    ihn stören
Und die viel zu großen Häuser, die angeblich ihm gehören.
Glaubt ihr denn, er ist auf Lakaien und Grundbesitz erpicht?
Jasager und Immobilien? Ich glaube nicht!

Ich glaub' nicht, wenn es ihn wirklich gibt, daß er's überaus
    liebt,
Daß sich jemand hartnäckig als sein Stellvertreter ausgibt

Und sich für unfehlbar hält. Ich glaub' nicht, daß es ihm
    gefällt,
Daß man ihm krause Ansichten als »sein Wille« unterstellt
Ich verwette mein Gesäß: Brimborium und Geplänkel,
Mummenschanz und Rumgeprotze gehn ihm auf den
    Senkel,
Dieses Ringeküssen, diese selbsgefäll'gen Frömmigkeiten,
Dies in seinem Namen Eselei'n und Torheiten verbreiten.
Glaubt ihr, daß er will, daß irgendwer an seiner Stelle
    spricht?
Irgend so ein kleines Licht? Ich glaube nicht!

Ich glaub' nicht, daß er in seiner Weisheit, seinem ew'gen
    Rat
Sowas Abartiges ausgeheckt hat wie den Zölibat,
Denn sonst hätt' er sich zum Arterhalt was andres ausge-
    dacht
Und uns nicht so fabelhafte Vorrichtungen angebracht.
Welch ein Frevel, daran rumzupfuschen, zu beschneiden,
Zu verstümmeln! Statt sich dran zu erfreu'n, dran zu leiden!
Und wenn Pillermann und Muschi nicht in den Masterplan
    passen,
Glaubt ihr nicht, er hätt' sie schlicht und einfach weggelas-
    sen?
Glaubst du Mensch, armsel'ger Stümper, du überheblicher
    Wicht,
Daß du daran rumschnippeln darfst? Ich glaube nicht!

Ich glaub' nicht, daß ihm der Höllenlärm etwas bedeutet,
Wenn man in die göttliche Ruhe hinein die Glocken läutet.
Ich bin sicher, daß er es als schlimme Lästerung betrachtet,
Wenn man, um ihn zu bestechen, kleine Lämmerchen
    abschlachtet
Und er muß sich sofort übergeben, denkt er nur ans
    Schächten,

Oder an die schleim'gen Heuchler, an diese gottlosen
  Schlechten,
Die scheinheilig die Kinderlein zu sich kommen lassen
Und ihnen in die Hose fassen!

Ich glaub' nicht, daß er in Euren pompösen Palästen thront,
Ich glaub eher, daß er beim geringsten meiner Brüder
  wohnt,
Eher bei den Junkies, bei den Trebern im Park als in Rom,
Eher in den Slums, den Schlachthöfen, den Ghettos als im
  Dom,
Im Parterre bei Oma Krause, in der Aldi-Filiale,
Eher auf dem Straßenstrich als in der Kathedrale,
Wo Schiefköpfige, Händeknetende Schuldgefühle schüren,
Eitel, selbstgerecht, als würden sie IHN an der Leine führen.
Eher als in Eurer düstern, modrig-lustfeindlichen Gruft
Sitzt er unter freiem Himmel in der lauen, klaren Luft,
Neben mir auf der Bank vor der Gartenlaube
Bei einer Flasche Deidesheimer Herrgottsacker, ja, ich
  glaube!

*Das ist wieder der radikale, energische Mey. Ich frage mich
manchmal, ob die vielen Anhänger, die er hat, diese Lieder
hören oder überhören. Spielen eigentlich die Rundfunkanstalten dieses Lied, der Bayerische Rundfunk zum Beispiel?*

Das kann ich nicht sagen. Kann aber schon sein, daß manche es nicht spielen. Aber das muß mir egal sein.

Wart ihr ein evangelischer Haushalt?

Also, wir waren evangelisch getauft, später bin ich aus der
Kirche ausgetreten. Meine Eltern waren nicht praktizie-
rend, und sie frömmelten nicht. Das war damals so, man
war einfach in der Kirche. Aber es spielte keine Rolle. Ich

habe meine Eltern nur bei meiner Einsegnung in der Kirche gesehen, und das war es.

Und eure Kinder?

Die sind gar nicht getauft. Wenn sie gerne möchten, jederzeit, aber das sollen sie gefälligst selbst entscheiden, und diese Entscheidung wollten wir auf keinen Fall vorwegnehmen.

Und du glaubst eh nicht?

Nein.

*Das Lied **Ich glaube nicht** spricht mir sehr aus dem Herzen.*

Es war mir sehr wichtig, meine Position klarzustellen, um nicht annektiert zu werden. Es ist schon passiert, daß religiöse Interessengruppen glaubten, mein Werk oder mich einvernehmen zu können, weil in vielen meiner Lieder Ideale besungen oder beschrieben werden, die sich an manchen Stellen durchaus mit christlichen Überzeugungen und Idealen decken. Menschlichkeit, Brüderlichkeit, Verzeihen. Ich möchte aber klarstellen: Wenn ich versuche, menschlich zu sein, wenn ich versuche, brüderlich zu sein, wenn ich versuche zu teilen, dann mach ich das, weil ich das Bedürfnis von mir aus habe, nicht, um mir damit einen Platz in einem Paradies zu erschleichen oder um irgendeinem Geist oder wem auch immer zu gefallen. Deswegen war es für mich schon ganz wichtig zu sagen: Bitte, ihr Betschwestern und Betbrüder, vereinnahmt mich nicht. Ich bin nicht in eurer Partei.
Außerdem gibt es in den Religionen wirklich Sachen, die mich immer wieder revoltieren lassen und die meinen Widerspruch und Zorn herausfordern.

Was zum Beispiel?

Wenn ich früher nach Paris fuhr, über die Landstraße, kam ich immer an einem Ort namens »La Ferté sous Jouarre« vorbei. Das war ein Dreckskaff in der Landschaft, aber im Ort stand eine Kathedrale, die war so groß, so prächtig und so überheblich, daß ich einfach nicht daran vorbeifahren konnte, ohne mir zu sagen, wie viele kleine Bauern, wie viele Mägde, wie viele Knechte haben ihr Blut, haben ihr Leben gelassen, um diesen Prunkbau zu ermöglichen. Wie vielen hat man ihr irdisches Leben so schwergemacht und hat es ihnen sogar genommen.

Die Pyramiden des Abendlandes.

Ja, gebaut, um die Menschen auszubluten, diese kalten, abweisenden Paläste. Wo immer ich einen Prachtbau sehe, ob es Notre Dame oder der Kölner Dom ist, Versailles oder das Charlottenburger Schloß, kann ich staunen und mich wundern über unglaubliche architektonische Leistungen, die Bauherren vollbracht haben, aber ich kann nicht aus den Augen lassen, daß Blut geflossen ist, daß dafür Menschen ihr Leben gelassen haben. Wie viele Menschenleben, wieviel Schicksale, wieviel nicht erlebtes Lebensglück ist in diese Prachtbauten eingegangen – ich kann staunen, aber ich kann mich nicht vorbehaltlos daran erfreuen.

Trotzdem bist du ja religiös im ureigentlichen Sinne. Was hast du dir für ein Bild von der Entstehung der Welt und der Kraft, die sie und das Universum zusammenhält, gemacht, und was hast du deinen Kindern vermittelt?

Ich weiß nicht, ob es einen Geist, einen spiritus rector, jemanden gibt, der das alles lenkt. Es ist sehr schwer, sich das vorzustellen. Andererseits fällt es auch schwer, sich vorzustellen, daß so viele geniale Dinge wie die kleinste unserer Zellen entstanden sind, ohne daß sich jemand einen Masterplan gemacht hat für die ganze Geschichte. Ich weiß es einfach nicht, aber ich glaube zu wissen, daß es nicht so funktioniert, wie es unsere Amtskirchen glauben machen wollen.

Und was ist für dich die Bibel?

Die Bibel ist für mich ein Werk, das Menschen geschrieben haben, Chronisten, und sie ist auch ein Werk, in das jeder von sich aus mitbringen kann, was er sowieso in sich hat. Jeder wird seine Meinung an irgendeiner Stelle bestätigt finden. Der Agnostiker genau so wie der ganz fromme Mensch. Ich finde mich in vielen Stellen beim Prediger Salomo wieder. Da ist der Epikureer drin, der sagt, wir leben jetzt, häufe keine Reichtümer an, die Kinder werden es sowieso versaubeuteln, also hau es lieber selbst auf den Kopp. Allerdings versuche ich, trotzdem meinen Kindern was zu lassen.

Eure Kinder sind immer in eine normale Schule gegangen. Dort gab es katholische und evangelische Kinder, hier wahrscheinlich mehr evangelische Kinder –

Richtig.

Inzwischen wahrscheinlich auch islamische.

Hier draußen vielleicht nicht, aber im Prinzip schon, ja …

Sicher sind die Kinder doch gekommen und haben gesagt, Papa, was ist das mit dem Gott? Was ist das mit Jesus, mit dem Christkind?

104

Also, zu uns sind sie damit nicht gekommen. Sie haben uns wirklich alles gefragt, und wir haben unseren Kindern auf alles geantwortet, aber ich kann mich nicht daran erinnern, daß mich die Kinder nach Gott gefragt hätten.

Und was war dann Weihnachten für euch?

Ein Fest, an dem wir zusammengesessen haben, zu dem Leute zu Besuch gekommen sind, die sonst nicht zu Besuch kamen, und es gab Geschenke.

Ja, aber welchen Grund dann für Geschenke?

Gar keinen. Die Kinder fragen nicht. Unsere drei Kinder sind zufällig im katholischen Kindergarten gewesen. Wenn sie Religionsunterricht in der Grundschule mitgemacht haben, dann weil der zeitlich immer so gelegt wurde, daß er keine Randstunde war, also haben sie Religion mitgemacht, ich hatte da überhaupt nichts dagegen. Ich hab es gehalten, wie es meine Eltern gehalten haben, die sagten: Paß mal auf, du brauchst das nicht zu glauben, du gehst aber hin und machst dir ein Bild. Alles was man hört, macht einen ja irgendwo schlauer, auch wenn man es ablehnend aufnimmt. Ich nehme an, daß die Neugierde der Kinder, was das Thema anbetrifft, verhältnismäßig gering gewesen ist. Vielleicht waren sie aber auch von manchen Riten abgetörnt, daß es sie heute offensichtlich nicht weiter interessiert.
Als wir auf der Suche nach einem Kindergarten waren und der staatliche Kindergarten niemanden mehr aufnahm, sagte ein Schulkamerad von mir, der hier im Ort Doktor ist, Mensch, versuch es doch mal im katholischen Kindergarten. Ich dachte, wenn die hören, daß ich Heide bin und unsere Kinder auch Heidenkinder sind, jagen sie mich vom Hof. Er hat aber gesagt: Geh doch erst mal hin. Und dort kriegte ich mit, daß die Erzieherin eine evangelische Frau

war, die unter einer katholischen Nonne arbeitete. Das hat mich schon verblüfft. Und dann haben sie gesagt, wir haben noch einen Platz frei, lassen sie den Jungen mal kommen. Unser Frederik ist dann da hingegangen. Und gerade die Betreuerin, seine Bezugsperson, war eine begnadete Kindergärtnerin. Er ist dort sehr glücklich gewesen, sie sind nicht indoktriniert worden. Und das, was in der katholischer Kirche, die um die Ecke lag, stattgefunden hat, kann Kindern viel Spaß machen. Da wurde eben auch, anders als bei evangelischen Weihnachtsfeiern, tatsächlich eine Krippe reingeholt, und in dieser Krippe lag eine Puppe, die durfte eines der Kinder nach vorne tragen, es war alles sehr bildlich und nachvollziehbar, es gab ein lebendiges Schaf in der Kirche, da vergnügten sich die Kinder wie Bolle. Alle unsere Kinder waren dann in diesem Kindergarten, und sie haben es sehr genossen.

Die Leute sind nicht ein einziges Mal gekommen und haben gesagt: Herr Mey, es ist an der Zeit, daß sie ihre Kinder taufen lassen. Sie haben es sehr, sehr gut da gehabt. Es gab auch eine begnadete Köchin – Frau Fischer –, die hat so köstliche Sachen für die Kinder gekocht, ich hätte mich manches Mal verdammt gern dazugesetzt und mitgegessen!

Unsere Kinder sind mit dem, was sie dort an religiösen Begegnungen und an Ritualen mitbekamen, sehr spielerisch umgegangen. Ich erinnere mich, daß die Nonne Frederik, der damals total von Fliegergeschichten angetan war, vor einem Bild des Papstes im roten Prunkmantel fragte: »Na, Frederik, weißt du denn, wer das ist?« – »Na klar, der Rote Baron!« Oder Jahre später dieselbe Frage vor einem Kruzifix: »Na, Max, wer ist das?« Antwort: »Das ist Axel Springer!« Keine Ahnung, wie er darauf gekommen ist, die Kinderpsyche ist unerforschbar und genial. Unsere Kinder haben die Rituale ganz selbstverständlich mit in den Alltag übernommen. Ich weiß noch, daß Victoria Teile vom

Tischgebet, das dort üblich war, in ihren normalen Sprachgebrauch eingebaut hat.

Wenn sie beteten, sangen sie: Danke für das Essen und die Gaben, »die der Herr uns wachsen ließ« – es ging wahrscheinlich um das Obst, die Äpfel, um das Korn, um die wunderbaren Früchte, die der Herr uns wachsen ließ. Und Victoria kam nach Hause und sagte: »Jetzt suche ich meine schöne Haarspange, die der Herr uns wachsen ließ.« Natürlich der große Brüller. Es war einfach locker mit in den Alltag integriert, und es hat keine Spätfolgen hinterlassen. Sie haben Zuwendung erfahren und sind da sehr gut behandelt gewesen.

Einmal – das war wirklich ein Witz – spielte Victoria die Maria in einem Krippenspiel. Ich dachte, sieh mal an, da ist jetzt das Heidenkind und spielt da vorne die Maria.

Auf dem Gymnasium gab es dann die Frage nach dem Religionsunterricht wieder, und wir haben gesagt, ihr braucht nicht hinzugehen, wenn ihr nicht wollt. Aber Victoria hatte zum Beispiel einen Religionslehrer, Herrn Hoffmann, der auch ihr Englischlehrer war, der eine große Faszination auf die Kinder ausübte. So ist sie freiwillig in den Religionsunterricht gegangen, der aber auch nichts mit Missionieren zu tun hatte. Eher ging es um gesellschaftspolitische Fragen, um Aktualität, da war einfach ein Pädagoge, der Kinder mochte und faszinieren konnte. Deshalb hat Victoria bis zum Schluß auf dem Gymnasium Religionsunterricht mitgemacht, mit ner Eins auf'm Zeugnis. Und sie wurde nicht indoktriniert.

Ich habe in der stockkatholischen bayerischen Provinz ähnliches erlebt: einen Religionsunterricht, der Deutsch-, Sozialkunde- und Ethikunterricht war. Ich habe diesen Unterricht geliebt, und ich hab damals schon nicht verstanden, daß Eltern ihre nicht getauften Kinder da rausgenommen haben, aus Angst, die könnten indoktriniert werden.

Wenn die Seelen der Kinder so leicht einzufangen wären, dann wären sie von anderen, schlimmeren Seelenfängern noch einfacher einzufangen.

Von Sektenpredigern und Drogendealern zum Beispiel.
Heißt dein »Ich glaube nicht« auch, daß du nicht an andere Dinge glaubst, an Horoskope zum Beispiel?

Das ist mir alles völlig fremd.

Sternzeichen?

Ich bin Schütze. Im Smalltalk sagt man manchmal, ach ja, das ist ein Schütze, gut, ich kenn auch einen, das ist ein typischer Schütze, und so. Nein, das ist ganz, ganz weit weg von mir. Und alles Wünschelrutengehen, aller Erdmagnetismus, alles Esoterische ist mir fremd, es ist außerhalb des Universums, das mich interessiert.

Gut, es interesssiert dich nicht. Aber würdest du auch zweifeln an diesen Dingen?

Natürlich. Wenn ich sage, ich bin in religiösen Dingen ein Agnostiker, weil ich nichts weiß, dann bin ich ebenso sicher, so sicher, wie ich nur sein kann, daß die Konstellation der Sterne auf mich und das Gelingen meiner Taten keinen Einfluß hat.

Welche Geburtsstunde hast du?

0:15 h. Am 21.12.42 in Berlin.

Ich laß das mal machen, dein Lebenshoroskop. Vielleicht kommt dabei raus, daß dieser Mensch ein freundlicher, begabter, aber sehr skeptischer und ungläubiger Mensch ist.

Also gut, da will ich nicht so kategorisch sein. Wenn man sich überlegt, dieser Kosmos, alles dreht sich und bewegt sich, in wunderbaren Bahnen und ...

Der Zyklus des Mondes, der Stand der Gestirne, das beeinflußt das Wachstum der Pflanzen und natürlich auch unser Befinden.

Da bin ich sehr, sehr vorsichtig, gerade wenn es eben in den medizinischen Bereich geht, Heilung oder so was, da bin ich sehr skeptisch und habe große Bedenken, Scharlatanen aufzusitzen.

Aber ist dieselbe Skepsis nicht auch den normalen Ärzten entgegenzubringen?

Ja, da bin ich auch sehr skeptisch. Da sind auch manche meiner Kinderillusionen gewichen. Ich hab ja ein Lied, das heißt **Dr. Berenthal kommt** – und Dr. Berenthal kommt eben nicht mehr, und meine Illusionen sind dahin.

Doktor Berenthal kommt   1999
(Letzte Strophe)

Und du wünschtest sehr, der alte Zauberspruch wirkte noch
    mal:
Halt durch Alter, ich hol dir den Schwarzen Ritter, ruhig Blut!
Doktor Berenthal kommt und alles ist gut.
Doktor Berenthal kommt, – das ist lange her,
Das Emailleschild an seinem Haus gibt es nicht mehr.
Die kleine, abgewohnte Praxis steht noch immer leer,
Und wo kriegst du jetzt deinen Trost und deine Zuversicht her?
Wenn das Erwachsen werden heißt, verdammt, dann ist
    es schwer –
Doktor Berenthal kommt nicht mehr.

Wir könnten jetzt über Homöopathie sprechen, über Aku-
punktur, darüber, daß Menschen bei Vollmond nicht schla-
fen können, daß andere mit bloßen Händen Wasseradern
finden, daß Wasseradern verantwortlich sein können für
Schlafstörungen, über Erdmagnetismus, übersinnliche
Kräfte, Ebbe und Flut und, und, und. Und zu allem könn-
test du sagen, nein, glaube ich nicht –

Also, ich weite den Begriff des Agnostikers auch auf dergleichen Phänomene aus. Es entspricht eigentlich auch nicht
meinem Naturell, dieses kategorische Nein, aber wenn man
für eine Sache keinen hundertprozentigen Beweis hat, dann
muß der Zweifel angebracht bleiben bis zum Beweis des
Gegenteiles. So will ich es sehen.

1966

7. Kapitel

Ich bin aus jenem Holze

1969 – LP **Ankomme, Freitag, den 13.** – 1970 – LP **Aus meinem Tagebuch** – erstes Solokonzert im Wiener Konzerthaus – erstes Solokonzert in der Hochschule für Musik, Berlin – 1971 – LP **Ich bin aus jenem Holze** und **Reinhard Mey – Live** – erste Goldene Schallplatte für die drei ersten LPs – erste große Deutschlandtournee – 1972 – LP **Mein Achtel Lorbeerblatt** – 142-Städte-Tournee durch Deutschland, Österreich und die Schweiz – LP **Frédérik Mey, Volume 2** erhält **Grand Prix du Disque** der **Académie Charles Cros** – Goldene LP für **Ich bin aus jenem Holze** – 1973 – Goldene Platte für über eine Million Aufnahmen von **Gute Nacht, Freunde!** – Privatpilotenlizenz – 1974 – LP **Wie vor Jahr und Tag** – LP **Frédérik Mey, Volume 3** – 30-Städte-Frankreich-Tournee mit erstem Solo-Konzert im **Olympia** – Goldene LP für **Mein Achtel Lorbeerblatt** – 1975 – LP **Ikarus** – erste holländische LP **Als de dag van toen** – Goldene LP für **Wie vor Jahr und Tag** – 1976 – 40-Städte-Frankreich-Belgien-Holland-Tournee – Platin-LP für **Als de dag van toen** in Holland – **Frédérik Mey, Volume 4** – zweite holländische LP **Er zijn dagen ...** Instrumentenflugberechtigung – Scheidung von Christine – Sohn Frederik geboren.

Ich bin aus jenem Holze   1968

Ich bin aus jenem Holze geschnitzt,
In das man ein Herz und zwei Namen ritzt,
Nicht nobel genug für Schachfiguren
Und viel zu knorrig für Kuckucksuhren,
Zu störrisch, als daß man Holz auf mir hackt,
Grade recht für ein Männchen, das Nüsse knackt.

Ich bin aus jenem Holze geschnitzt,
Aus dem man kaum Pfeile und Bogen schnitzt.
Ich habe mich nicht gekrümmt beizeiten,

Und wie sie mir alle prophezeiten,
Wurde bislang auch kein Haken aus mir,
Doch ein Galgen auch nicht – das lobe ich mir.

Ich bin aus jenem Holze gebaut,
Aus dem man wohl keine Madonnen haut.
Ich glaube, da taugt mein Stamm schon besser
Für Holzschuh' und für bauchige Fässer
Und für die zwei Stühle nicht zuletzt,
Zwischen die man sich von Zeit zu Zeit setzt.

Ich bin aus jenem Holze gemacht,
Aus dem man so ziemlich alles macht:
Von Suppenlöffeln zu Tabakspfeifen,
Von Kuchenformen zu Kinderreifen,
Bis zu Körben, die man aus Spänen flicht:
Das alles, nur Kerkertüren nicht.

Ich bin aus jenem Holze geschnitzt,
In das man ein Herz und zwei Namen ritzt.
War's gut oder nicht, das wird sich einst zeigen,
Und sollte mein Rauch nicht zum Himmel aufsteigen,
Dann diene den Vögeln mein trock'nes Geäst, –
Und das sei mein Trost, – noch zum Bau für ein
   Nest.

Der Reinhard Mey, das ist so ein liebenswerter, freund-
licher, guter Mensch, sagen mir manche Leute. Auch das
scheußliche Modewort »Gutmensch« wurde schon strapa-
ziert. Hella, seine Frau, bestätigt das vom guten Menschen
nicht. Sie sagt vielmehr, er sei unendlich zuverlässig, anstän-
dig im Umgang mit Menschen und aufrichtig. Das ist etwas
anderes, und wenn man alle seine Lieder kennt, weiß man,
wie böse er sein kann, wie unerbittlich da, wo er Unrecht
verspürt.

Klaus Hoffmann erklärt den Freund so: »Wir Künstler müssen uns ja sozusagen erfinden. Der Reinhard hat sich erfunden, hat eine Figur für sich erschaffen. Die hat nicht nur, aber auch mit Disziplin zu tun. Der geht in seinen Turm (das Arbeitszimmer) hinein und arbeitet so penibel an seinen Texten, das hältst du im Kopf nicht aus. Und was dieses Guter-Mensch-Image angeht, das muß er aussitzen. Aber er kann auch sehr böse sein.«

Wann kann er böse sein? frage ich.

»Selten, weil er so gut erzogen wurde, englisch irgendwie. Aber in moralischen und ästhetischen Dingen kann er sehr böse werden.«

Ja, das bestätigen viele seiner Lieder.

»Der Reinhard füllt sehr viel von dem aus, was er sich auf die Fahne geschrieben hat.«

Woran liegt es, daß so oft vom guten Menschen Mey die Rede ist? Weil du immer so nett zu allen bist? Bist du harmoniesüchtig?

(Längere Pause) Ja, ich hab natürlich Harmonie wesentlich lieber als Disharmonie, das ist keine Frage, aber ich bin nicht harmoniesüchtig, ich glaube, daß ich auf Leute, mit denen ich keine Beziehung pflegen kann, gar nicht erst anspringe. Woran das liegt, weiß ich nicht. Ich merke sehr früh, wenn ich an eine falsche Freundschaft meine Zuneigung verschenke.

Klaus Hoffmann hat ein herrliches Lied, das heißt **Kinder erkennen sich am Gang**. Verwandte Seelen, Leute die eine Affinität zueinander haben, erkennen sich sehr früh beim Blick in die Augen. Wenn ich eine Freundin hatte, habe ich, lange bevor ich in die ernsthaften Details gegangen bin, gewußt, ob wir über die ersten drei Monate kommen oder nicht, und dann habe ich es beendet, bevor es uns wirklich weh tat.

*Das klingt so vernünftig, so auf Sicherheit bedacht. Bist du
zu oft enttäuscht worden?*

Ein paarmal, wenn man so will, bin ich enttäuscht worden,
zu Beginn meiner Laufbahn und auch mittendrin. Da kam
es vor, daß ich mich Journalisten offenbart habe, und die
haben es nachher auf eine nicht redliche Art verbraten. Das
hat mich vergrämt und enttäuscht, so daß ich mit denen nie
wieder ein einziges Wort reden wollte. Bis ich dann doch
wieder einen getroffen hab, der ganz anders war, dem hab
ich mich wieder geöffnet. Sonst hätte ich mich ganz verschlossen und hätte dann auch keine schlechten Erfahrungen mehr gemacht, aber eben auch keine guten. Man muß
es immer wieder versuchen, sonst gerät man in einen Elfen-
beinturm, in eine Einsamkeit, auch auf die Gefahr hin, daß
man enttäuscht wird.
Ich erinnere mich an einen Menschen, der für die ZEIT
schrieb und mich besucht hat. Der ist zwei Tage lang mit
mir überall hin, durfte überall mit reingucken, und dann
hat er sein Süppchen daraus gekocht, eine ganz andere
Geschichte. Das hat mich erst mal sehr getroffen und ge-
grämt.

Was hat er denn geschrieben?

Der Reinhard Mey, der ist so brav, wir fahren zusammen
Auto, und überall, wo 130 steht, fährt er auch nur 130.
Und mehr davon. Das gab die Geschichte einfach nicht
wieder.

*Und wenn morgen ein anderer bei dir anruft, der dich
freundlich fragt, dann versuchst du es wieder?*

Ja, natürlich. Auch die negative Erfahrung gehört mit
dazu.

Das ist natürlich schwachsinnig, an der Frage der Geschwindigkeitsübertretung die Glaubwürdigkeit des Künstlers ablesen zu wollen. Da fällt mir eine Geschichte ein: Ein Radiomensch fragte im Rahmen einer Umfrage den CAN-Bassisten Holger Czukay, welche Musik er im Auto höre. Czukay antwortete in seiner unnachahmlich trockenen Art, im Auto höre er keine Musik, da höre er auf seinen Motor. Wie schön hätte man das interpretieren können. Czukay experimentierte zu der Zeit mit Alltagsgeräuschen, die er zu Musik machte. Statt dessen machte sich der Umfrager über den Spießer im Künstler lustig, dem sein Automotor wichtiger sei als fetzige Musik im Auto. Die meisten Menschen halten ja den, der bei 130 auch 130 fährt, für vernünftig. (Ich wollte, ich hätte da was von dir.) Kannst du nicht über die, die das anders sehen, einfach hinwegsehen?

Doch, aber das geht dann wie ein Wurm durch die Zeitungsarchive. Der Mey ist so und so. Da kriegt man ein Etikett. Die Rundfunkstationen haben sich die Lieder rausgesucht, mit denen sie nicht anecken, sie spielen hauptsächlich die witzigen oder lieberen Lieder. Die hört dann das Publikum, und schon hat man sein Etikett weg. In einem Lied, **Das Etikett** (91), singe ich das ja – »sicher bin ich nett, aber auch fies und gemein ...« Ich weiß jetzt nicht, wie es weitergeht. Ich kann nicht alle meine Lieder auswendig.

Das Etikett   1991
(die angesprochene Strophe)

Also, sicher bin ich nett, aber auch fies und gemein!
Und wenn ich will, kann ich ein echter Kotzbrocken sein!
Ja, ich stänker', und ich mecker', und ich hau' voll auf die
    Kacke,
Ich bin der Abschaum, das Letzte, 'ne schlimme Schweine-
    backe.

Bist du von Menschen auch mal enttäuscht worden?

Nein! Ich glaube, das hätte ich gemerkt, ich habe einen sehr zuverlässigen inneren Seismographen, der mich warnt, wenn ich verladen werden soll. Und wenn es einmal geschehen ist, war die Sache zu Ende, bevor ich es richtig realisiert habe, und ich kann mich nicht mehr daran erinnern. Ich hab das immer beizeiten gemerkt, und ich habe die Sache beendet, bevor tiefe Narben entstehen konnten.
Zum Beispiel hat mich jemand, der mit mir Ende der 60er Jahre die kleinen Tourneen organisiert hat, finanziell über den Tisch gezogen. Der hat irgendwann das Geld für sich behalten. Und trotzdem hab ich ihn zärtlich geparkt in meiner Erinnerung. Er konnte vielleicht nicht anders, er mußte mich bescheißen. Er hat mich nicht gefühlsmäßig beschissen, sondern nur mit der Kohle, und darüber kann ich hinwegsehen. Er hat sich einfach irgendwann vergaloppiert, und dann brauchte er die Kohle, und dann konnte er nicht anders. Es war nicht schön, und die Zusammenarbeit war dann auch zu Ende. Aber ich habe keinen Groll, ich habe mich mit ihm wahnsinnig vergnügt, und so gesehen war es keine Enttäuschung.

Du sparst Punkte in Flensburg und sammelst sie im Paradies. Ich bewundere das. So wie es auch erstaunlich für mich ist, daß du mit den Leuten, mit denen du – man kann sagen, seit Jahrzehnten – arbeitest, auch befreundet bist. Trennt man das Berufliche und das Private nicht lieber?

Mit Menschen, mit denen ich immer wieder zusammenkomme, von denen ich merke, es ist gut, mit ihnen eine weite Strecke des Lebens zu gehen, mit denen will ich auch arbeiten. Und meistens sucht man sich ja nicht einen Freund, mit dem man dann zusammenarbeitet, sondern aus einer gemeinsamen Arbeit entsteht die Freundschaft.

Sicher kann man auch gut mit Leuten arbeiten, mit denen man sonst gefühlsmäßig nichts weiter zu tun hat, aber bei mir ergab es sich oft, daß die Menschen mit denen ich eng zusammengearbeitet habe, auch meine Freunde geworden sind.

1975 »Als de dag van toen« – ein holländisches Lied. Man ist erstaunt. Von holländischen Freunden weiß ich, wie bekannt du dort bist. Meine Freundin Elienne singt immer wieder »was ich noch zu sagen hätte ...« Jeder Holländer mittleren Alters scheint deine Lieder zu kennen. Wie kam es dazu?

Die holländische Vertriebsfirma wollte diesen Mann auch in Holland bekanntmachen, und ich hatte Lust, ein paar Lieder in holländisch einzusingen, das war meine Experimentierfreude. Ich war als Junge auch schon mit meinen Eltern in Holland gewesen, und es hat mir da gut gefallen. So wurden drei Lieder übersetzt, und ein Sprachtrainer hat sie mit mir einstudiert. Die anderen Lieder auf dem Album waren auf Deutsch. Dann haben sie mich für ein sehr liebevoll gemachtes Fernsehspecial eingeladen, 45 Minuten. Im Sommer wurde am Meer gedreht, die Lieder haben sie wunderschön optisch aufgelöst. Ich habe in Amsterdam in einem Hotel gewohnt, hatte ein verrücktes Team, und um das schöne Morgenlicht zum Drehen zu nutzen, haben wir jeden Morgen um vier Uhr am Set anfangen müssen. Ich bin also jeden Morgen um halb vier zur Arbeit gefahren, und wir haben bis mittags gedreht. Es war ein schöner Sommer. Danach bin ich weggefahren und hab gedacht, jetzt wird das so sein wie überall, das wird sich vielleicht langsam anlassen, vielleicht aber auch gar nicht, auf jeden Fall habe ich nichts mehr von den Leuten gehört. Aber irgendwann Ende des Sommers kriegte ich einen Anruf: Hey, dein Special ist gelaufen, deine Platte ist in die Charts eingestiegen. Ich hab gedacht, na wunderbar, hab aber nicht weiter nachgefragt. In der Woche drauf war die Platte auf Platz eins der Kategorie »national«, dann kam sie eine Woche später auf Platz eins »international«, ohne daß ich irgendetwas außer des Specials gemacht hatte. Als ich dann dafür die Goldene LP bekommen habe, bin ich auch in Holland aufgetreten. Dann kam Platin und Doppelplatin. Am Ende waren es 124 000 verkaufte Alben. Ich habe dann meine Tourneen auf den flämischen Teil Belgiens ausgedehnt. Danach wollte ich den Holländern eine richtige Freude machen und eine ganze Schallplatte von vorne bis hinten mit holländischen Liedern singen, so astrein, ohne Akzent. Ich habs gemacht – und davon 5000 Stück verkauft. Das zeigte mir einmal mehr, du steckst einfach nicht drin, es gibt keine Erklärung für manche Phänomene. Das Album war viel besser, und dennoch ist es nicht so toll gelaufen.

Ich muß sagen, mir singen die Holländer immer deine deutschsprachigen Lieder vor.

Heute noch läuft **Gute Nacht, Freunde** täglich im holländischen Radio1/VPRO um 23.07 nach den Nachrichten als Indikativ bei einer aktuellen Sendung, »Met het oog op morgen«, auf Deutsch gesungen. Es läuft jeden Abend, auch am Wochenende, seit drei Jahrzehnten, es ist faszinierend.

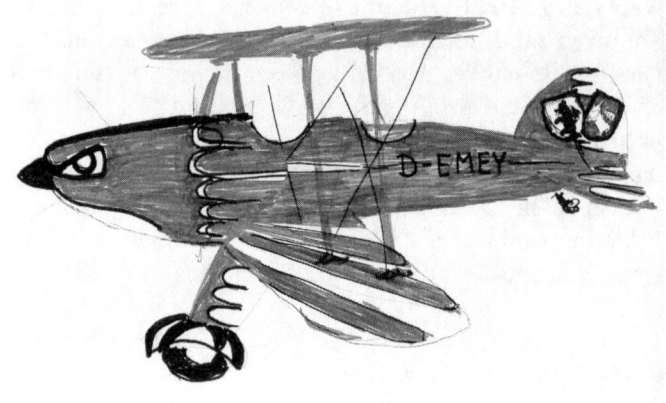

D – EMEY, Mey-Zeichnung

8. Kapitel

Ikarus

Ikarus   1974
Weiße Schluchten, Berg und Tal,
Federwolken ohne Zahl,
Fabelwesen zieh'n vor den Fenstern vorbei.
Schleier wie aus Engelshaar
Schmiegen sich beinah greifbar
Um die Flügelenden und reißen entzwei.

Manchmal frag' ich mich,
Was ist es eigentlich,
Das mich drängt aufzusteigen und dort oben
meine Kreise zu zieh'n,
Vielleicht, um über alle Grenzen zu geh'n,
Vielleicht, um über den Horizont hinaus zu seh'n
Und vielleicht, um wie Ikarus aus Gefangenschaft zu flieh'n.

Hagelschauer prasseln grell
Und ein Böenkarussel
Packt das Leitwerk hart mit unsichtbarer Hand.
Wolkenspiel erstarrt zu Eis,
Ziffern leuchten grünlich weiß,
Weisen mir den Weg durchs Dunkel über Land.

Städte in diesiger Sicht,
Felder im Nachmittagslicht,
Flüsse zieh'n silberne Adern durch den Plan,
Schweben in seidener Luft,
Im Landeanflug der Duft
Von frischgemähtem Heu um die Asphaltbahn.

Ikarus hatte ja nicht so viel Glück mit dem Fliegen wie du –

Allerdings ....

Im Lied **Happy Birthday to me** *(1978) heißt es:*

> Als die ersten Bomben fielen, kam ich grade auf die Welt,
> Als es splitterte und krachte, alles hastete und schrie.
> Ich sah aus, als ob ich lachte, happy birthday to me!
> ...
> Und dann wünschte ich mir sehnlichst eine Spielzeug
>   DC 3,
> Das war'n die »Rosinenbomber«, bei der Luftbrücke
>   dabei.
> Und darüber wurd' ich sieben, und endlich bekam ich sie
> Und ein Care-Paket von »drüben«, happy birthday to me!

Waren es die Bomber und Rosinenbomber, die deine Leidenschaft fürs Fliegen schon früh entfachten?

Ja. Das waren meine ersten Flugzeugerlebnisse in der allerfrühsten Kindheit, nicht die Kampfflugzeuge, sondern die Rosinenbomber von der Luftbrücke. Das Flugzeug war von vornherein positiv besetzt. Ich konnte mir die Flugzeuge in Tempelhof auch ansehen, ich bin mit meiner Tante hingefahren, und ich durfte stundenlang kucken, wie sie starteten und landeten. Das waren die DC-3 oder Dakota. Solch ein Modell wollte ich natürlich unbedingt haben. Damals war so was im Grunde gar nicht zu kriegen, aber meine wunderbare Tante hat es fertiggebracht, einem Reisebüro so ein großes DC-3-Modell abzuschwatzen, und dieses Flugzeug hab ich immer sorgfältig behandelt, es hat mich lange begleitet, ich weiß dann gar nicht, wann es dann doch weg oder kaputt war.

Für Flugapparate habe ich immer allergrößte Faszination empfunden. Als ich das erstemal von Frankreich zurückgekommen bin, durfte ich von Frankfurt aus mit einer viermotorigen Propellermaschine der PANAM nach Berlin fliegen. Ich war elf oder zwölf Jahre alt. Das war das erste Mal. Danach hab ich immer vom Fliegen gefaselt. Als ich älter wurde, dachte ich allerdings, das hat zuviel mit Rechnen und Mathe zu tun, das schaffst du sowieso nicht. So habe ich zwar immer fasziniert Bücher und Zeitschriften übers Fliegen gelesen, aber nie gedacht, daß ich das einmal selbst machen würde. Ich habe Modelle gebastelt, zum Hinstellen, fliegen konnten die nicht. Dann habe ich meinen ersten Verleger besucht, den Ernst Voggenreiter in Bad Godesberg, der einen Flugschein hatte. Da sah ich zum erstenmal so eine kleine Maschine und bin voller Vertrauen eingestiegen. Er ist dann mit mir über den Rhein geflogen, und ich war sehr beeindruckt. Aber er hat mir auch erzählt, wie mühselig es ist, den Schein zu machen. Ich konnte mir nicht vorstellen, mir das aufzubürden. Ich hatte auch zuviel mit Musik zu tun in der Startphase, und hab das nicht näher an mich rankommen lassen. Dann gab es im Jahre 1972 einen Zufall. Ich saß in Wilhelmshaven, hatte mich mit meinen Engagements verbucht und zusätzlich am selben Tag noch ein Konzert in Frankfurt. Jetzt gab es nur die Möglichkeit, hinzufliegen. Ich bin auf den Flugplatz gegangen und hab gefragt, ob es jemanden gibt, der mich nach Frankfurt fliegen kann. Uli Cop, sagten sie, das ist hier der Flieger für alle Fälle. Der hat mich dann mit einer Einmotorigen nach Frankfurt gebracht. Er hat gesagt, hier faß mal an, probier mal selber, wie sich das anfühlt. Und das hat mich so motiviert und begeistert, daß ich wußte, den Rückflug mach ich auch, und dann lerne ich bei ihm. Er war gleichzeitig Fluglehrer und Berufspilot für eine kleine Chartergesellschaft. Gesagt getan, ein halbes Jahr später, im März 1973, hab ich mir freigenommen, hab mich bei ihm eingenistet und das Fliegen gelernt.

Nach 51 Starts und Landungen innerhalb von drei Tagen, war ich für den ersten Alleinflug fällig. Sie sagen dir: So, jetzt mach alles so, wie wir es dir beigebracht haben, es fliegt nur keiner mehr mit, du bist solo. Das ist für alle Flieger der Moment der Geburt, und du mußt beweisen, daß du alles, was du gelernt hast, auch beherrschst. Sonst kommst du nicht heil runter. Der ganze Flugplatz ist in Aufruhr, wenn einer seinen ersten Alleinflug macht. Es gibt auch ein wichtiges Ritual: Man dreht eine Platzrunde, und dann kommen alle und hauen dir auf den Arsch. Das gehört einfach mit dazu. Ein blödes Ritual. Du mußt eine Krawatte tragen, die dann abgeschnitten und in der Luftaufsichtsbaracke an die Decke genagelt wird. Das alles passierte schon an meinem dritten Ausbildungstag. Es war natürlich ein großes Glück, daß ich so einen wunderbaren Lehrer hatte. Ich habe niemals wieder jemanden getroffen, der so verschwistert und verwachsen mit der Flugmaschine war wie dieser Uli Cop und der das so gut vermitteln konnte. Wir hatten gutes Wetter, ich hab mich gut angestellt, deswegen durfte ich schon nach so kurzer Zeit alleine fliegen. Dann geht die Ausbildung weiter mit Flugaufträgen. Du mußt zum Beispiel zu zwei jeweils 100 km entfernten Flugplätzen fliegen und einen Dreiecks-flug machen.

Das hab ich alles in Wilhelmshaven gemacht. Nebenbei habe ich mich mit Uli angefreundet, und ich hab gedacht, das wäre doch schön, ein kleines Luftfahrtunternehmen zu haben. Uli hatte die Lizenz, auch zweimotorige Maschinen zu fliegen, und er hatte die Instrumentenflugberechtigung und den Berufspilotenschein. Zu dieser Zeit war Wilhelmshaven ein großer Tankerhafen, und die Tanker hatten immer Besatzungsmitglieder, die nach Marseille oder auf die Kanaren geflogen werden mußten. Manchmal mußten auch Ersatzteile geholt werden. Uli hatte das bisher für eine in Wilhelmshaven ansässige Firma gemacht. Meine Idee war: So ein Unternehmen machen wir auch. Wir haben zusammen

D – EFMH, Das Original (FMH = Frederik, Max, Hella)

eine Cessna 340 gekauft, das ist ein sehr schönes, schnelles
zweimotoriges Flugzeug mit sechs Plätzen und einer Reich-
weite von sechseinhalb Stunden. Ich glaube, es hat damals
600 000 Mark gekostet. Ein Teil wurde über die Bank finanziert. Es war ein Plan, der eigentlich nur nach vorne
losgehen konnte. Und es fing auch sehr gut an. Auf der
einen Seite machte ich meine Ausbildung weiter, auf der anderen Seite hatte ich – wenn wir Aufträge hatten – die Möglichkeit, mit ihm mitzufliegen. Bei der Fliegerei lernst du ja
bei jedem Flug etwas, auch wenn du nicht verantwortlicher
Luftfahrzeugführer bist, sondern nur danebensitzt. Du paßt
einfach mit auf. So bin ich in dieses Cockpit da vorne richtig reingewachsen. Und noch bevor ich den Schein für die
Einmotorige hatte, war ich in der Zweimotorigen schon zu

Hause. Wir kriegten wunderbare Flugaufträge. Zum Beispiel, eine Pumpe nach Marseille zu bringen. Es war immer schön, wenn keine Passagiere an Bord waren und man nicht auf die Zeit achten mußte. Wir haben Ersatzteile auf die Kanarischen Inseln geflogen mit dieser Maschine, nach Norwegen, sogar hinter den Eisernen Vorhang nach Polen. Es lief phantastisch, und Ende Juni 73 hab ich meine Prüfung für das einmotorige Flugzeug gemacht.

Noch am Prüfungstag habe ich angefangen, auf der Zweimotorigen zu schulen. Das war ein ganz anderes Teil, viel größer, viel schneller, Druckkabine, turboaufgeladene Triebwerke, Einziehfahrwerk, ein tolles Fluggerät, aber ich war ja schon zu Hause darin, und nach drei Tagen war ich auch auf dem Muster prüfungsreif und hab die Lizenz für das zweimotorige Flugzeug bekommen. Sofort am nächsten Tag bin ich alleine nach Paris geflogen, nach Le Bourget. Das, was für Lindbergh sein Atlantikflug war, war für mich, mit einem noch druckfeuchten Flugschein in die französische Metropole zu fliegen.

Wenn Reinhard Mey vom Fliegen redet, mag man ihn gar nicht unterbrechen. Da er aber, würde man nicht dazwischengehen, stundenlang davon reden könnte, gestatte ich mir doch eine Zwischenfrage: Was ist aus dieser Firma geworden? (Die bange Frage, was aus Uli Cop geworden ist, von dem Reinhard seltsamerweise im Imperfekt spricht, spare ich mir für später auf.)

Mit unserer Firma lief es eigentlich ganz toll, aber dann kam die Ölkrise, und das Tankergeschäft in Wilhelmshaven brach zusammen. Die Flugaufträge blieben aus, und so nach und nach schlief dann dieses Chartergeschäft ganz und gar ein. Irgendwann mußten wir uns von dem Flugzeug trennen, denn wenn man die Flugstunden selber bezahlen muß, ist das nicht zu finanzieren. Das trug sich nur durch die Vercharterung an die Tankerfirmen. Mit Ach und Krach und einer blutigen Nase sind wir aus diesem Geschäft rausgekommen, und mein Freund Uli ist nach Fuerteventura ausgewandert und hat eine Surfschule eröffnet. Er war ein Typ, der immer wieder auf die Beine fiel. Auch er hatte mal als Musiker angefangen, bevor er in Wilhelmshaven Pilot geworden war. In allem, was mit Geschicklichkeit zu tun hatte, mit Bewegungsabläufen, war er unschlagbar. Ein Flugzeug zu landen, das ist ja nichts anderes als ein kontrollierter Absturz in Bodennähe, aber diesen Augenblick mußt du rauskriegen. Du mußt genau in dem Augenblick am Boden sein, wo das Flugzeug aufhören will zu fliegen. Für solche Sachen hatte er ein unglaubliches Talent. Er ist dann also nach Fuerteventura gegangen, weil ihn jemand mit dem Surfen angefixt hatte, und er ist mit über 45 Jahren noch so gut geworden, daß er als Surfer in die Weltrangliste aufgestiegen ist.

Du redest von ihm im Imperfekt –

Nachdem alle seine Fluglizenzen verfallen waren, hat er doch noch mal den Rappel bekommen und sich die Lizenzen wieder geholt. Er hat wieder angefangen zu fliegen, und im letzten Sommer ist er bei einer Flugschau abgestürzt. Er ist tot.
Es war eine ganz wichtige Person in meinem Leben, weil er mich in die Fliegerei gebracht hat, weil er mir alles beigebracht hat, was mir später überlebenswichtig geworden ist. Ich habe alle seine Ratschläge beherzt, und als mir 1980 einmal das Triebwerk ausgefallen ist, hab ich genau das gemacht, was Uli Hunderte Male vorher mit mir geübt hatte. Das sitzt, wenn du einen guten Lehrer gehabt hast, der dir die Kunstfertigkeiten beigebracht hat, das vergißt du dein Leben lang nicht.
Ich hatte dann das Glück, auch in anderen Flugdisziplinen

gute Lehrer gehabt zu haben. 1976 habe ich die Instrumentenflugberechtigung gemacht, also Blindflug. Das war eine Sache, wo Mathematik gefordert war. Dabei habe ich gemerkt, daß alles, was ich in der Schule nie lernen wollte und konnte, dann doch in mein Gehirn reinging. Auf einmal hab ich mich für Trigonometrie interessiert, für Winkelfunktionen – wenn du dir auf dem Globus eine Strecke berechnen willst, dann mußt du Winkelberechnungen anstellen. 1982 bin ich dann auf das Doppeldeckerfliegen gekommen, weil ich gemerkt habe, daß sich Langstreckenfliegen für einen Privatmann nicht rechnet. Also blieb nur Lustfliegen auf begrenzten Strecken, das war es, was mich dann gereizt hat, abheben, aufsteigen, kucken und wieder landen.

Nach Paris bist du also nicht mehr geflogen?

Nein, ich habe nur noch »Kaffeeflüge« gemacht, von einem Flugplatz zum anderen, dort Kaffee getrunken und wieder zurück. Irgendwann kam mir der Gedanke, daß für diese Art des Fliegens ein offener Doppeldecker das schönste ist. Ich hab mir ein altes Flugzeug, nach deutschem Muster in Spanien 1953 gebaut, in Augsburg restaurieren und nach meinen Träumen und Wünschen bemalen und ausrüsten lassen. Ein wunderbares Flugzeug, mit dem ich viel im Bereich Hannover geflogen bin, in Berlin konnte man ja nicht fliegen. Jetzt geht es, aber jetzt flieg ich nicht mehr Doppeldecker.
Mit der Maschine hatte ich tolle Erlebnisse. Die war für Kunstflug zugelassen, und ich sagte mir, dann muß ich auch eine Kunstfluglizenz haben. Also bin ich nach Speichersdorf zu Manfred Strößenreuther, dem damaligen Europameister im Kunstflug, dem besten Lehrer, den du dir vorstellen kannst. Nach den ersten zwanzig Minuten Kunstflug hab ich gemerkt, daß mir schlecht wird. Da werden schon heftige Kunstflugfiguren geflogen. Wenn man nicht mehr kann, macht man ein Handzeichen, dann geht's wieder run-

ter, und man legt sich ins Gras. Dann sind wir wieder aufgestiegen, und nach fünf Minuten wurde mir schon wieder schlecht. Wieder war ich kurz vorm Kotzen. Ich hab immer noch rechtzeitig Zeichen gegeben, so daß ich den Flieger auch noch landen konnte, aber ich hab gemerkt, mir wird immer wieder schummerig, laß uns zurückkehren. Dann wieder zwanzig Minuten gewartet, wieder eingestiegen, abgehoben, Platzrunde geflogen, gleich wieder gelandet. Ich hab gedacht, ich verzweifle, aber die haben gekichert und gesagt, abwarten, das gibt sich schon, das geht allen so. Ich erinnere mich noch, ich hatte Vollpension in dem kleinen Hotel, aber ich habe nichts angerührt. Am Abend kriegten die anderen Flugschüler riesige Schüsseln mit Wurstsalat in Essig und Öl, und allein der Geruch und der Anblick davon haben mir den Magen umgedreht. Auch als ich im Bett lag, hat mir der Magen noch weh getan, übergeben hab ich mich nicht, aber es war immer ganz kurz davor. Am nächsten Tag sind wir dann wieder aufgestiegen. Eine halbe Stunde ging es gut, dann fing es wieder an. Dann: wieder ausgeruht, wieder hoch, zehn Minuten, dann fünf Minuten – vorbei für den Tag. Am nächsten Tag plötzlich nichts mehr, vorbei. Getrudelt, gerollt, Rückenflug, alles gut. Von Anfang an bin ich alles selbst geflogen. Ich hatte immer eine Lederjacke an, die ich zugeknöpft habe, obwohl es warm war, weil ich dachte, wenn ich kotze, dann auf die Lederjacke, die krieg ich wenigstens wieder sauber. Und am vierten Tag hab ich die Prüfung gemacht. Da kommt der Prüfer, du gehst allein hoch, bekommst aufgemalt, was für Figuren du fliegen mußt, Rollen, Loopings, Turns usw. Ein normaler Looping ist eine sogenannte positive Figur, also es drückt dich in den Sitz, oder du bist im Scheitelpunkt kurz schwerelos. Es gibt auch eine negative Figur, in die umgekehrte Richtung, aber das vertragen die meisten Flugzeuge nicht, da schießt dir dann auch das Blut in den Kopf, aber das gehört auch nicht zum Prüfungsumfang. Ich hatte einen

Erster Alleinflug, 1973

super Prüfer, super Wetter, alles hat gepaßt. Dann hatte ich also auch diese Lizenz und dachte, jetzt fehlt mir nur noch der Hubschrauber.

Ich hätte jetzt gedacht, jetzt kommt die große Passagiermaschine.

Wenn mir jemand eine geborgt hätte ... Die große Passagiermaschine bekam man nicht geboten, sonst wär es das gewesen.

Sollten wir, was wir in Aussicht genommen haben, über Berlin fliegen, so muß ich sagen, ich weiß noch nicht, ob ich Angst haben werde oder nicht.

Du brauchst keine Angst zu haben. Ich habe eine große Sehnsucht, wieder heil runterzukommen.

130

Das setze ich jetzt einfach einmal voraus.

Ich liebe das Leben zu sehr. Ich habe meine Flüge immer sehr sorgfältig geplant.

Tun das nicht alle?

Die meisten Unfälle beim Fliegen passieren immer durch schlampige Routine. Man läßt die elementaren Sachen außer acht, man macht einen Check zu wenig.

Gilt das jetzt für den abgestürzten Uli Cop auch?

Von Uli weiß ich, daß er bei einer Kunstflugübung an einem Flugtag abgestürzt ist. Ich habe nie an Flugtagen teilgenommen. Da sind die Leute aufgeregt, regelrecht aufgekratzt. Sie wollen was zeigen und sind nicht sie selbst. Er hat angeblich eine Flugfigur zu sehr in Bodennähe gemacht, das habe ich nie, auch nicht in meiner Kunstflugausbildung. Bei der Prüfung muß man sowieso mindestens in 2000 Fuß, also 600 Meter Höhe fliegen, damit man immer in einer Höhe fliegt, in der man einen eventuellen Fehler korrigieren kann. Du kannst allen Scheiß in der Luft machen, wenn du noch 600 Meter unter dir hast, du kriegst alles noch geregelt. Du kannst jede Situation wieder gradebiegen. Aber zu wenig Flughöhe, das ist ein unnötiges Risiko, das ist ein großer Fehler.

Du hast auch von deinem Kunstfluglehrer Manfred Strößen-reuther im Imperfekt gesprochen. Ist er auch tot?

Ja.

Abgestürzt?

Ja.

Und da soll ich mit dir fliegen. Du lieber Himmel!

Der Strößenreuther ist umgekommen, weil ihn bei der Platzrunde ein Fluglehrer aus seinem Betrieb von unten gerammt hat. Sie flogen Hochdecker und Tiefdecker. Der Tiefdecker konnte nicht richtig nach unten gucken, und der Hochdecker nicht richtig nach oben. Sie sind beide tot.

Man kann so was nicht überleben.

Möglich ist es, aber normalerweise bist du tot.

Auch tröstlich. Schon hab ich weniger Angst.

Man darf einfach nicht leichtsinnig sein. Mir macht nur sicheres Fliegen Spaß, wenn ich weiß, ich habe den Flug sauber vorbereitet, ich habe mit allen Eventualitäten gerechnet, und ich habe so viel Sicherheitsmarge, daß ich auch eine unvorhergesehene Panne oder einen Ausfall noch korrigieren und auffangen kann.

Du bist von 1973 bis 1996 geflogen und hast dann aufgehört. Wenn man dich erzählen hört (und sieht!), deine Begeisterung spürt, kann man sich das gar nicht vorstellen.

Du mußt ja viel Zeit investieren, um sicher zu fliegen und in Routine zu bleiben. Das war mir irgendwann zuviel Zeitopfer.
Ach! Ich wollte ja noch vom Hubschrauber erzählen! Ich habe dann erst die Lizenz für den Kolbenhubschrauber und dann für den Turbinentriebwerk-Hubschrauber gemacht. Das ist eine wunderbare Fliegerei und faszinierend, aber irgendwann kommt der Punkt, wo man alles mal gemacht

hat und sich fragt, muß das eigentlich sein. Vielleicht bin ich in diesem Moment in meinem Leben weise geworden, wo ich dachte, ich brauch das nicht mehr. Und dann hab ich meine Lizenzen verfallen lassen.

Ich dachte, ich hatte alle fliegerischen Träume erfüllt. Aus der Familie war keiner so angestochen, daß er mit mir mitgeflogen wäre. Hella sowieso nicht, sie ist ein paarmal mit mir mitgeflogen, sie hatte keine Angst, aber es ging für sie keine Faszination von der Fliegerei aus, und so war ich immer alleine. Aber jetzt fliege ich doch wieder, ca. 24 Stunden im Jahr. Auf Sylt ist es wunderbar, da ist der Flughafen nah. Hier nach Schönhagen muß ich erst eine Stunde fahren. Aber es ist schön, daß ich mir jetzt meine Stadt erfliegen kann, die ich immer nur von unten kannte. Das war ein tolles Erlebnis, als ich das erstemal in Tempelhof landete. Da hatte sich ein Traum erfüllt. Es war genau der Platz, an dem ich mit meiner Tante Illi gestanden habe und die Rosinenbomber habe landen sehen, die auf der Landebahn 27 links runtergingen, und dann kommst du und kriegst die gleiche Landebahn zugeteilt, die dir aus so vielen Beobachtungen bekannt ist, ein tolles Erlebnis.

Könntest du überall hinfliegen, zum Beispiel nach Moskau?

Ja, du mußt nur einen Flugplan aufgeben, das mußt du fürs Ausland immer. Es gibt sicher ein paar Länder, die den Überflug von Zivilflugzeugen nicht erlauben, so wie früher in der DDR. Von Lübeck bis nach Passau, also die Ostgrenze entlang, war es verboten, bzw. du brauchtest extra eine Genehmigung. In Berlin gab es überhaupt keine Chance. Die Amis hatten eine kleine Sportmaschine, mit der sie die Grenze abklapperten, aber meistens flogen sie mit Hubschraubern. Für Deutsche gab es keine Chance.

Laß uns noch etwas gegen meine eventuelle Angst tun. Wir steigen also auf – über Berlin –, und es kommt ein Gewitter –

Das werden wir vermeiden, denn ich habe vorher eine Wetterberatung eingeholt. Wenn trotzdem eins käme, müßten wir zurück oder eine Sicherheitslandung machen.

Ist eine Sicherheitslandung dasselbe wie eine Notlandung?

Im Prinzip schon, aber du machst sie ja, bevor die Notlage eintritt.

Aber Sicherheitslandung klingt besser, das gebe ich zu. Wenn du auf einer Wiese runtergehst, kannst du auf der wieder starten?

Ja! Wenn du zu einer Sicherheitslandung auf einer Wiese runtergehst, dann suchst du dir die beste Wiese aus, eine von der du auch wieder starten kannst. Die Sicherheitslandung ist vom Gesetzgeber genehmigt.

Wie hoch fliegt die kleine Maschine?

Hier in Berlin ist das festgelegt, da darf ich nur ca. 760 Meter, das sind 2500 Fuß, hoch fliegen, wegen des Flugverkehrs. Erst zur Landung darf ich die Höhe von 2000 Fuß unterschreiten. Über Ortschaften ist die Untergrenze 1000 Fuß, über Großstädten 2000 Fuß, damit man noch Notlandemöglichkeiten hat.

Also, dann fliegen wir über Berlin.

Machen wir beim nächsten Mal, wenn du hier bist. Dann fliegen wir nach Tempelhof – eine kleine Weltreise. Wir starten in Schönhagen. Berlin hat drei Flugplätze und viele, viele Wiesen, da kannst du beruhigt sein, da kannst du ruhig einsteigen.

Alleinflug   1979

Ich kann mich noch an jenem Vormittag seh'n,
In der Frühsommersonne am Hangartor steh'n,
Nach dem Hochdecker schielen, der mir gut bekannt,
In der Brise leis' knarrend am Vorfeldrand stand.
Und dann höre ich sagen, es sei wohl soweit,
Und ich rein in die Kiste, verlier' keine Zeit,
Auf dem Rollweg durch's Gras, das sich im Luftstrom
    wiegt,
In die Bahn, die in flimmerndem Licht vor mir liegt.

Der Wind in den Streben,
Ein Rütteln, ein Beben,
Dann endlich abheben,
Mit einem Mal schweben,
Ein Blick auf die Spielzeugwelt unten voraus,
Über mir nur die Tiefe des endlosen Blaus,
Und eindreh'n und neigen, ausrollen und steigen,
In rauschendem Reigen, in sprachlosem Schweigen,
Sich winzig zu wissen und zugleich so groß,
Erhaben und glücklich und schwerelos,
Einen Gedanken lang, einen Augenblick bloß.

Ich kam mir beim Abstellen vorm Hangartor
Wie Lindbergh nach seinem Atlantikflug vor.
Ich kam seitdem von mancher Reise nach Haus,
Aber so stolz wie damals stieg ich nie wieder aus.
Ich kenn' Himmelhunde zu Haus in der Luft,
Sowas von abgebrüht, sowas von ausgebufft,
Aber keinen, selbst wenn er die Umlaufbahn fliegt,
Der zurückdenkt und nicht doch glänzende Augen kriegt.

Seit dem Tag habe ich wohl manche Ölspur gelegt,
Ist mir manch' kalte Bö um die Nase gefegt,
Hab' ich grimmig manche Wetterkarte zerpflückt,
Mich in muffigen Flugplatzcafés rumgedrückt.
Und doch muß ich nach jedem Kondensstreifen seh'n,
Mich nach allen Motorengeräuschen umdreh'n,
Und bei jedem Start kribbelt es doch ganz egal
Zum wievielten Mal, noch wie beim ersten Mal.

*Dann fliegen wir – im April 2005 – über Berlin. Ich habe
Angst, aber irgendwie vertraue ich Reinhard, der alles, was
er tut, so gewissenhaft tut und so zuverlässig ist. Wir starten von einem kleinen Flughafen im Süden Berlins. Als ich
erfahre, daß die kleine einmotorige Maschine über sechzig
Jahre alt ist, so alt wie wir, nimmt die Angst nicht gerade
ab. Ich habe noch nie in einem solchen Flugzeug gesessen.
Reinhard ist so hoch konzentriert, daß er meine Angst –
glaube ich – nicht bemerkt. Als wir unsere vorgeschriebene
Flughöhe von 600 Metern erreicht haben und uns Berlin
zu Füßen liegt, werde ich ruhiger. Ich staune. Von so viel
Wasser ist Berlin umgeben, das war mir nie bewußt. Wir
steuern den Flughafen Tempelhof an. Eine Landung dort
muß für Reinhard sein, denn da sind ja die Wurzeln seiner
Flugleidenschaft. Die Rosinenbomber der Luftbrücke! Das
staunende Kind an der Hand der Tante. Als wir wieder starten, gibt man uns dafür tatsächlich die alte Start- und Landebahn der Rosinenbomber. Wieder oben, drosselt Reinhard den Motor und demonstriert, wie das Flugzeug segelt,
die Simulation eines Motorausfalls. Jetzt könnten wir uns
seelenruhig, wie er sagt, eine Wiese zur Notlandung aussu-
chen. Meine Angst ist jetzt der Faszination gewichen. Ich
begreife etwas von der Leidenschaft, von der Begeisterung
des Fliegens. Ich denke, daß auch **unter** den Wolken die Freiheit schon grenzenlos ist. Ich beneide Reinhard, und als wir
wieder auf dem kleinen Flughafen landen, wo kleine bunte*

Maschinen wie exotische Heuschrecken stehen, denke ich,
wenn ich dreißig Jahre jünger wäre, ich würde das tun, was
er getan hat, fliegen. Vogel sein.
Ich danke dir für dieses Erlebnis, sage ich.

Ich danke dir. *Sagt er.*

Du mir? Wofür?

Daß du mir heute dein Leben anvertraut hast.

Er hat eben doch meine Angst gespürt.

9. Kapitel

Ab heut und ab hier

1976 – 40-Städte-Frankreich-Belgien-Holland-Tournee – Chrys-anthemenzüchtung **Reinhard Mey** – LP **Frédérik Mey, Volume 4** – zweite holländische LP **Er zijn dagen ...** – Instrumenten-flugberechtigung – Scheidung von Christine – Sohn Frederik geboren – **1977** – LP **Menschenjunges** – 30-Städte-Frankreich-Tournee – 72-Städte-Tournee, Deutschland, Österreich, Schweiz – Eheschließung mit Hella – **1978** – Live-Doppelalbum **Unterwegs** – LP **M(e)y Instrumentals** – LP **Keine ruhige Minute** – **1979** – LP **Frédérik Mey, Volume 5** – dreiwöchiges Gastspiel in der Pariser Music-Hall »Bobino« – Floribunda Rose »Frédérik Mey« – **1980** – LP **Jahreszeiten** – 56-Städte-Tournee, Deutschland, Österreich, Schweiz – **1981** – Live-Doppel-LP **Tournee** – LP **Freundliche Gesichter** – **1982** – Doppel-LP **Starportrait 2** – Frédérik Mey, Volume 6 – Privathubschrauberführerlizenz – Sohn Maximilian geboren – **1983** – Frédérik Mey, Vol. 1–6 in Deutschland – LP **Die Zwölfte** – Bundesverdienstkreuz am Bande – 60tägige Tournee, Deutschland, Österreich, Schweiz – **1984** – Kunstfluglizenz – **1985** – LP **Hergestellt in Berlin** – Tochter Victoria-Luise geboren.

Wozu brauchtest du noch einen Hubschrauberführerschein?

Ich wollte wissen, wie das ist. Ein Hubschrauber ist ganz anders zu fliegen als ein Flächenflugzeug. Ich hatte die Geräte gesehen, die standen auch da rum, wo die Flugzeuge standen. Ich wollte wissen, wie das ist mit diesem Quirl, und ich bereue nicht, das gemacht zu haben, es ist ein ganz anderes Fliegen. Der Hubschrauber ist ein bißchen störanfälliger, weil er so viele bewegliche Teile hat. Der Rotor hat eine sehr, sehr komplizierte Mechanik.

Der segelt ja auch nicht, wenn der Motor ausfällt.

Doch, doch, der segelt.

Ein Hubschrauber segelt!?

Durch Autorotation, das ist nicht das Problem, da machst du einen Gleitflug wie mit einer anderen Maschine.

Ich dachte, wenn der Rotor ausfällt, fällt der runter. Die fallen doch immer runter.

Nein, das ist ja das Wunderbare daran, sonst würde man sich ja in eine Abhängigkeit ohne Alternative begeben, das würde ich nie tun. Aber so hast du die Möglichkeit im Gleitflug – durch das Gleiten in der Luft wird der Rotor angeblasen.

Also Hubschrauber fahre ich nicht mit dir. Da kommt mir ja das Drachenfliegen noch harmloser vor. Hast du das mal gemacht?

Nein, wenn ich damals die Möglichkeit gehabt hätte, hätte ich es sicher gemacht, heute würde ich es nicht mehr tun. Ich habs schon gerne, wenn ich genau bestimmen kann, wie weit ich komme, wo ich hin will, wo ich lande – also wenn ich nicht von der Thermik abhängig bin.

Preisfrage: Was haben Konrad Adenauer, Dagmar Berghoff, Heinz Rühmann, René Kollo und Reinhard Mey gemeinsam? Antwort: Eine Rose wurde nach ihnen benannt. Bei dir war es erst eine Chrysantheme und dann eine Rose.

Also die Chrysantheme – das war in der Zeit, als mir in Holland einfach alles in den Schoß fiel. Sie war ein nettes Geschenk des Züchters, eine schöne Geste. Das mit der Rose kam später und hat mich zuerst gar nicht weiter interessiert. Aber irgendwann kriegte ich ein Schwarzweißfoto davon, hab aber auch danach nicht mehr weiter dran gedacht. Voriges Jahr hatten meine Promoterin Eva Reinmuth und ich unser 25jähriges Zusammenarbeits-Jubiläum, und da kam von ihr eines Tages ein völlig unförmiges Paket mit ganz eigenartigem Inhalt. Sie hatte nach langem Suchen beim französischen Rosenzüchter André Eve drei Stöcke der Rose Frédérik Mey aufgetrieben, und die waren in so einen Strohballen verpackt und sahen ganz eigenartig aus, weil sie ja noch nicht blühten. Da war nur der Stock, und ich dachte, die pflanze ich in Sylt ein, weil hier auf dem Waldboden in Berlin ja nichts wächst – dort wächst alles. Ich habe sie im letzten Winter vor einem Jahr in die Erde gebracht und vorher Bücher gelesen und mich sachkundig darüber gemacht, wie man eine Rose behandeln muß. Ich habe es wirklich nach Kochbuch gemacht und mit angehaltenem Atem gewartet, daß die Saison kommt. Sie sind explosionsartig aufgegangen, es war wunderbar, mit welcher rosafarbenen Blütenpracht sie mich überwältigt haben. Der Rekord waren 31 Knospen an einer Pflanze.

Biographien sind oft so schön lapidar. Da steht: »Ausbildung zum Privathubschrauberführer. Sohn Maximilian wird geboren.« War der geplant?

Ja, unbedingt, gewünscht und erhofft und alles dafür getan. Es war auch der richtige Zeitpunkt. Es ist gut, daß das zweite Kind dann kommt, wenn das erste aus den Pampers raus ist, das ist ja eine arbeitsintensive Angelegenheit, Fläschchen, Brei, Windeln, das nimmt sonst dem ersten Kind zuviel Zeit weg.

31 Knospen, 1980

Wie ein Lied von dir heißt: **Und nun fängt alles das noch mal von vorne an** *(1984).*

Ja, na klar.

Zur Bedeutung des Familienlebens, die sich in vielen Liedern manifestiert, kommen wir im nächsten Kapitel. Hier jetzt eine andere Frage: Du hast so viele Lieder über korrupte Politiker geschrieben, über die Zerstörung der Natur, die unmenschliche Behandlung von Tieren, über diese Gesellschaft, die das alles hinnimmt und über deren Repräsentanten, die nichts gegen die Mißstände tun. Und da bekommst du 1983 das Bundesverdienstkreuz, und du nimmst es an. Wäre es nicht auch eine Konsequenz gewesen, es abzulehnen?

Ja. Das war durchaus eine Überlegung, mir ist das nicht leichtgefallen. Es gibt so viele unrespektable Leute, die auch das Kreuz bekommen haben, und da war schon die Frage: Bin ich auch so einer, wenn ich das annehme? Dann habe ich meinen Eltern davon erzählt und gemerkt, daß sie es gerne hätten, wenn ich es nehme. Das hat den Ausschlag gegeben. Ich hatte auch gerade ein Lied geschrieben, da kommt die Zeile drin vor: »Wie einmal jeder Schnarchsack in diesem Land, krieg ich heute das Verdienstkreuz am langen Band.« Das war sechs Wochen vorher herausgekommen. »**Ich habe nie mehr Langeweile**« (82). Ich hab auch mit Hella lange darüber gesprochen und gedacht, das muß nicht sein. Aber meine Eltern waren stolz, darum habe ich es nie bereut. Ich habe es aber nie getragen.

Aber du hast über deine Eltern gesagt, daß sie ein kritisches Verhältnis zum Staat hatten und dich auch so erzogen haben – denen hättest du es ja möglicherweise erklären können ...

Ja, natürlich. Aber es war für die beiden irgendwie die Bestätigung nach außen, daß sie es mit mir richtig gemacht haben, irgend so was wird da eine Rolle gespielt haben. Ich habe meinen Frieden damit gemacht. Ich habe andere Auszeichnungen bekommen, die viel direkter waren, die viel mehr an mein Herz gingen und mit denen ich mich viel mehr gemeint fühle.
Später habe ich zum Beispiel den Verdienstorden des Landes Berlin bekommen, das war eine Auszeichnung für einen Berliner Jungen, die ich ohne Zögern angenommen habe.

Ab heut' und ab hier   1978
Ab heut' und ab hier
Geh'n wir auf verschied'nen Wegen.
Es taugt nicht, daß wir

Noch erklär'n und überlegen.
Es ist nichts mehr zu bereden,
Das ist alles längst gescheh'n.
Es bleibt jetzt allein für jeden,
Seinen ersten Schritt zu geh'n.

Das heißt nicht »Bis bald!«
Das heißt nicht »Bis später«,
Das heißt nicht »Auf Wiederseh'n!«,
Das heißt »Lebewohl!«

Wozu noch versteh'n,
Und wozu ein Urteil sprechen,
Wozu auch zuseh'n,
Wie wir die Brücken zerbrechen?
Wozu unser Buch aufschlagen,
Das den Grund doch nicht verrät
Und auf all unsere Fragen,
Käm' die Antwort doch zu spät.

Tja, was sagt man dann,
Nach all der Zeit »Alles Gute«?
Hört sich komisch an,
Und so ist mir auch zumute.
Laß' uns aufhör'n, uns zu kennen,
Ohne Spruch und Redensart,
Uns ohne viel Worte trennen,
Eh' das Lächeln noch erstarrt!

War die Trennung von Christine eine gütliche Trennung?

Ja, es war eine gütliche, aber endgültige Trennung. Wir hatten keinen Kontakt mehr. Christine ist vor drei Jahren an Brustkrebs gestorben. Das habe ich erst erfahren, als sie tot war, von ihren Eltern. Aber laß mich nach und nach erzählen. Wir haben gesagt, das, was wir besitzen, haben wir zusammen erwirtschaftet, deswegen wird alles durch zwei geteilt. Ich habe ihr darüber hinaus die Hälfte von meinem Musikverlag – Chanson Edition Reinhard Mey – gegeben. Ich wollte nicht, daß sie später irgendwann in materielle Not gerät, und mit diesem Musikverlag, das wußte ich, kommt jedes Jahr ein gewisser Betrag, mit dem kann sie leben.

War die Trennung schmerzlich?

Wir waren ja innerlich schon auseinander. Nach der Scheidung haben wir im Restaurant Flugplatz Tegel Lilienthal zusammen zu Mittag gegessen und uns verabschiedet. Wir haben uns in die Arme genommen und »Auf Wiedersehen« gesagt, und sie ist nach Paris geflogen. Ich habe sie nie wieder gesehen. Wir haben uns nicht geschrieben, es gab auch keine Streitigkeiten. Es war alles gesagt, es war alles unterschrieben. Ich habe aber zu ihren Eltern eine sehr liebevolle Beziehung gehabt und habe sie immer noch. Die waren das Pendant zu meinen Eltern. Es waren witzige, liberale, tolle Leute. Wenn du dir vorstellst, daß sie einen 19jährigen Burschen zu Hause bei sich für sechs Wochen aufnehmen, den sie einmal in den Ferien in Spanien kennengelernt haben.

Und dafür die Töchter ausquartieren.

Dafür die Töchter ausquartieren – na gut, das war eine Vorsichtsmaßnahme –, also, es waren wunderbare Leute. Und irgendwann – da fällt mir ein: wir haben uns doch noch einmal getroffen –, das war so Mitte der 80er Jahre, kam uns beiden der Gedanke, was passiert eigentlich mit diesem Musikverlag, wenn einer von uns stirbt? Das heißt, sie sagte, »Was ist, wenn **ich** sterbe?« »Dann soll das deine Schwester kriegen«, sagte ich.

Und wenn ihr beide nicht mehr leben solltet, dann soll es an mich zurückfallen, damit es meine Kinder kriegen. Das war die Geschichte. Die Tragik ist, daß Christines ältere Schwester, Dominique, die etwas über ein Jahr älter war als sie, ein Jahr nach ihrer Schwester an Multipler Sklerose gestorben ist. Ich konnte mir denken, was in den Eltern vorging. Deswegen versorge ich seitdem mit dem Musikverlag die Eltern, die das freudig und dankend angenommen haben. Das ist die Geschichte von den beiden Mädchen Solleau, von Dominique und Christine.

Dann kam Hella – das heißt, es gab sie schon zum Zeitpunkt der Scheidung von Christine.

Ja, ich habe Hella im März 1974 kennengelernt, wir waren uns sympathisch, ich fand sie faszinierend und schön, aber es war überhaupt gar kein Gedanke daran, nun mit ihr einen Flirt anzufangen.

Wenn ich alten Fotos trauen darf, ist da eine gewisse Ähnlichkeit.

Ja.

Vom Typ. Lange, blonde Haare.

Ja, aber das Ding geht noch viel weiter. Hella war auch einmal verheiratet, und wenn ich die Fotos von ihrem ersten Mann Wolfgang sehe, dann weiß ich, daß auch sie eigentlich denselben noch mal geheiratet hat.
Wir haben uns dann eineinhalb Jahre kaum gesehen, und auf der Tournee im Herbst 1975, als ich sie da wiedersah, hab ich mich einfach in sie verliebt.

Was heißt auf einer Tournee? Hat sie da etwas gesteuert?

145

Mit Hella, 1981

Nein, nein. Sie arbeitete bei einer Konzertagentur in Hannover, die sieben oder acht Konzerte mit mir veranstaltet hat. So sind wir uns wiederbegegnet, und dann ging alles, wie wenn du ein Streichholz in ein offenes Benzinfaß wirfst, es brannte lichterloh. Als ich merkte, daß es ernst wurde, habe ich Christine angerufen und es ihr gesagt.

Lassen wir hier Hella Mey zu Wort kommen:

»Ja, das war 1974, ich arbeitete in einer Konzertdirektion in Hannover, es war der internationale Tag der Frau, 8. März 1974. Ich hatte gerade einen Tag vorher den Führerschein gemacht, deswegen hab ich das alles so im Kopf. An dem Tag, es war ein Freitag, bin ich mit meinem Arbeitskollegen nach Stadthagen gefahren, wo meine Firma mit Peter Graumann zusammen ein Mey-Konzert veranstaltete. Dort hab ich Reinhard zum ersten Mal gesehen. Ich kannte ihn durch die Lieder, die haben mir sehr gut gefallen, aber der Mann dahinter hat mich überhaupt nicht interessiert. Da hab ich dann einen ungeheuer netten Menschen kennengelernt. Wir waren uns sympathisch, Reinhard war auch sehr freundlich, aber er hatte auch eine gewisse Souveränität. Er war nicht der Mann, der jetzt sofort anfing eine Frau anzugraben. Er war von großer Zurückhaltung. Peter Graumann rief dann Mitte 74 wegen eines Konzerts in Nienburg an, ob ich Lust hätte mitzukommen. Wieder traf ich Reinhard und hab ihn danach immer wieder während der Konzertreisen getroffen. Im Herbst 75 änderte sich etwas zwischen uns, wir kuckten uns anders an, und plötzlich hatten wir uns verliebt, dann ging alles ganz schnell, obwohl er noch verheiratet war. Darüber habe ich mir keine großen Gedanken gemacht, weil er wirklich auf eine gute Weise seriös war. Ich hab ihm vollkommen vertraut.«

Du warst ja auch verheiratet.

»Ja, aber ich war schon geschieden. Wir waren noch zu jung damals. Man heiratete oft einfach, weil man sonst keine Wohnung gekriegt hätte. Die Ehe dauerte nur vier Jahre. Ich wußte von Anfang an, daß das nicht gutgehen kann.«

Und dann wurde doch sehr schnell eine Familie gegründet.

»In meiner ersten Ehe hat das zum Glück nicht geklappt, ich wollte, aber es klappte nicht, darüber war ich später sehr froh. Und dann haben wir beide gleich so intensiv begonnen, daß ich nach einem Vierteljahr schwanger war. Ich bin 100 Jahre nicht schwanger geworden, hab beim Gynäkologen gesessen, und dann war ich schwanger. Wir wollten eigentlich nach einer Frankreich-Holland- Belgien-Tour alleine verreisen, weil wir ja immer nur mit anderen Leuten zusammen waren. Aber als wir im April 76 nach Berlin zurückkamen, war ich schwanger, risikoschwanger, und ich mußte ins Krankenhaus. Da standen wir dann in einem kleinen katholischen Krankenhaus, er geschieden, ich geschieden, das Geld im Schuh. Ich weiß nicht, ob er dir das auch erzählt hat?«

Nein.

»Wir mußten eine Aufnahmegebühr bezahlen, denn die wußten gar nicht, ob wir das überhaupt bezahlen können. Reinhard hat früher immer sein Bargeld im Schuh getragen, im Westernstiefel. So hat er an der Rezeption seinen Schuh ausgezogen und hat 200 Mark rausgeholt. Ich hab 14 Tage im Krankenhaus gelegen, und danach mußte ich viel Ruhe haben und liegen. Da waren die Pläne mit Reisen erst mal vorbei. Erst fanden wir beide das furchtbar, weil wir uns ja erst ein Vierteljahr kannten, aber dann kam seine wunderbare Art durch. Er hat sich sofort total auf die Situation eingestellt, und wir haben zusammen diesen Sohn gekriegt.

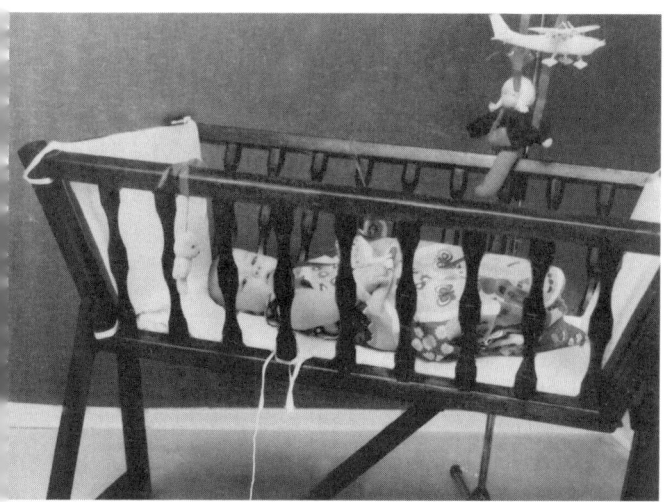

Frederik und Wiege, beides selbstgemacht, 1976

Reinhard ist zu jeder Untersuchung mitgegangen. Ich fand das am Anfang furchtbar, daß dieser Mann da immer dabei war und daß er dann sogar bei der Geburt dabei sein wollte, das wollte ich gar nicht. Später war ich dann darüber glücklich. Ich hätte es ihm ja so gar nicht erzählen können. Dann hat er eine große Wiege gezimmert. Er hat sich voll auf die neue Situation eingestellt und gesagt, wenn das jetzt so ist, dann ändere ich mich auch und geh nicht mehr so oft aus dem Haus. Er ist wirklich phantastisch.«

Frederik, dem ersten Sohn, wird im Jahr seiner Geburt ein Lied in die selbstgebaute Wiege gelegt:

Menschenjunges   1976
Menschenjunges, dies ist Dein Planet,
Hier ist Dein Bestimmungsort, kleines Paket.
Freundliches Bündel, willkommen herein,
Möge das Leben hier gut zu Dir sein!

149

Da liegst Du nun also endlich fertig in der Wiege.
Du bist noch ganz frisch und neu, und ich schleiche vers-
    tohl'n
Zu Dir, und mit großer Selbstbeherrschung nur besiege
Ich die Neugierde, Dich da mal rauszuhol'n,
Um Dich überhaupt erstmal genauer anzusehen.
So begnüg' ich mich damit, an Deinem ersten Tag
Etwas verlegen vor Deiner Wiege rumzustehen
Und mir vorzustellen, was Dein Leben bringen mag.

Mögest Du all' das erfahren und all' das erleben,
Was erlebenswert und was im Leben wichtig ist.
Mög' es noch Wiesen und Bäume und Maikäfer geben,
Wenn Du im Maikäfersammelalter bist.
Mögen auch allezeit Nägel, Murmeln, Strippe, Litze,
Kleister, Brausepulver, Buntstifte und Feuerstein,
Schraubenzieher, Isolierband, Knete und Lakritze
Reichlich in deinen Hosentaschen vorrätig sein!

Und eines Tags kommt der Tag, da sitze ich beklommen
Ratlos vor den Schularbeiten, die man Dir aufgab.
Werde Deine Rechenaufgaben nicht rausbekommen;
Für den Aufsatz, den ich Dir geschrieben hab',
Wirst, Du, wenn Du sehr viel Glück hast, keinen Arrest krie-
    gen,
Aber als Entschädigung dafür werd' ich mit Dir
Drachen bauen, Bilder mal'n und Doppeldecker fliegen
Und zeig' Dir den Umgang mit Lötlampe und Klavier.

Ein paar Jahre später dann nach manch' blutigen Nasen,
Nach unzähligen Pflastern über aufgeschlag'nen Knien,
Nach zerbroch'nen Fensterscheiben, zertöpperten Vasen,
Fehlgeschlagenen Erziehungstheorien.
Nach erkannter Unwirksamkeit strenger Zeigefinger
Machen wir beide nämlich gemeinsam jeden Stuß,

Jeden groben Unfug, und dann dreh'n wir all' die Dinger,
Die ich Dir bis dahin jedoch streng verbieten muß.

Möge Dir, von dem, was Du dir vornimmst, viel gelingen!
Sei zufrieden, wenn's gelingt, und ohne Übermut,
Versuch' Deine Welt ein kleines Stück voranzubringen,
Sei, so gut es geht, zu Deinen Menschenbrüdern gut!
Tja, dann wünsch' ich Dir, daß ich ein guter Vater werde,
Daß Du Freunde findest, die Dich lieben, und daß Du
Spaß hast an dem großen Abenteuer auf der Erde!
»Hals- und Beinbruch«, da kommt was auf Dich zu.

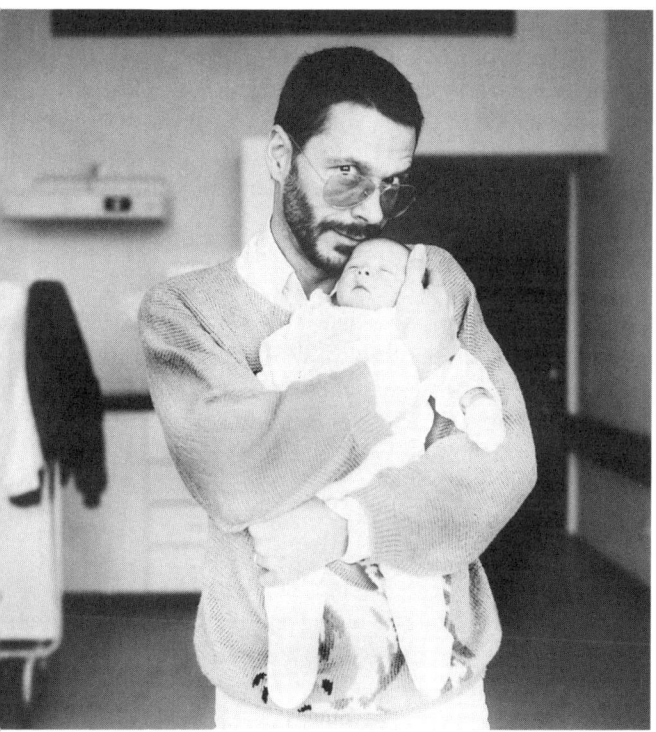

Vater und Tochter, 1985

Auf Frederik kam das »große Abenteuer auf der Erde« zu.
Auf dich aber auch eine große Veränderung, oder?

Es war für mich der Beginn einer neuen Zeitrechnung, als ich merkte, daß mein Lebensrhythmus in den Grundfesten erschüttert war. Wirst du jemals wieder schreiben können? Und dann die Erfahrung, daß es sich unheimlich gut schreiben ließ mit dem kleinen Jungen in der Wippe neben dem Schreibtisch. Ich schrieb einfach, wenn er schlief, und wenn er krakeelte, dann hatte er absolute Priorität, dann bekam er seine Flasche und seinen Spaß, und wenn er wieder schlief, konnte ich weiterschreiben. Ich habe gemerkt, daß man Kreativität sehr wohl kontrollieren kann, wenn man sich ein bißchen konzentriert und zusammennimmt, daß man Inspiration an- und abschalten kann. Moment, ich muß jetzt leider an dieser Stelle mein Gedicht unterbrechen und den Brei anrühren. Und dann setzt du dich wieder an den Schreibtisch und fragst: Wo war ich stehengeblieben? Ach ja! Und dann geht es weiter. Es war eine Erleichterung, festzustellen, ich kann trotz des kleinen Kerls weiterarbeiten, und es geht sogar besser als vorher. Wichtig, für einen der geschrieben hat, **was ich noch zu sagen hätte dauert eine Zigarette**, war der Entschluß, die letzte Zigarette auszudrücken und keine neue mehr anzumachen. Das ging auch einher mit dem Menschenjungen. Ich konnte nicht mit ner Zigarette im Mundwinkel in das Kinderzimmer gehen.

Wieviel hast du bis dahin geraucht?

Ich habe meine zwei Schachtel Gitanes oder Gauloises am Tag locker weggeraucht, wenns ein bißchen hektisch wurde. Hella hatte von einem Tag auf den anderen aufgehört und ich mit einer gewissen Verzögerung auch. Sie hat mit dem ersten Anzeichen der Schwangerschaft aufgehört, und ich etwas später, aber dann auch von einem Tag auf den an-

Die Familie, 1986

deren. Ich habe mir an dem Tag ein Kilo Orangen gekauft und hab gesagt, wenn ich jetzt Lust habe zu rauchen, dann esse ich eine Orange. Ich habe wirklich kiloweise Orangen verdrückt in den ersten Tagen, aber dann habe ich gemerkt, ich überlebe, und von da an war das Problem weg. Vorher hatte ich gedacht: Wirst du dich je wieder an den Schreibtisch setzen können ohne die wohlvertraute Geste, ohne hier den Aschenbecher zu haben, hier das Feuerzeug, sich erst mal hinzusetzen, eine Zigarette anzuzünden und darüber nachzudenken, was du schreibst? Und siehe da, es ging, und es ging besser, als ich je vermutet habe.

10. Kapitel

What a lucky man you are oder
Aller guten Dinge sind drei

Aller guten Dinge sind drei   1987

Der Wecker fiept: Halb sieben, Unheil nimm deinen Lauf!
Der Große muß zur ersten Stunde: »Los, steh auf!
Und mach' leise, daß nicht gleich der Mittlere aufwacht,
Der kann noch schlafen.« Rums, die erste Türe kracht,
Die Diele knarrt, die Spülung rauscht und überdies
Ist die Kleine aufgewacht und schreit wie am Spieß.
Ich setzt' sie auf den Topf, sie ist ganz rot vor Wut,
Ich schmier' dem Großen schnell ein Pausenbrot, »mach's
    gut!
Vergiß den Turnbeutel nicht!« Der Mittlere kommt, »Mann,
Lauf hier nicht barfuß rum, los, zieh dir Puschen an!«
Ich seh' grad zu, wie mein Toast in Flammen aufgeht,
Da hat die Kleine ihren Topf samt Inhalt umgedreht
Und stürzte sich auf mich mit einem Freudenschrei –
Aller guten Dinge sind drei!

Ich hab' den Mittleren zur Schule gebracht
Und verwische die Spuren der Haselnußcremeschlacht.
Dies ist die Zeit, wo ich an meinen Schreibtisch kann,
Die Kleine malt mein Bein mit einem Filzstift an
Und erledigt, während eines kurzen Telefonats
Durch Zerreißen die gesamte Post des Vormonats.
Der Große kommt nach Haus und macht ein langes
    Gesicht:
Alle Kumpels ha'm Computer, nur er wieder nicht.
Die Kleine pinkelt auf den Teppich, die bringt mich ins
    Grab,

Vorher hol' ich noch den Mittler'n von der Schule ab.
Dann gibt's Mittag und Streit, wer's erste Fischstäbchen
    kriegt,
Bis die Tränen fließen und es auf der Erde liegt.
Die Kleine niest mich an und hat den Mund voll dabei.
Aller guten Dinge sind drei!

Ich nöt'ge sie zum Mittagsschlaf, jetzt hätt' ich etwas Zeit.
Der Große beichtet mir seine Geschichtsarbeit.
Und jetzt hat er drei Chaoten zum Spielen bestellt:
»Nicht so laut!« Doch als der erste Stuhl umfällt
Ist die Kleine wach, der Mittlere schluchzt: »Ich denk',
Ich soll zum Kindergeburtstag und hab' noch kein Ge-
    schenk!«
Die Kleine steckt sich erst mal eine Erbse ins Ohr,
Der Doktor ist ein Freund und nimmt uns rasch mal vor.
Ich kauf' schnell ein Geschenk und geb' den Mittleren ab,
Komm' schweißgebadet raus, ich glaub', ich mache
    schlapp,
Der Autoschlüssel weg, wie komm' ich jetzt nach Haus,
Nur widerwillig spuckt die Kleine ihn dann doch noch aus,
Ein Nachbar grüßt: »Na, Sie haben wohl immer frei?!«
Aller guten Dinge sind drei!

Zu Hause setzt bereits der Abendwahnsinn ein,
Die Kleine rollt sich gleich mit hohen, spitzen Schrei'n
In einen Vorhang ein zu einem dicken Ball'n
Und läßt sich samt Gardine auf den Boden fall'n.
Beim Großen dröhnt ohrenbetäubende Musik,
»Ey, Alter, bleib ganz cool, ich übe Mathematik.«
Der Mittlere kommt vom Geburtstag mit dem Rekord
Im Negerkußwettessen, und er übergibt sich sofort.
Der Große und die Kleine krieg'n 'ne Stulle aufs Brett,
Der Negerkußwettesser eine Schüssel vors Bett.
Zwei Einschlafgeschichten bei jedem von den Drein,

Ich selber schlafe direkt bei der Tagesschau ein.
Ich schlepp' mich ins Bett, die Füße schwer wie Blei.
Aller guten Dinge sind drei!

Meine Frau lächelt mir zu: »Na, überleg es dir
Vielleicht sind aller guten Dinge ja auch ...«
Ich breche zusammen, nein, es bleibt dabei,
Aller guten Dinge sind drei!

Als ich die Meys im Dezember 2004 zum ersten Mal besuche, sind die drei Kinder bereits aus dem Haus. Man spürt ein Vakuum. Das Haus zeugt noch von den Kindern, von der fünfköpfigen Familie. Und Reinhard und Hella, die »Übriggebliebenen«, scheinen mit der neuen Situation noch nicht sehr vertraut. Doch dazu später. Noch sind wir im Jahre 1976, dem Jahr der Familiengründung. Das erste Kind, Frederik, kommt.

Nachdem es so lange nicht geklappt hatte, sagte Hella eines Tages, ich glaube, es ist soweit. Ich hatte gerade eine Tour beendet, und wir sind hier in Berlin zum Arzt gegangen, und tatsächlich, Wunder über Wunder! Ich hab sofort meine Termine abgesagt, und von da an hab ich ihr beim Brüten geholfen, so gut das ging. Ich sagte mir: Jetzt hast du dieses Glück am Schlafittchen, jetzt tu auch was dafür, jetzt laß das nicht los, jetzt halt das fest und setz die Prioritäten diesmal richtig. Renn nicht und hetz nicht wieder und brich nicht irgendeine Tournee vom Zaun, die du genausogut ein halbes Jahr verschieben kannst oder die du vielleicht überhaupt nicht machen mußt, riskiere nicht, daß du nicht da bist, wenn das Kind kommt, du mußt jetzt nicht auf Tournee gehen, dann kannst du diese Schwangerschaft miterleben, und vielleicht kommt diese Chance nie wieder, also erleb es jetzt, verzettele dich nicht. Das habe ich ganz sicher aus meinen Beziehungen vorher gelernt.

Du hattest vorher gesagt, du wolltest keine Kinder?

In dem Moment, als sie sagte, ich wünsche mir das, und ich merkte, daß das nicht eine Schnapsidee, sondern ein tiefer Wunsch von ihr war, der ihr bisher nicht erfüllt worden war, war für mich völlig klar, das machen wir. Und es war die beste Entscheidung in meinem ganzen Leben, aber das wußte ich natürlich in dem Moment noch nicht. Ich wollte, daß sie glücklich ist. Und ich wußte nicht, wie sehr ich mich damit selbst auch glücklich machen würde.

Wie weit spielte der Gedanke bei dir eine Rolle, was ich da zeuge, was da entsteht, ist eine Reproduktion meiner selbst?

Keine. Diese Gedanken hatte ich nie. Da war nicht der Wunsch, jetzt mal zu kucken, wird das ein kleiner Reinhard oder so was. Ich wollte wirklich ein Kind, ob Sohn oder Tochter, das spielte für mich keine Rolle.
Nein, ich spürte, daß dieser Kinderwunsch bei Hella ganz tief saß, das war für mich einfach entscheidend.

Wenn es jetzt nicht so gekommen wäre, hättet ihr eines adoptiert?

Ja, ganz sicher, das denk ich schon. Wir haben heute noch darüber nachgedacht, ob wir vielleicht jetzt noch ein Kind adoptieren können.

Ihr bekommt doch in eurem Alter keines.

Kanzler Schröder hat auch eines gekriegt. Für die Organisation, die in Deutschland Adoptionen vermitteln, fallen wir allerdings vom Alter her schon ganz raus. Aber Schröder hat gesagt, ich glaube bei Beckmann war das oder bei Kerner, daß es nach dem BGB keine Altersbeschränkung für Adoptionen gibt.

Drei Kinder. 1976 Frederik, 1982 Max, 1985 Victoria geboren, Hella und Reinhard, das ist die fünfköpfige Familie Mey. Die Vaterrolle, die in vielen deiner Lieder vorkommt, die du dir vor Hella gar nicht hast vorstellen können, hast du die schnell gelernt?

Ja, man lernt es. Man lernt es sicher schon durch das Elternhaus. Ich glaube, ich hatte das alles gelernt, ohne es zu wissen, aus dem Vorbild, das mir meine Eltern gegeben haben. Ich habe eben sehr viel Zuwendung und Geduld geschenkt gekriegt, als ich klein war. Das ist mir alles nicht so klar gewesen, aber im Unterbewußtsein hatte sich dieser Schatz bestimmt angehäuft, deswegen ahnte ich oder wußte ich, wie man es machen muß. Im Grunde genommen mußt du alle Fehler machen, aber solange du mit Liebe und mit Zärtlichkeit und Geduld dabei bist, macht das gar nichts. Die Liebe und die Zuwendung wetzen alle diese Scharten wieder aus. Ich habe die Schwangerschaft sehr bewußt miterlebt, habe vom ersten Test an bis zur Geburt jede Entwicklung, jede kleinste Veränderung miterlebt, mit beobachtet, versucht mitzufühlen. Und als es dann um diese große Leistung ging, die die Frauen vollbringen, wenn sie ein Kind auf die Welt bringen, wollte ich das auch miterleben.

Du warst immer mit dabei, bei der Geburt?

Ja. Und du hast das Gefühl, Zeuge eines (wenn auch privaten) Weltereignisses zu sein. Es geht um Tod und Leben, hier kommt ein neues Wesen auf die Welt. Wenn alle gut zusammenarbeiten, wird es gut, und wenn die Ärzte einen Fehler machen, dann endet es in einer Katastrophe. Der Ausgang ist ungewiß. Es ist keine normale Sache. Und unsere erste Geburt, ich sage bewußt »unsere«, weil ich wirklich mit dabei war, war eine sehr, sehr schwierige Geburt. Wir wußten ja nichts. Wir sind in die erstbeste Klinik gegangen und haben uns gar keine Gedanken darüber gemacht, ob die Ärzte dort vielleicht nicht so furchtbar routiniert sind. Es ist ein regelrechtes Blutbad gewesen, und es hat sehr lange gedauert.

Da mußtest du sehr tapfer sein.

Ich dachte, ich müßte sehr tapfer sein, aber …

Es gibt Frauen, die ihren Mann beim zweiten Mal nicht mehr dabeihaben wollen, weil der nervöser ist als sie.

Ich war mit Sicherheit nervös, und ich bin an meinen Grenzen gewesen. Aber in solchen Situationen, glaube ich, kann ich mich beherrschen. Es war sehr aufregend, es war das aufregendste Erlebnis meines Lebens, aber ich denke, daß ich für Hella ein guter Partner gewesen bin. Ich weiß, wie wichtig es in einer solchen Situation ist, einen Menschen bei sich zu haben, der mitleidet, der auch sieht, welche Leistung die Frau erbringt. Man kann stolz sein auf diese Leistung. Ich selbst bin zimperlich. Ich kann keine Spritze kriegen, ohne umzufallen. Blutentnahme ist für mich der absolute Horror, das muß ich im Liegen machen, weil ich umfallen würde.

Wie haben sie dir denn dann dein Loch für den Klunker im Ohr gemacht, in Vollnarkose?

Ich hab nicht hingekuckt. Ich bin mit Frederik hingegangen, der hatte grade eine heftige Piratenphase und wollte unbedingt einen Ohrring. Da bin ich aus Solidarität mit ihm hingegangen und hab mir auch ein Ohrloch machen lassen. Nein, ich habe die Geburt wirklich mit großer Bewunderung und Demut gesehen, und ich glaube, es ist auch wichtig für ein Paar, diese Situation, in der es um Leben und Tod geht, so gemeinsam zu erleben.

Vielleicht auch, damit die Männer begreifen, was es bedeutet, noch ein Kind haben zu wollen.

Ja, sicher. Wenn du denkst, die Frau geht jetzt ins Krankenhaus und ich geh in die Kneipe und warte auf den Anruf, daß ich mich ordentlich besaufen kann, das ist nicht gut. Als ich an diesem Abend nach der Geburt nach Hause kam, war ich so fertig, ich habe nicht ein Glas Wein trinken können. Dabei denkt man doch immer, der junge Vater gibt sich jetzt die Kante. Hätte ich furchtbar gerne gemacht, aber ich bin an den Fundamenten meines Lebens erschüttert worden, ich war einfach fertig.

Und da war dann ein Sohn, Frederik.

Der mir, klein wie er war, nicht selten meine Werkzeuge versaubeutelt hat. Ich werde nie vergessen, wie der, als er ganz klein war, mit mir unten an dieser Werkbank gestanden hat und auch was basteln wollte. Und wenn ich unter dem Auto gelegen hab, dann lag er neben mir und fingerte auch an irgendwas rum, daß es manchmal auch nervte. Du hast da irgendeine komplizierte Geschichte und findest eine Schraube nicht, dann hast du sie und kriegst sie nicht auf das Gewinde drauf, du liegst auf dem Rücken, arbeitest Hände über dem Kopf, und neben dir ist ein kleiner Junge, der dich die ganze Zeit zutextet. »Papa, was machst du denn da? Wie geht denn das? Warum drehst du denn jetzt so rum? Willst du nicht das nehmen?« Da sagst du schon manchmal, geh doch mal kucken, ob du nicht irgendwie im Garten was spielen kannst oder ob dich deine Mutter nicht

Familie in Leder, 1990

brauchen kann und eine interessante Beschäftigung für dich
hat. Er war immer dabei, immer an allem, was ich tat und
anfaßte, interessiert.

What a lucky man you are   1997
Der letzte Ferienabend in dem quirl'gen Sonnenland
Ein letztes Mahl gemeinsam in dem Straßenrestaurant.
Brotkrumen, halbvolle Gläser, Rotweinflecken auf Tisch-
    decken aus Papier.
Gegessen und getrunken, viel erzählt und viel gelacht,
Das letzte, aber diesmal wirklich letzte Glas gebracht.
Malereien und Strichmännchen und das Wechselgeld im
    Teller schon vor mir.
Am Nebentisch außer uns nur noch das grauhaar'ge
    Paar
Aus Texas, diese Golfhose, die Föhnfrisur, na klar!
Den ganzen Abend haben sie zu uns 'rübergesehn.
Sie zahlen, stehen auf und er bleibt kurz neben mir stehn,

Beugt sich zu mir herunter und sagt leise zu mir im Gehn:
»What a lucky man you are!«

Ich will etwas erwidern und ich suche nah dem Wort.
Doch eh ich es noch find', sind sie mit einem Lächeln fort.
In den Stuhl zurückgesunken, laß ich den Blick in die
    Tischrunde gehn
Zum dem großen jungen Mann, der mir da gegenübersitzt,
In dessen dunklen Augen Witz und Aberwitz aufblitzt,
Aus denen Schabernack und alle Traurigkeit der Welt
    mich zugleich ansehn.
Spaßvogel, Weltverbesserer, ein bißchen, wie ich war,
Und ich seh mich in ihm wieder, noch einmal ein junger
    Narr.
Gestern habe ich ihn noch in seinen Kindersitz gesteckt,
Heut sitzt da dieser Grizzly, der sich räkelt und sich
    streckt
Ein bißchen wie mein großer Bruder, der mir jeden Strolch
    verschreckt.
»What a lucky man you are!«

Dann da zu meiner rechten, der der alles anders macht,
Aus dessen Widersprüchen mich mein Spiegelbild anlacht.
Der, wenn es zwei Wege gibt, immer den schweren
    nimmt.
Der sich auflehnt, der alles auf die harte Tour lernen muß,
Der zärtlich ist und weich sein kann und eine harte Nuß
Der frei ist, ein Rebell, der furchtlos und allein gegen den
    Strom anschwimmt.
Da ist das junge Mädchen mit dem langen dunklen Haar,
Voll Lebenslust und Übermut, ganz und gar unzähmbar.
Mit einem Willen, dem sich besser nichts entgegenstellt,
Mit einem Blick, an dem jeglicher Widerstand zerschellt,
Mit einem Lachen, das auch den dunkelsten Tag aufhellt.
»What a lucky man you are!«

Da ist die Frau an meiner Seite, die diese Arche mit mir
    lenkt,
Die mir ihre schöne Seele und ihre Klugheit schenkt,
Die ich liebe und an der ich jedes kleinste Wort und jede
    Regung mag.
Die Freundin, die Komplizin, die mit mir zusammenhält
Wie Pech und Schwefel, zwei gegen die ganze Welt,
Mit der ich jeden Lebensturm durchqueren kann und jeden
    ganz normalen Tag.
Und ich sitz' da vor Kopf, noch immer stumm, schon
    sonderbar,
Da kommt ein Wildfremder an deinen Tisch und macht dir klar:
Du hast alles, was du wolltest! Was um alles in der Welt,
Wieviel unwichtiges Zeug dir oft den Blick darauf verstellt!
Manchmal brauchst du einen Fremden, der dir einen
    Spiegel vorhält:
»What a lucky man you are!«

Wie kam es zu diesem Titel?

Ein wildfremder Mann kam an den Tisch und sagte: »What
a lucky man you are«, das ist mir wirklich so passiert, in
einer völlig unaufgeregten Atmosphäre. Man merkt das
Glück selbst gar nicht, wenn man mittendrin steckt. Man
merkt erst, wenn es vorbei ist, was man gehabt hat, oder
wenn man als Fremder von draußen durchs Fenster sieht.
Es ist auch ein bißchen traurig, daß man das Glück gar
nicht im eigentlichen Moment fassen kann, sondern immer
erst, wenn es vorbei ist oder wenn man es verloren hat. Und
dann kommt einer vorbei und sagt »what a lucky man you
are« und geht.

*Weihnachten 2004 sind zwei der Kinder zu Hause, Victoria
(»Lulu«) und Max. Frederik, der Älteste, ist als Zimmermann auf Wanderschaft quer durch Europa. Er darf drei*

163

Jahre lang sein Elternhaus nicht besuchen. Ich habe also Ge-
legenheit, mit Lulu und Max zu reden. Lulu, so heißt auch
das Lied über sie, ist sehr selbstbewußt. Ich habe sie neben
Reinhard im Fernsehen gesehen, bei Kerner. Dazu und zum
Umgang der Kinder mit der Prominenz des Vaters und dem
Zugriff der Medien: Hella:

»Zu Hause spielt die Prominenz von Reinhard gar keine
Rolle. Das würden wir auch gar nicht zulassen. Wir kriegen viele Anfragen, auch im Zusammenhang mit den Kindern. Reinhard fragt die Kinder immer, ob die das machen
wollen, er selbst hat da gar nicht viele Hemmungen. Als
Frederik so dreizehn, vierzehn war, kam der »Stern« und
wollte was über Pubertät machen. Da hat Reinhard Frederik gefragt, und der hat gesagt: Nee, Papa, das ist nichts
für mich. Max will gar nicht ins Fernsehen, der hat immer
schon gesagt: ›Papa, ich wär ein schlechter Prominenter.‹
Victoria ist anders, die macht das eher.
Neulich wollten sie unbedingt Reinhard mit Frederik zu
Biolek haben, aber Frederik ist ja auf Wanderschaft, der
sagte: ›Nein, das ist ein ernstes Ding, was ich hier mache,
vielleicht später mal, aber nicht während ich wandere, ich
möchte unerkannt durch die Welt gehen.‹ Ich gab das so
weiter, und hinter mir rief Victoria: ›Aber er hat doch noch
eine Tochter!‹ Sie haben dann Reinhard mit Victoria eingeladen. Bei Kerner wollten sie auch wieder den Wandersmann
haben, da haben wir wieder gesagt, Victoria macht das, die
ist anders als die Jungs.«

Lulu, gibt es einen Unterschied zu anderen Kindern, wo der
Vater nicht so in der Öffentlichkeit steht?

»Ich glaube, soviel Unterschied gibt es gar nicht, weil Papa
immer sehr normal war und nie abgehoben hat – down to
earth. Wir hatten vielleicht ein bißchen mehr Geld als an-

Mit Victoria (»Lulu«), 2004

dere, aber gut war immer, daß das nie so wichtig genommen wurde. Mama und Papa haben das ganz gut gemacht, wir mußten ganz normal zur Schule gehen, und wir haben ganz normalen Ärger bekommen, wenn wir schlechte Noten hatten. Es war immer genau dasselbe wie bei anderen, das hat mit der Öffentlichkeit gar nicht viel zu tun, ich glaube, wir sind ganz normal erzogen worden.«

Wann ist dir bewußt geworden, daß dein Vater in der Öffentlichkeit steht?

»Wir haben ihn immer im Fernsehen gesehen. Wenn andere Kinder gesagt haben, mein Vater ist Arzt, hab ich gesagt: Mein Vater ist Sänger, das war für mich ganz normal. Es war nie irgendwas Besonderes. Wenn man klein ist, dann denkt man über den Beruf des Vaters überhaupt nicht nach. Aber er war halt im Fernsehen. Wir haben relativ früh begriffen, daß er prominent war. Wir waren ja auch mal mit der ganzen Familie auf einem Cover drauf.«

Und dann kommt man in die Schule oder in den Kindergarten und wird von anderen Kindern drauf angesprochen, die ihn natürlich auch im Fernsehen gesehen haben.

»Als ich in der Grundschule war, hatte ich gar kein Problem. Später bietet man schon eine Angriffsfläche. Die Leute haben einfach Vorurteile, weil du die Tochter von einem Promi oder so bist. Irgendwann sagen die Eltern der Mitschüler zu ihren Kindern, oh, du hast ja die Tochter von Reinhard Mey in deiner Klasse, und sie reden schlecht über dich, weil sie denken, die muß ja arrogant oder eingebildet sein, weil ihr Vater berühmt ist.«

Ab wann hattest du ein Verhältnis zu den Texten, die ja zum Teil von euch handeln?

»Ich weiß gar nicht, wann man anfängt, die Lieder zu verstehen, ich habe halt immer schon seine Lieder gehört, die Kinderlieder zum Beispiel, und ich fand sie auch immer schön. Aber es war halt der Papa, der da gesungen hat, und was er gesungen hat, hab ich gar nicht so genau verstanden, man muß wohl auch ein bißchen älter sein, um die Texte wirklich zu verstehen, besonders bei politischen oder kritischen Sachen. Als ich klein war, war es halt nur Papa, der singt, und nicht Papa, der über Krieg singt.«

Kannst du dich an einen Text erinnern, mit dem du dich richtig beschäftigt hast?

»Das war wahrscheinlich **Lulu**, oder **Kleines Mädchen**, weil es in den Liedern um mich geht. Man denkt dann: ach, so sieht er dich. Bei **Kleines Mädchen** wurde ich eher traurig. Es geht ja darum, daß das Mädchen heranwächst und von den Eltern losgelassen wird. Das ist eigentlich schrecklich traurig, weil Erwachsenwerden nicht unbedingt leicht ist. Dieses Lied hat mich immer ziemlich berührt, auch als ich noch klein war.«

Kennst du alle Lieder, auch die alten?

»Die meisten schon, aber die vor meiner Zeit, die höre ich jetzt und denke, wow, sind die schön. **Orpheus** find ich sehr schön, **Jahreszeiten** fand ich so schön, da geht es ja um meine Großeltern, und ich seh sie so vor mir. Aber auch Lieder über Leute, die man nicht kennt, können einen berühren. Aber es ist natürlich noch mal was anderes, wenn man zu dieser Person gehört, die singt, oder wenn die Lieder um Menschen gehen, die man kennt, die Großeltern zum Beispiel. Das ist dann schon was Besonderes. Was mich sehr fasziniert, ist **Nanga Parbat**. Die Stimmung ist toll. Wenn ich die Musik höre, kann ich einen Berg vor mir sehen.

Jedesmal, wenn er 'ne neue Platte herausbringt, finde ich, das ist die beste Platte, die er jemals gemacht hat, und dann kommt die nächste, und dann finde ich die wieder die beste, und so geht es immer weiter.«

Deine Generation wächst ja eigentlich mit einer anderen Musik auf, was ist deine Musik?

»Ich hör erst mal alles. Ich bin sehr interessiert an Musik und hör gerne verschiedene Sachen. Ich hör gern Rock, Pop, Jazz, gern auch meinen Vater. Ich würde nie sagen, diese oder jene Musik mag ich generell nicht, weil ich die Band scheiße finde oder so. Das ist ein Vorurteil, ich finde, man muß die Musik wenigstens einmal hören und dann entscheiden. Und nicht der Masse nachgehen. Ich habe einen sehr breitgefächerten Musikgeschmack, ich höre auch gerne Hip-Hop oder Reggae. Ich könnte mich nie festlegen, was meine Lieblingsmusik ist.«

Vergleichst du deinen Vater mit anderen Liedermachern?

Wer eigentlich immer sehr präsent ist, ist Klaus Hoffmann.

Der ist ja auch ein Freund deines Vaters, also kennst du ihn persönlich.

»Klaus höre ich sehr gerne, weil ich ihn auch immer in seinen Liedern vor mir sehe. Wir haben immer auch die Musik von den anderen gehört, auch von Hannes Wader. Auf längeren Autofahrten hat Papa immer Musik dabeigehabt, deswegen bin ich mit Musik, auch mit deutschen Liedermachern, aufgewachsen, auch mit seiner Musik, obwohl er seine eigene Musik natürlich nicht gerne aufgelegt hat. Wenn ich meine Bilder male, finde ich sie gar nicht so gut, auch wenn andere sagen, wow, toll. Und selber singen höre ich mich auch nicht gerne.«

Du hast das Talent geerbt?

»Na ja. Ich tu mein Bestes. Es macht mir auf jeden Fall viel Spaß, aber …«

Möchtest du beruflich damit was machen?

»Das wär natürlich toll, aber ich glaube, daß man auf dem deutschen Musikmarkt keine Chance hat. Papa gehörte noch einer Generation an, in der man deutsche Musik gern gehört hat. Und er hat immer an sich gearbeitet. Viele, die heute singen, haben einen Song, kommen ganz groß raus und sind dann wieder verschwunden. Sehr schwer ist es, groß zu werden und die Leute zu halten, Papa ist es gelungen.«

Was würdest du denn gerne machen wollen? Dir selbst Texte schreiben?

»Also Texte kann ich nicht wirklich. Ich hab das schon einige Male versucht, aber wenn ich es mir einen Tag danach durchgelesen hab, fand ich es schrecklich. Das Problem ist, ich habe erst seit einem Jahr Gesangsunterricht, und ich hatte erst ein paar Auftritte. Ich glaube, man muß das trainieren. Ich hatte jetzt an meiner Schule kurz vor den Ferien einen Auftritt, das war ein großer Spaß. Aber ich muß viel selbstsicherer werden, muß trainieren, dann ist es vielleicht auch mit den Texten leichter. Ich würde aber auch gerne Schauspielerei machen oder Kunst.«

Dein Vater könnte dir ja sicher sehr helfen, mehr als andere Eltern, die nicht bekannt sind. Würde es dich eher stören, wenn er durch seine Beziehungen für dich etwas tun würde?

»Ich denke, man muß es selbst schaffen, es wäre nicht gut, wenn ich jetzt im Namen meines Vaters berühmt würde oder Erfolg hätte. Ich bin ja ich selber, ich würde wahrscheinlich ganz andere Sachen singen, ich bin ja nicht er. Ich hab von jemandem gehört, daß er gerne mit mir eine Platte machen würde, weil ich als Promitochter ja schon Öffentlichkeit hätte, es wäre doch so schwer, jemand Neuen auf dem deutschen Markt unterzukriegen. Wenn ich das schon höre!«

Du würdest dich ja wahrscheinlich nicht mal Mey nennen, oder?

»Es ist ja mein Name, aber ich muß es selbst schaffen.«

Reinhard ist mit sehr toleranten Eltern sehr behütet aufgewachsen. Was er selbst erlebt hat, hat er an euch vermittelt. Muß man da dann mal die Flucht ergreifen, ist das manchmal ein Nest, das zu eng wird?

»Ich glaube, das haben meine Eltern immer ziemlich gut gemacht, es gibt von Goethe, glaube ich, ein Sprichwort, das heißt: Eltern müssen Kindern beides geben, sowohl Flügel als auch Wurzeln, so irgendwie, und das haben Mama und Papa sehr gut hingekriegt, sie haben uns immer viel Freiheiten gelassen und waren sehr tolerant. Ich glaube, ich würde es genauso machen, wenn ich Kinder hätte. Ich kann an ihrer Erziehung überhaupt nix Schlechtes finden. Sie hatten uns immer gerne bei sich, und deswegen kommen wir auch immer gern nach Hause.«

Warum bist du nach England gegangen?

»Ich bin nach England gegangen, weil ich mit der deutschen Schule nichts anfangen konnte. Ich hatte Lehrer, die mich nicht haben wollten. Man denkt ja, das ist immer die Schuld der Lehrer, das stimmt natürlich nicht, ich war eine faule Schülerin, das geb ich zu, aber das Problem ist, in England haben die Klassen höchstens 10 Schüler, du hast eine echt gute Beziehung zu deinen Lehrern, deine Lehrer wollen dir helfen, deine Lehrer wollen, daß du gute Noten bekommst. Sie wollen eine gute Beziehung zu dir haben. Ich könnte mich mit all meinen Lehrern abends hinsetzen und einen Kaffee trinken. Man hat dort eine Verbindung zu seinen Lehrern, in Deutschland hat man immer dieses Kräftemessen. Lehrer wollen zeigen, daß sie die Stärkeren sind, und die Schüler tanzen ihnen auf der Nase herum, es ist ein ständiger Kampf, für mich war es das jedenfalls.«

Wenn du von der deutschen Schule redest, dann vom staatlichen Gymnasium. In England bist du auf einer privaten Schule, oder?

»Ja, das ist natürlich auch noch mal ein Unterschied. Ich bin nach England gegangen, weil ich, seit ich drei bin, Kunst machen will, Fashion, Gesang, so was. Und das geht leider nur in England. Mein erster Gedanke war, ich geh in die Schweiz, da gibt es amerikanische Schulen, die das anbieten, aber da hätte ich auch Mathe machen müssen. Ich werde nie Mathe brauchen, ich kann das einfach nicht. Wozu soll ich meine Zeit verschwenden mit einem Fach, in dem ich schlechte Noten bekomme, wenn ich auf eine Schule gehen kann, die mir meine Eltern zum Glück ermöglichen können und in der ich das machen kann, was ich gerne möchte und dafür auch noch gute Noten bekomme. Ich wär natürlich gerne hiergeblieben, wenn es gegangen wäre, aber ich glaube, daß England für mich auch eine unglaubliche Chance und eine besondere Erfahrung ist und ein großer Schritt zum Erwachsenwerden. Früher, wenn ich irgendwas brauchte, sagte ich, Mama, Papa, ruft bitte für mich beim Doktor an oder beim Zahnarzt, macht das und jenes für mich. Jetzt bin ich allein, muß meine Handyverträge selber machen, muß mit der Schule was regeln oder mit dem Haus, in dem ich wohne. Ich führe jetzt **mein** Leben.«

Der Vater:
Bei Victoria habe ich das Gefühl, je älter und klüger sie wird, je mehr sie durchblickt, desto sicherer geht sie den richtigen Weg. Für Max hoffe ich, daß bei all den Sachen, nach denen er Ausschau hält, irgendetwas dabei ist, das ihn begeistert und das Feuer lodern läßt. Victoria hat ein großes komödiantisches Talent. Das sage nicht nur ich, weil sie meine Tochter ist, das sagen auch andere Menschen. Wenn sie sich auf diese Gabe konzentrieren würde, dann könnte sie sicher eine tolle Kariere machen.

Weiß sie selbst schon so, daß sie begabt ist?

Ich glaube, das merkt sie, wenn sie irgendwo hinkommt und sofort die Leute unterhält und im Mittelpunkt steht. Auf der anderen Seite kann sie wirklich toll malen und hat auch da eine Begabung. Und sie hat eine sehr schöne ausdrucksvolle Gesangsstimme. Wenn sie da Energie und Einsatz aufbringen würde, wäre auch das eine Möglichkeit, aber es ist natürlich sauschwer, sich durchzusetzen. Bis zum Sommer ist sie jetzt noch auf dem englischen College, wo sie genau diese Begabungen in einzelnen Fächern erproben kann. Ich hoffe, daß sie danach etwas klarer sieht, aber auch da möchte ich ihr gerne noch Zeit lassen, um zu kucken, welche von diesen Richtungen ihr am meisten zusagt, aber irgendwann muß es knallen im Leben, und dann muß man wissen, hier setz ich jetzt alle Energie rein.

Lulu   1987

Ich liebe getragene Melodien,
Zarte Zwischentöne, klare Harmonien.
Lulu liebt Rock und Lulu liebt Roll,
Lulu schert sich gar nicht ums Protokoll.
Lulu mag es laut und ich eher leis,
Ich mag es cool, und sie eher heiß.
Lulu liebt's wild, und Lulu liebt's schrill.
Also mag ich es halt so, wie Lulu es will.

Lulu liebt Bässe, die knacken und knarr'n,
Lulu liebt 2-stimmige Booster Gitarr'n
Und ein gut abgehangenes Saxophon,
Lulu liebt die Schießbudenexplosion.
Lulu Taifun und Lulu Vesuv,
Lulu liebt Drive und den guten Groove.
Und ich liebe Lulu,
Und wenn sie mich liebt,
Liebe ich alles das, was Lulu liebt!

Ich bin ein ruhiges, gutmüt'ges Schaf.
Ich liebe des Nachts meine acht Stunden Schlaf.
Lulu schläft nie, und beim 12. Schlag
Macht sie mich munter und die Nacht zum Tag.
Lulu macht mich fertig, Lulu macht mich fix,
Lulu macht den Bär'n los, Lulu kennt nix.
Lulu will Action, ob es dämmert oder tagt,
Und wenn Lulu Action will, dann ist Action angesagt!

Lulu liebt Bässe, die knacken und knarr'n, …

Ich tanz' wie eine Bratwurst, das ist war,
Und nur bei Strafandrohung oder Lebensgefahr.
Lulu tanzt wie ein Ball, Lulu treibt's bunt.
Lulu tanzt auf dem Tisch mit einer Rose im Mund.

Lulu tanzt ohne Schuh und mit Leidenschaft,
Lulu setzt das Schwerkraftgesetz außer Kraft.
Lulu tanzt mit mir und es rieselt der Rost,
Und dann schwanken die Planken, und ab geht die Post!

Lulu liebt Bässe, die knacken und knarr'n, ...

Max, der Mittlere, lebt zur Zeit in Thailand. Er macht auf mich den Eindruck, als wüßte er noch nicht so recht, wo es für ihn einmal im Leben hinführen soll. Zunächst der Vater:

Für Max ist das Allerwichtigste, unabhängig zu sein, frei zu sein, ich sage nicht, daß das kein Geld kostet. Es ist aber nicht so, daß er denkt, wenn ein Geschenk kaputtgeht, gibt es ein neues. Wenn etwas kaputt ist, dann ist es für ihn auch nicht schlimm. Max hat zwar ein Handy, aber es kann sein, daß er es schon wieder verloren hat – und dann ist es auch gut. Aber ich glaube, jetzt gerade hat er eins. Max' ganze Habe besteht aus dem Inhalt zweier Reisetaschen. Mehr besitzt er nicht.

Jetzt ist er in Bangkok und lernt dort Thai. Aber er will weiter nach Kambodscha, weil es dort nicht so touristisch ist. Er sollte dort beim British Council in Bangkok seine Mittlere Reife nachholen, die er eigentlich in England hätte machen sollen. Dort hatte er aber Schwierigkeiten, sich unterzuordnen, er wurde wegen Aufmüpfigkeit gegangen. Und in Bangkok gab es eben die Möglichkeit, das nachzumachen, da kann man die einzelnen Fächer nach und nach belegen. Im Augenblick ist er bei der Hälfte.

Was will der mal werden?

Das ist eine schwierige Sache. Er hat viele Begabungen, aber die bringen es auch mit sich, daß er sich verzettelt. Er hat eine wunderbare Fähigkeit, zu formulieren und sich auszudrücken. Ich denke, daß er wunderbar schreiben könnte, daß er Korrespondent werden könnte. Das würde aber voraussetzen, daß er Selbstdisziplin entwickelt, daß er seine Examen zu Ende macht. Er muß Diplome vorweisen, sonst nimmt ihn keine Zeitung, um aus Kambodscha zu berichten. Ich finde, daß er sehr gut malen konnte, sehr eigenwillig. Ich weiß nicht, ob er das noch pflegt.

Du bist ein Riese, Max!   1991
Kinder werden als Riesen geboren,
Doch mit jedem Tag, der dann erwacht,
Geht ein Stück von ihrer Kraft verloren,
Tun wir etwas, das sie kleiner macht.
Kinder versetzen so lange Berge,
Bis der Teufelskreis beginnt,
Bis sie wie wir erwachs'ne Zwerge
Endlich so klein wie wir Großen sind!

Du bist ein Riese, Max! Sollst immer einer
    sein!
Großes Herz und großer Mut und nur zur
    Tarnung nach außen klein.
Du bist ein Riese, Max! Mit deiner Fantasie,
Auf deinen Flügeln aus Gedanken kriegen
    sie dich nie!

Freiheit ist für dich durch nichts ersetzbar,
Widerspruch ist dein kostbarstes Gut.
Liebe macht dich unverletzbar
Wie ein Bad in Drachenblut.
Doch paß auf, die Freigeistfresser lauern
Eifersüchtig im Vorurteilsmief,
Ziehen Gräben und erdenken Mauern
Und Schubladen, wie Verliese so tief.

Du bist ein Riese, Max! Sollst immer einer sein!
Großes Herz und großer Mut und nur zur
    Tarnung nach außen klein.
Du bist ein Riese, Max! Mit deiner Fantasie,
Auf deinen Flügeln aus Gedanken kriegen
    sie dich nie!
Keine Übermacht könnte dich beugen,
Keinen Zwang wüßt' ich, der dich
    einzäunt.
Besiegen kann dich keiner, nur überzeugen.
Max, ich wäre gern dein Freund,
Wenn du morgen auf deinen Reisen
Siehst, wo die blaue Blume wächst,
Und vielleicht den Stein der Weisen
Und das versunkene Atlantis entdeckst!

Du bist ein Riese, Max! Sollst immer einer
    sein!
Großes Herz und großer Mut und nur zur
    Tarnung nach außen klein.
Du bist ein Riese, Max! Mit deiner Fantasie,
Auf deinen Flügeln aus Gedanken kriegen
    sie dich nie!

Max gibt sich im Gespräch sperriger als Victoria. Er scheint weit weg zu sein und sich mit Mühe konzentrieren zu können.
Max, wie bist du als Kind mit der Prominenz deines Vaters umgegangen?

»Es hat schon in der Grundschule angefangen, in der Vorschule schon, daß mich die Kinder oder die Lehrer darauf angesprochen haben. Ich kenne das gar nicht anders, für mich war es immer normal, daß mein Vater seine Arbeit macht, so wie andere Väter ihre Arbeit machen.«

Dann kommt die Phase, in der man das versteht, was der Vater macht. Aber man lernt auch andere Musik kennen, wie geht man damit um?

»Ich weiß nicht, in der Schule der Musikunterricht hat mir nie viel Spaß gemacht. Obwohl ich mal Musik gemocht habe, die, die ich mir selber anhöre.«

Welche ist das?

»Ach, das hat sich in meinem Leben oft geändert, ich hör mir immer eine Weile etwas an, und dann kommt was anderes. Jedenfalls, der Musikunterricht in der Schule hat mich nie besonders stark beeinflußt. Weil er mit der Musik, die mir gefallen hat, selten was zu tun gehabt hat. Ich hab vielleicht auch nie besonders gute Musiklehrer gehabt.«

Hat die Musik, die dein Vater gemacht hat, mit deiner Musik zu tun gehabt?

»Doch, das glaube ich schon, aber komischerweise höre ich seine Musik wenig, ich bin da zu nah dran. Ich mag seine Kollegen, zum Beispiel Hannes Wader, sehr gern, oder Konstantin Wecker.«

Kennst du alle Lieder deines Vaters?

»Ich kenn alles, und es ist auch nicht so, daß es mir nicht gefällt. Aber ich höre Musik hauptsächlich, um zu entspannen, und wenn man seinen Vater hört, dann ist das nicht unbedingt entspannend.«

Gibt es ein Lieblingslied vom Vater?

»Seit der letzten Tournee hab ich mir gern das Lied **Die Zeit des Gauklers ist vorbei** angehört. Es war eine der allerletzten Zugaben. Das gefällt mir gut, gibt's auch in französisch.«

Es gibt ja Kinder von Künstlern, die mit der Kunst der Eltern überhaupt nichts anfangen können.

»Ich habe sehr großen Respekt davor, es ist nicht so, daß ich damit nichts anfangen kann, es ist nur, ich empfinde es als seltsam, mir die neuere Musik anzuhören, ich kann das nicht wirklich erklären.«

Hast du schon selbst Musik gemacht?

»Ich hab mal 'ne Weile Klavier gespielt, nur das Notenlesen ist mir nie sehr gut geglückt. Ich hab mit acht angefangen und hab mit elf wieder aufgehört, weil mir dann andere Dinge wichtiger vorkamen. Heute tut es mir sehr leid, weil ich glaube, daß ich gar nicht mal schlecht war. Nur mit elf dachte ich, ich kann machen, was ich will. Dabei hat es mir, glaube ich, viel Spaß gemacht. Vielleicht wollte ich einfach dagegen sein, eben nichts mit Musik zu tun zu haben. Das finde ich heute sehr schade. Die Eltern hätten da strenger sein sollen.«

Das ist der Konflikt, den die unautoritären Eltern immer haben.

»Ja, das ist richtig. Jetzt, wo die Zeit vorbei ist, würde ich mir schon gerne wünschen, sie hätten mich gezwungen. Aber was solls. Ich sage mir oft, ich würde gern noch mal anfangen, ein Instrument zu lernen.«

Welches Instrument?

178

»Ich würde gern Gitarre spielen, weil man sich damit gut selbst unterhalten kann. Übrigens: Ich hatte mit 18 noch mal ein paar Wochen Klavierunterricht, aber dann hab ich auch aufgehört, weil ich dann als Kellner gearbeitet habe, auch 'ne blöde Nummer. Da hätte ich lieber weiter Klavier spielen sollen.«

Euer Vater ist sehr behütet aufgewachsen. Hat sich das auf euch übertragen?

»Auf jeden Fall, er hat uns als Kinder, so gut es möglich war, so erzogen, wie er erzogen wurde. Und wenn man von Werten redet, glaube ich, daß wir da auch die richtigen abgekriegt haben.«

Ihr habt dieselbe pazifistische Einstellung. **Nein, meine Söhne geb' ich nicht!**

»Ich sehe nicht ein, daß ich für dieses Land irgendwas zu leisten habe.«

Du würdest auch keinen Ersatzdienst machen wollen?

»Nee, das sehe ich nicht ein, also vor allem nicht mit unserer Geschichte. Was ich Pazifismus nenne, bedeutet für mich auch Freiheit. Ich wüßte nicht, was mein Land für mich getan hätte, daß ich für die was tun sollte. Ich seh nicht ein, warum mein englischer Freund das nicht tun muß, ich aber, weil ich ein Deutscher bin, das sehe ich nicht ein.«

Warum bist du jetzt in Thailand?

»Als ich mit 15 oder 16 mal in Burma gewesen bin, hatte ich die Idee, mal nicht in Deutschland zu wohnen. Thailand ist nur ein Versuch, ob es mir möglich ist, mich an eine sehr fremde Kultur anzupassen. Selbsterfahrung. Keine Ahnung.«

Spielt es auch eine Rolle, daß man aus einem sehr behüteten Elternhaus mal ausbrechen möchte, möglichst weit weg?

»Ich weiß nicht, ob das mit meinem Elternhaus oder mit mir selbst zu tun hat. Ich komme mit meinen Eltern in der Regel eigentlich ziemlich gut aus, obwohl wir auch 'ne Menge Schwierigkeiten hatten. Ich habe kein Bedürfnis, von ihnen weg zu sein, auch nicht von Deutschland weg zu sein, ich mag Deutschland auch. Ich glaube nur, daß ich in fremden Umgebungen besser klarkomme.«

Wenn du zu Hause sagst, ist das dann Bangkok?

»Nein, auf keinen Fall. Bangkok ist häßlich.«

Zu Hause ist hier?

»Zu Hause ist da, wo man gerade ist und nicht wirklich große Angst hat, daß im nächsten Augenblick irgendwas Schlimmes passiert. Wo man sich im Augenblick sicher fühlt. Zu Hause ist in dem Sinne hier. Weil ich hier gemeldet bin, hier aufgewachsen und hier auch ab und zu ganze Wochen rumlümmel, aber zu Hause ist da, wo man ist. Vielleicht nicht im Flugzeug.«

Du sagtest, du hättest mit deinen Eltern genug Schwierigkeiten gehabt. Welche denn?

»Ich hatte halt viele Schwierigkeiten in den Schulen mit dem Erwachsenwerden. Das lag auch daran, daß ich viele

Dummheiten gemacht habe und daß ich auch mit vielen dummen Leuten zu tun hatte. Die Eltern hatten, glaube ich, wirklich wenig Spaß mit mir.«

Hätten sie strenger sein sollen?

»Glaube ich eigentlich nicht. Die Institutionen, in die ich gegangen bin, hätten besser sein müssen. Die Schulen, die Lehrer müßten besser sein. Die Grundschule allein ist dermaßen schlecht gewesen, daß ich nicht das Gefühl habe, diesem Land irgendwas zurückgeben zu müssen.«

Ich sitze wieder mit Reinhard.

Frage: Wie hat sich der materielle Wohlstand auf die Kinder ausgewirkt?

Angefangen mit Frederik. Der lebt, ich weiß nicht ob mit Absicht, das Kontrastprogramm. Der lebt, würde ich sagen, in heiliger Armut. Er weiß, daß er ein Konto hat, weiß aber nicht, was drauf ist, weil er sich keinen Zugang zu dem Konto verschafft. Ich hab ihm während seiner Ausbildung jeden Monat 600 Mark auf sein Konto überwiesen, als »Lebensgeld«. Und als er dann fertig war und seinen Gesellenbrief hatte und losgezogen ist auf Wanderschaft, hab ich den Dauerauftrag einfach weiterlaufen lassen, das weiß er aber gar nicht, er lebt nur von dem, was er verdient. Er hat keine EC-Karte, keine Kreditkarte, kein Handy, er hat seine Arbeit, wenn er irgendwo welche findet, und es gehört wohl auch mit dazu, nur so viel zu haben, wie man zum Essen und Übernachten braucht, solange man auf Wanderschaft ist. Diese sparsame Mentalität hatte er schon immer. Als er hier ausgezogen ist, haben wir ihm eine Bude bezahlt, und er hat zum 18. Geburtstag einen Polo geschenkt bekommen, mit dem er von seiner Wohnung zur Schule fahren konnte.

Den hat er sehr geliebt, und er ist weitgehend für ihn selber aufgekommen. Er hat gejobbt. Irgendwann hatte der Polo 80 000 km runter und war schon ziemlich verlebt. »Wir möchten dir ein neues Auto schenken«, boten wir ihm an. Aber Fred lehnte das ab. Er hatte den alten zu gern. Einmal kamen Hella und ich von einer Reise mit einem Mietwagen nach Hause, einem Mercedes C-Klasse und fuhren bei ihm auf den Parkplatz. Fred kuckte oben aus seinem Zimmer raus und machte ein entsetztes Gesicht, weil er dachte, wir hätten ihm jetzt diesen Wagen geschenkt und er müßte den jetzt nehmen und dürfte seinen Polo nicht behalten. Er war so erleichtert, als er erfuhr, daß es nicht so ist. Und das zeigt eigentlich, wie er ist. Seine Klamotten waren immer bewußt abgelegte Sachen von seinem Bruder Max, der eigentlich kleiner und schmaler ist, und Fred ist dann immer mit so einem ganz engen Adidas-Trainingsanzug rumgelaufen, den Max lange abgelegt hatte.

War das eine Trotzhaltung?

Wir haben ja nie mit Geld herumgeprotzt, und wir haben auch keine Kleiderzicken gemacht. Wir haben ja auch nie einen Markenkult betrieben, daher kann es eigentlich nicht kommen. Aber vielleicht wollte er vor seinen Kameraden zeigen, ich komme zwar aus einem wohlhabenden Elternhaus, ich brauch das aber nicht. So muß es wohl gewesen sein. Frederik ist frei.

Frei, zu wandern. Eine schöne Vorstellung, daß es das noch gibt.

Ja. Im ersten Jahr begrenzt es sich auf Deutschland, im zweiten Jahr auf Europa, und im dritten Jahr können sie als Zimmerleute in die ganze Welt gehen. Seine Vorliebe ist Skandinavien, das hat ihm wohl sehr großen Spaß gemacht. Er war auch schon in Griechenland, Polen, Kuba, auf La Gomera und natürlich viel in Deutschland und in der Schweiz. Diese Wandertradition hat in der Schweiz sehr lebendige Wurzeln. In der Schweiz werden die Burschen auf Wanderschaft gerne gesehen, und sie haben dort Arbeiterbedarf. Das Gute an der Wanderschaft ist auch, daß sie verschiedene Arten zu arbeiten kennenlernen, verschiedene Stile von Holzbearbeitung und kleines, mittleres und industrielles Handwerk. In der Schweiz war er vier, fünf Monate richtig in einem Zimmererbetrieb wie in einer Fabrik. Jetzt ist er in Portugal. Er ist von Schweden über Rostock nach Portugal. Als er in Rostock war, war Max gerade hier. Fred fragte, ob Max ihn nicht in Rostock besuchen wollte. Max hat ihn dann besucht, das heißt, wir sind mit dem Auto da hoch, um Frederik mal wieder in den Arm zu nehmen. Wir haben ihn in gutem Zustand vorgefunden, da waren wir beruhigt.

Frederik zieht als Wanderbursche durch die Lande, scheint seine Bestimmung gefunden zu haben. Max sucht sie wohl noch, in Thailand oder Kambodscha. Und Victoria träumt in England von einer eventuellen musikalischen Karriere. Würde der Vater sie protegieren?

Victoria war auf Sylt in einer tollen Musikschule. Durch diese Schule gibt es auf der Insel eine ganz aktive und reiche Musikszene, die alle jungen Leute wohl durchlaufen müssen. So gibt es unheimliche viele Bands auf diesem kleinen Eiland, und in einer davon hat Victoria mitgesungen. Sie hatten auch eine Reihe von Auftritten auch auf dem Festland. Ein paar von diesen Auftritten hab ich mir angesehen. Die waren wirklich klasse.

Du würdest jetzt aber nicht zu deiner Plattenfirma hingehen und sagen: »Kuckt euch das mal an!«, oder?

Meine Söhne geb' ich nicht, Max, 2003

Nein, das wollen die auch gar nicht. Als Frederik zum Beispiel mit seiner Band »Breaking Free« musikalisch unterwegs war und sie mir sehr gut gefallen haben, hab ich ihn gefragt, wollt ihr euch nicht mal nach einer Plattenfirma umsehen? Und weißt du, was da kam? »Wir wollen keinen Erfolg.« Genau das: »Wir wollen keine kommerzielle Musik, wir wollen keinen Erfolg.« Natürlich wollten sie Erfolg auf der Bühne, aber nicht das klassische Ding. Später haben sie auch eine Platte gemacht, die haben sie aber selber bezahlt. Das finde ich völlig in Ordnung, und nur so funktionierts wahrscheinlich.

Der Name sagts: »Breaking Free«.

Nein, meine Söhne geb' ich nicht! 1985
Ich denk', ich schreib' euch besser schon beizeiten
Und sag' euch heute schon endgültig ab.
Ihr braucht nicht lange Listen auszubreiten,
Um zu sehen, daß ich auch zwei Söhne hab'.
Ich lieb' die beiden, das will ich euch sagen,
Mehr als mein Leben, als mein Augenlicht,
Und die, die werden keine Waffen tragen,
Nein, meine Söhne geb' ich nicht!

Ich habe sie die Achtung vor dem Leben,
Vor jeder Kreatur als höchsten Wert,
Ich habe sie Erbarmen und Vergeben
Und wo immer es ging, lieben gelehrt.
Nun werdet ihr sie nicht mit Haß verderben,
Keine Ziele und keine Ehre, keine Pflicht
Sind's wert, dafür zu töten und zu sterben,
Nein, meine Söhne geb' ich nicht!

Ganz sicher nicht für euch hat ihre Mutter
Sie unter Schmerzen auf die Welt gebracht.

Nicht für euch und nicht als Kanonenfutter.
Nicht für euch hab' ich manche Fiebernacht
Verzweifelt an dem kleinen Bett gestanden,
Und kühlt' ein kleines glühendes Gesicht,
Bis wir in der Erschöpfung Ruhe fanden,
Nein, meine Söhne geb' ich nicht!

Sie werden nicht in Reih' und Glied marschieren
Nicht durchhalten, nicht kämpfen bis zuletzt,
Auf einem gottverlass'nen Feld erfrieren,
Während ihr euch in weiche Kissen setzt.
Die Kinder schützen vor allen Gefahren
Ist doch meine verdammte Vaterpflicht,
Und das heißt auch, sie vor euch zu bewahren!
Nein, meine Söhne geb' ich nicht!

Ich werde sie den Ungehorsam lehren,
Den Widerstand und die Unbeugsamkeit,
Gegen jeden Befehl aufzubegehren
Und nicht zu buckeln vor der Obrigkeit.
Ich werd' sie lehr'n, den eig'nen Weg zu gehen,
Vor keinem Popanz, keinem Weltgericht,
Vor keinem als sich selber g'radzustehen,
Nein, meine Söhne geb' ich nicht!

Und eher werde ich mit ihnen fliehen,
Als daß ihr sie zu euren Knechten macht,
Eher mit ihnen in die Fremde ziehen,
In Armut und wie Diebe in der Nacht.
Wir haben nur dies eine kurze Leben,
Ich schwör's und sag's euch g'rade ins Gesicht,
Sie werden es für euren Wahn nicht geben,
Nein, meine Söhne geb' ich nicht!

186

11. Kapitel

Ich würde gern einmal
in Dresden singen

1985 – LP **Hergestellt in Berlin** – Textsammlung **... alle meine Lieder** – Tochter Victoria-Luise wird geboren – **1986** – LP **Alleingang** – **1987** – Live-Doppelalbum **Die große Tournee** – Verdienstorden des Landes Berlin – **1988** – LP **Balladen** – 55-Städte-Deutschland-Tournee – **1989** – 14tägige Österreich-Tournee – LP **Mein Apfelbäumchen**, Erlös geht an die Stern-Aktion »Deutsche Kinderkrebshilfe« – erster Auftritt im DDR-Fernsehen am 9., 10. und 11. November in Dresden.

Ich würde gern einmal in Dresden singen   **1982**
Mit Liedern im Gepäck bin ich gefahren,
Von Ort zu Ort in Nord und Süd und West,
Ich kenn' die Bühnenbretter mit den Jahren
In Braunschweig, Brüssel, Bremen und in Brest.
Nur ein paar Plätze hab' ich nicht gesehen,
Dabei liegen sie fast vor meiner Tür,
Könnte ich da mal auf der Bühne stehen,
Hm, glaubt mir, Freunde, ich gäb' was dafür!

Ich würde gern einmal in Dresden singen,
In Weimar, Halle oder Heinrichsruh!
Namen sind das, die für mich mehr nach Ferne klingen,
Als Singapur, Los Angeles, La Paz und Katmandu.

Ich weiß von euch nur Oberflächlichkeiten,
Und auch die hab' ich nur aus zweiter Hand,
Ich kenn' die Dinge gern von beiden Seiten,

Und kenn' doch eine nur von diesem Land.
Ich weiß, ein Lied würde das Eis wohl brechen,
Auch, wenn wir vielleicht manches anders seh'n,
Glaub' ich, daß wir dieselbe Sprache sprechen,
Trauer empfinden oder Spaß versteh'n!

Ich würde gern einmal in Dresden singen,
In Stendal, Meißen, Zittau und Küstrin,
Mit Freunden plaudern, trinken, um Ideen ringen,
Wie manche liebe, lange Nacht in Amsterdam
    und Wien.

Ich kenne meine Freunde nur von Bildern,
Aus Briefen, die manchmal hin und her geh'n.
Die Städte kenn' ich nur von Straßenschildern,
Hab' sie mit eig'nen Augen nie geseh'n.
Mag sein, es wäre klüger, stumm zu bleiben,
Wenn ich mit meinem Lied nichts ändern kann,
Mag sein, und doch, ich mußt' es einfach schreiben,
Zu lang schon und zu oft denk' ich daran:

Ich würde gern einmal in Dresden singen,
In Jena, Leipzig, Rostock und Schwerin.
Und hören, daß die Lieder hier wie drüben klingen,
In einem wie im andern Frankfurt, im einen wie im
    andern Berlin.

*Du wolltest gar nicht, daß wir das Lied abdrucken – dabei
hat es doch im Zusammenhang mit dem, was dir 89 passierte, geradezu eine historische Bedeutung.*

Da ist ein Fehler in dem Lied, das ist es. Ich singe von »Meißen, Zittau und Küstrin«.

Ja und?

Küstrin ist in Polen. Das hab ich damals einfach übersehen.

82, als du das Lied geschrieben hast, hättest du auch in Küstrin nicht singen dürfen. Also, 82 dieses Lied. 89 Fall der Mauer. Wie hast du den 9. November 89 erlebt?

Unglaublich. Das ist eine Geschichte für sich. Ich habe, solange ich singe, immer gebaggert, ich möchte mal in Dresden singen. Mein ehemaliger Produzent Walther Richter hatte Verbindungen nach Ostberlin, trotzdem hat es bei mir all die Jahre nicht geklappt. Im Frühjahr 1989 kam Gunther Emmerlich, der eine sehr witzige Sendung im DDR-Fernsehen hatte, die »Showkolade«, eine Sendung, in der zwischen den Zeilen heftige Kritik untergebracht war. Der wollte mich in einer seiner Sendungen haben und hat seinerseits so lange gebaggert, bis die gesagt haben, gut, verabredet mal, was er singen könnte. Und dann haben sie mich für November 1989 in die Semper-Oper nach Dresden eingeladen, zu einer Zeit, wo noch keiner ahnen konnte, was passieren würde. Hella und ich sind am 7. November mit allen möglichen Papieren, mit einem Arbeitsvertrag, um das Visum zu kriegen, nach Dresden gefahren, haben im Hotel Bellevue gewohnt, und wir haben Gunther Emmerlich und seine Frau kennengelernt. Es gab eigenartige Sachen: Wenn du in den Westen telefonieren wolltest, brauchtest du Devisen. Im Hotel gab es eine Satellitenanlage, in der es RTL und SAT 1 zu sehen gab. Dresden war ja das »Tal der Ahnungslosen«. Es brodelte schon, doch was werden würde, war nicht abzusehen. Bei den Proben haben wir dann gemerkt, daß die Stimmung umschlug. Ich durfte alles singen bei den Proben, außer **Über den Wolken muß die Freiheit wohl grenzenlos sein**. »Freiheit« – das durfte nicht sein, und das war es wahrscheinlich auch, warum sie mich so lange auf dem Kieker hatten und ich nicht im Osten singen durfte, dieses Lied war also ausgeklammert. Sie hatten sich

Gute Nacht, Freunde ausgesucht, aber die letzte Strophe sollte ich weglassen, weil darin auch das Wort Freiheit vorkommt. Das war ihnen auch zu heikel.

Da heißt es:
    Für die Freiheit, die als steter Gast bei euch wohnt.
    Habt Dank, daß ihr nie fragt, was es bringt, ob es lohnt.
    Vielleicht liegt es daran, daß man von draußen meint,
    Daß in euren Fenstern das Licht wärmer scheint.

Ja, das kann man sich vorstellen, daß sie das nicht wollten.

Wie gesagt, es wurde bei den Proben immer lockerer, und plötzlich sagten sie, ach komm, jetzt sing doch einfach mal alle drei Strophen, also auch die letzte. Alle wurden frecher und mutiger, auch die Redaktion, es brodelte. Die Sendung sollte am 11. November mit Publikum aufgezeichnet werden, und am 9. war plötzlich alles klar. Die Mauer war offen. Wir saßen im Hotel, und ich sagte allen Ernstes zum ersten Mal im Leben die bedeutungsvollen Worte: Champagner für alles, was Beine hat! Die Gage war in Ostmark, und ich wußte, das ist wirklich ein würdiger Anlaß, die Gage auf den Kopf zu hauen und das Team einzuladen. Und dann haben wir unten gesessen, wo der Fernseher war, haben Fürst-Wackerbarth-Sekt getrunken und die Maueröffnung gesehen. Auf der einen Seite fühlte ich mich um das Erlebnis gebracht, den Mauerfall in Berlin mitzuerleben, auf der anderen Seite war ich ja mittendrin, und mein Traum hatte sich erfüllt, in Dresden zu singen. Und ich war unter Leuten und habe die Freude, den Jubel und die Ergriffenheit miterlebt. Am nächsten Tag auf der Probe hieß es, warum sollst du nicht **Über den Wolken** singen? Zack, wurde das ganze Programm umgeschmissen. Und der Auftritt am 11. November war dann einfach überwältigend. Da hatten sich beim Publikum so viele Emotionen angestaut, die sich jetzt entluden

190

Ich kam und sang, und die Menschen standen auf, waren alle fertig. Gerade von Dresden wußte ich, daß dort viele Leute sind, die mich gerne hören. Bis heute ist es so, daß Dresden der einzige Ort ist, wo ich drei Konzerte hintereinander mache.

Es war ein bewegendes Erlebnis. Es gibt zum Glück auch eine Aufzeichnung von dem 11.-November-Auftritt. Es ist schön, sich die ab und zu mal anzusehen, die wird sicherlich auch irgendwann mal in meinem Nachruf zu sehen sein.

Mindestens genauso interessant war dann unsere Rückfahrt am 12. November. Ich hatte Blumensträuße bekommen und dachte, die verschenke ich jetzt an alle Leute, die mir entgegenkommen und lächeln. Und dann kamen wir zu den Vopos, die gab es ja auch noch. Zum ersten Mal fährst du da vor und siehst ein lächelndes Gesicht. Da hab ich denen meine Blumen gegeben. Als ich dann nach Hause kam, kamen mir die Kinder entgegen, vor allem Frederik, der das ganze sehr genau miterlebt hat. »Ich hab die ersten Trabis gesehen«, rief er. Draußen hing überall die blaue Fahne vom Zweitaktergemisch in der Luft, und das erste Mal waren beim Italiener vorne am Bahnhof, wo wir sonntags gerne essen gegangen sind, Leute aus Ostberlin und dem Osten. Das war wirklich eine sehr, sehr schöne Stimmung. Das war meine Wende.

In **Mein Berlin** *(89) heißt es:*

> All die Reden, das Taktieren haben mir den Nerv geraubt,
> Und ich hab doch wie ein Besess'ner an die Zukunft hier
> geglaubt.

Ich muß sagen, ich habe an das, was da passierte, nicht geglaubt. Ihr Berliner hattet ja immer noch ein besonderes Verhältnis oder Unverhältnis zur DDR, ihr hattet sie vor der Tür. Das Taktieren, singst du, habe dir den Nerv geraubt. Mir auch. Aber vor allem haben mir die Leute den

191

Nerv geraubt, die diese DDR glorifizierten, Hannes Wader zum Beispiel.
Wie bist du mit den Künstlern umgegangen, die die DDR verteidigten?

Ich glaube heute, wir haben uns mit denen zu wenig auseinandergesetzt, es war für uns eben deren Meinung. Ich bin auch mit Hannes keineswegs aneinandergeraten, ich hab mich über manche Meinungen gewundert, oder sie waren mir sehr, sehr fremd, aber das hat keinen Keil zwischen uns geschoben. Es gab sicher so was wie eine »Politische Korrektheit«, die es einem verbot oder die es als unprogressiv erscheinen ließ, dieses System zu kritisieren. Wir hätten, das gebe ich zu, eigentlich etwas mutiger sein können.

Mein Berlin   1989

Ich weiß, daß auf der Straße hier kein einz'ger Baum mehr
    stand,
Ruinen in den Himmel ragten, schwarz und leergebrannt.
Und über Bombenkrater ging ein Wind von Staub und Ruß.
Ich stolperte in Schuhen, viel zu groß für meinen Fuß,
Neben meiner Mutter her, die Feldmütze über den Ohr'n,
Es war Winter '46, ich war vier und hab gefror'n,
Über Trümmerfelder und durch Wälder von verglühtem Stahl.
Und wenn ich heut die Augen schließe, seh' ich alles noch
    einmal.

Das war mein Berlin.
Den leeren Bollerwagen übers Kopfsteinpflaster zieh'n,
Das war mein Berlin.

Da war'n Schlagbäume, da waren Straßensperren über
    Nacht,
Dann das Dröhnen in der Luft, und da war die ersehnte
    Fracht

Der Dakotas und der Skymasters, und sie wendeten das
    Blatt.
Und wir ahnten, die Völker der Welt schauten auf diese
    Stadt.
Da war'n auch meine Schultage in dem roten Backsteinbau,
Lange Strümpfe, kurze Hosen, und ich wurd' und wurd'
    nicht schlau.
Dann der Junitag, als der Potsdamer Platz in Flammen
    stand,
Ich sah Menschen gegen Panzer kämpfen mit der bloßen
    Hand.

Das war mein Berlin.
Menschen, die im Kugelhagel ihrer Menschenbrüder flieh'n.
Das war mein Berlin.

Da war meine »Sturm- und Drangzeit«, und ich sah
    ein Stück der Welt,
Und kam heim und fand, die Hälfte meiner Welt war
    zugestellt,
Da war'n Fenster hastig zugemauert und bei manchem
    Haus
Wehten zwischen Steinen noch die Vorhänge zum
    Westen raus.
Wie oft hab ich mir die Sehnsucht, wie oft meinen Verstand,
Wie oft hab ich mir den Kopf an dieser Mauer eingerannt.
Wie oft bin ich dran verzweifelt, wie oft stand ich
    sprachlos da,
Wie oft hab' ich sie geseh'n, bis ich sie schließlich nicht
    mehr sah!

Das war mein Berlin.
Wachtürme, Kreuze, verwelkte Kränze, die die Stadt
    durchzieh'n.
Das war mein Berlin.

Da war'n die sprachlosen Jahre, dann kam die Gleich-
    gültigkeit,
Alte Narben, neue Wunden, dann kam die Zerrissenheit.
70er Demos und die 80er Barrikaden, Kreuzberg brennt!
An den Hauswänden Graffiti: Steine sind kein Argument.
Hab' ich nicht die Müdigkeit und die Enttäuschung selbst
    gespürt?
Habe ich nicht in Gedanken auch mein Bündel schon
    geschnürt?
All die Reden, das Taktieren haben mir den Nerv geraubt,
Und ich hab doch wie ein Besess'ner an die Zukunft hier
    geglaubt.

Das war mein Berlin.
Widerstand und Widersprüche, Wirklichkeit und Utopien.
Das war mein Berlin.

Ich weiß, daß auf der Straße hier kein einz'ger Baum
    mehr stand,
Ruinen in den Himmel ragten, schwarz und leergebrannt.
Jetzt steh' ich hier nach so viel Jahr'n und glaub' es einfach
    nicht.
Die Bäume, die hier steh'n, sind fast genauso alt wie ich.
Mein ganzes Leben hab' ich in der halben Stadt gelebt?
Was sag' ich jetzt, wo ihr mir auch die andre Hälfte gebt?
Jetzt steh' ich hier, und meine Augen sehen sich nicht satt
An diesen Bildern: Freiheit, endlich Freiheit über meiner
    Stadt!

Das ist mein Berlin!
Gibt's ein schön'res Wort für Hoffnung, aufrecht gehen,
nie mehr knien!?
Das ist mein Berlin!

Musik von Hand gemacht, 1971

12. KAPITEL

Du mußt wahnsinnig sein

Ein Stück Musik von Hand gemacht   1985

Zur Blütezeit der Fast-Food-Zivilisation,
Der Einheitsmeinung, der Geschmacksautomation,
Der Plastikgefühle und der High-Tech-Lust,
Der Wegwerfbeziehung mit dem Einweg-Frust,
Zur Zeit der Fertigträume aus der Traumfabrik,
Der Micky-Maus-Kultur und der Steckdosenmusik.

Da lob' ich mir ein Stück Musik von Hand gemacht,
Noch von einem richt'gen Menschen mit dem Kopf erdacht,
'ne Gitarre, die nur so wie 'ne Gitarre klingt,
Und 'ne Stimme, die sich anhört, als ob da jemand singt.
Halt ein Stück Musik aus Fleisch und Blut,
Meinetwegen auch mal mit 'nem kleinen Fehler, das tut gut,
Das geht los und funktioniert immer und überall,
Auch am Ende der Welt, bei Nacht und Stromausfall!

Wenn der große, wilde Rock'n Roller rockt und rollt,
Mit der Wahnsinnslasershow über die Bühne tollt,
Wenn die Lautsprecher dröhnen und das Hallendach
    schwingt,
Daß mir der Bruch raustritt und die Brille springt,
Dann denk' ich d'ran, daß,
wenn jetzt jemand an der Sich'rung dreht,
Der Rockstar mucksmäuschenstill,
lammfromm und im Dustern steht.

Wenn ich den Selbstentwerter im Omnibus
Nicht bedienen kann und wieder schwarzfahr'n muß,

Wenn die Wasserwerke mir den Hahn zudreh'n,
Weil ich's nicht lerne, die Computerrechnung zu versteh'n,
Wenn ich einseh'n muß, ich krieg' den HiFi-Turm nicht an,
Weil ich die Einschaltautomatik nun mal nicht einschalten
    kann.

Bis zum Tag, an dem man mich wegrationalisiert,
Oder als nicht programmierbar einfach aussortiert,
Wenn der große Rechner kommt und alles überwacht,
Meine Vorlieben und Macken voll erfaßbar macht,
Auch wenn ich schon ganz und gar maschinenlesbar bin
Mit 'nem Balkencode am Schniedel und 'ner Prüfziffer
    am Kinn.

*Auch wenn der Rock 'n' Roller vom Strom abhängig ist, so
macht er doch in der Regel noch handgemachte Musik. Was
hattest und hast du für ein Verhältnis zur Rockmusik?*

Der Rock 'n' Roll der 50er Jahre, das war für mich die Begegnung mit Rockmusik. Das war die Musik, die ich gemocht habe, und zwar weniger Elvis, den fand ich mit der Locke irgendwie schleimig, obwohl ich danach getanzt habe und ein paar Lieder auch wirklich klasse fand. Für mich war Rock 'n' Roll Bill Haley. Das war's. Und dann Little Richard.

Bill Haley hatte doch auch eine Schmalzlocke.

Stimmt, aber irgendwie hat sie mich bei ihm nicht so gestört. Ich fand den irgendwie rauher und ehrlicher. Das gefiel mir einfach besser. Und vielleicht mochte ich auch diesen amerikanischen Rummel, der ganz besonders um Elvis gemacht wurde, nicht. Ich fand einfach die andere Art sympathischer. Bei dieser Art Rock 'n' Roll fühlte ich mich zu Hause, das war meine Musik, das war meine Sturm- und Drangzeit. Und dann mochte ich natürlich die Beatles.

Mehr als die Stones?

Ja, auf alle Fälle. Mit den Stones hab ich nichts am Hut.

Wegen der Texte?

Welche Texte? Die Beatles hab ich in meiner mentalen Diskothek gar nicht als Rock 'n' Roll eingestuft. Die haben mich in erster Linie von der Melodie her und von den Texten angesprochen, von den Melodieführungen her und den Chorsätzen und den Arrangements. Die Stones sind eigentlich an mir abgeperlt. Ich mochte schon den Mick Jagger nicht, der mir als Erscheinung und Person immer unsympathisch war.

Warum?

Ich fand den irgendwie fies. Ich find den immer noch fies. Ja, ich hab einfach eine Abneigung. Ich fand es sogar ungerecht, die Beatles und die Stones in einem Atemzug zu nennen und zu vergleichen. Für mich war klar, die einen machen teilweise hochkomplizierte, auf alle Fälle sehr ausgearbeitete, sehr ausgefuchste Arrangements, und die anderen machen im Grunde genommen, wie soll ich sagen –

Lärm?

Machen Lärm, ja, genau, die anderen machen Lärm.

Aber da gab es andere, die viel mehr Lärm machten.

Ja, natürlich.
Aber zu der Zeit, als die Beatles kamen, war ich von der anglo-amerikanischen Musik schon ganz weg. Und war eigentlich nur an Französischem interessiert.

Da gab es eben nur einen Rocker, Jonny Halliday.

Der französische Peter Kraus. Schrecklich!

*Also waren es dann immer mehr die französischen Musik-
einflüsse?*

Ja, auch, weil meine Schwester, die bei uns die anglo-amerikanischen Einflüsse vertreten hat, dann nicht mehr im Hause war. Damit entfiel ein AFN-Hörer, und ich selbst habe
France Inter gehört, das ging hier ja auch gut, weil wir hier
die Besatzungsfranzosen hatten mit France Inter auf UKW.
So sauber konnte in Frankreich kein Mensch französischen
Rundfunk hören wie wir in Berlin. Ich weiß noch, als ich das
erste Mal nach Frankreich gekommen bin, war ich verblüfft,
daß alle Leute noch auf Mittelwelle und Langwelle Radio
hörten, in den 60er Jahren, unglaublich. Ich habe dann eines
der ersten UKW-Radios zur großen Verblüffung meiner damaligen Schwiegereltern mit nach Frankreich gebracht.

Was hast du für ein Verhältnis zur klassischen Musik?

Von meinen Eltern bin ich damit sehr früh vertraut gemacht
worden. Das waren Mozart und Zeitgenossen, aber in erster Linie Mozart, das war die große Liebe meines Vaters,
der unter allen Komponisten am liebsten Mozart hörte und
Bach. Mich haben am meisten Bach und Händel interessiert.
Wenn ich heute mal Klassik höre, dann ist es Händel.

*Ganz andere Frage: Hier (im Arbeitszimmer, »im Turm«,
wie Klaus Hoffmann es nennt) gibt es eine ganze Menge
Gitarren. Wie viele hast du?*

Ein Dutzend wird es schon sein. Auf der Tournee habe
ich drei identische Gitarren dabei. Ich spiele aber – natur-

bedingt – immer nur auf einer, die bespanne ich aber nach jedem Abend neu. Nichts klingt ja so schön wie neue Saiten, und diesen Luxus gönne ich dem Publikum und mir bei jedem Konzert. Neue Saiten brauchen aber ein bißchen Zeit abzuhängen. Also, die Gitarre, auf der ich heute spiele, besaite ich nach dem Konzert neu, und sie ist dann erst übermorgen wieder dran. Die drei Gitarren klingen ein bißchen unterschiedlich, aber sind sich doch sehr ähnlich.

Ist das nicht ein bißchen seltsam für dich, auf CD die arrangierten Titel zu haben und auf dem Konzert das ganze Programm nur auf Gitarre zu spielen?

Das ist schon seltsam, aber letzten Endes ist es aufregender, es so allein zu spielen. Das Wagnis ist jedesmal wieder, sich ganz allein, ohne akustische Verstärkung und mutterseelenallein, vor 3000 Menschen hinzustellen. Es ist eine sehr leise, filigrane Veranstaltung, du hörst jeden Huster, jede Tür, die zufällt. Es ist ein sehr empfindliches Gebilde, so ein Einmannkonzert. Aber es ist schon aufregender, weil du auf dich allein gestellt bist, und zum anderen ist es auch die absolute Freiheit, der einzige zu sein, der dich mit der Gitarre begleitet. Ich kann anhalten, das Tempo wechseln, eine Strophe überspringen, auf ein zufälliges Ereignis im Saal Bezug nehmen, ohne mit der Band abstimmen zu müssen, Moment mal, ich will mal was sagen. Du kannst spontan sein, viel spontaner, als wenn mehr Instrumente dabei sind. Es ist viel intimer. Ich merkte schon die paar Male, die ich mit einer Band im Fernsehen zu tun hatte: Du singst immer, um deine Textverständlichkeit zu retten, zu laut oder zu deutlich. Es ist einfach nicht so schön. Im Studio kann man das alles ausgleichen. Auf der Bühne, wenn du ein Schlagzeug hast, mußt du schon erst mal gegen dieses Schlagzeug ansingen, da kriegst du schon einen Haufen

Probleme. Das kann auch mal ganz interessant sein, macht aber auch unfrei.

Wenn ich die Lieder schreibe, überlege ich ja nur, wie kann *ich* es singen, und deswegen sind die Lieder alle erst mal nur für Gesang und Gitarre gemacht.

Also, ich muß dir sagen, ich höre manche deiner Lieder lieber nur mit Gitarre als mit den Arrangements. Deine Texte sind ja Erzählungen, und der Text steht so im Vordergrund, daß für mich meistens eine Band gar nicht nötig ist.

Ich habe viele Arrangements auf meinen frühen Platten, die ich gerne ungeschehen oder heute ganz anders machen würde. Es ist wirklich kein Zufall, daß mein erstes Livealbum **Reinhard Mey live** 1970 vom Verkauf her alle bis dahin veröffentlichten Studioplatten in den Schatten stellte. Auf der Bühne geht's mir nach wie vor so, ich möchte die Lieder da so singen, wie ich sie schreibe. Textverständlichkeit und Freiheit. Das ist das wirklich absolute Original. Im Studio bin ich ein Spielkind. Ich liebe es, wenn mich der Arrangeur Manfred Leuchter, ein fabelhafter Musiker und wunderbarer Mensch, mit einem Arrangement überrascht. Das macht mir unheimlichen Spaß. Das ist wirklich eine Freude, wenn wir uns austauschen, wenn ich ihm das neue Lied hinlege, und er schickt mir dann das Arrangement zurück. Da hab ich wunderbare Überraschungen erlebt.

Du selbst schreibst nie Arrangements – oder kannst du das gar nicht?

Nein, ich habe das nie richtig gelernt. Und da ich einen Hang zum Perfektionismus habe, weiß ich, daß ich zwei drei Alben lang rumstümpern müßte, bis ich wüßte, wie es geht.

Kriegt er die Noten von dir?

Er bekommt von mir ein gesungenes Demo. Die Noten aufzuschreiben ist gar nicht nötig. Ich bräuchte dafür 20 Minuten, Manni braucht dafür fünf. Er schreibt das, während
er es hört.

Du hast immer erst den Text?

Fast immer erst den Text. Vielleicht hat man irgendwann
mal eine Schleife im Hinterkopf, die als Melodiephrase vorkommt, aber ich kann mich nicht erinnern, daß ich ein einziges Mal eine Melodie im Kopf hatte und darauf einen Text
geschrieben habe.
Ich schreibe von Hand, und zwar mit Kugelschreiber, und
es muß immer ein schwarzer Bic sein. Man hat so seine lieb-
gewordenen Macken.

*Er geht an einen Schrank und zeigt mir jede Menge leerge-
schriebene Bics.*

Die haben die Nöte und Verzweiflungen mitgemacht, und
irgendwie kann ich sie nicht wegschmeißen. Und dann sitz
ich also, und es macht mir Spaß aufzuschreiben, durchzu-
streichen. Ich halte Computer zur Bearbeitung für sehr nütz-
liche Werkzeuge, aber sich was ausdenken geht wunderbar
mit einem Klemmbrett und reichlich Papier. Zum Schreiben
habe ich noch eine ganz kleine Dachkammer, da ist nichts
drin, was mich ablenken könnte.

Und da spielt die Gitarre noch keine Rolle?

Doch. Die Gitarre habe ich beim Schreiben immer auf dem
Knie, und ich probiere zwischendurch, und am Ende ist mir
klar, wie das klingen soll. Und das, was dann fertig ist, ist
das, was auf die Bühne kommt. Meine ganzen alten Demos
heb ich mir auf, und bevor es auf Tournee geht, versenk ich

mich da noch mal rein, um zu spüren, wie ich das gemeint habe, als ich es geschrieben habe. Das, was Manni daraus im Studio macht, ist im Grunde ein ganz anderes Paar Schuhe. Das klingt ganz anders, und es gibt mir die Möglichkeit, von einem eigenen Lied überrascht zu sein, was du ja sonst nicht haben kannst, wenn du dir die Musik selber ausgedacht hast. Da ich es sehr liebe, daß Musik überrascht und verblüfft, ist für mich das, was Manni daraus gemacht hat, Dr. Jekyll and Mr. Hyde. Das eine ist meine Philosophie, die ich in **Ein Stück Musik von Hand gemacht** besungen habe. Das Lied muß letzten Endes überall auf der Welt bei Nacht und Stromausfall zu singen sein, nur mit der Gitarre. Das andere sind die Arrangements, die Musiker, das Studio. Da möchte ich gerne alles, was an Tricks und Einfällen zur Verfügung steht, ausprobieren.

Unterwegs   1979
Wunschkonzert, Verkehrsdurchsagen,
Das Hotelfrühstück im Magen,
Frage, ob mein Kopf oder der Motor schöner brummt.
Zeitung lesen, rausseh'n, dösen,
Gähnen, Kreuzworträtsel lösen,
Die Gespräche über gestern abend sind verstummt.
Peter sitzt wie'n Bär am Steuer,
Flucht ab und zu ungeheuer,
Räkelt sich und stellt sich den Rückspiegel neu zurecht.
Klaus zählt Karten und Programme
Und denkt an die blonde, stramme
Braut, und mir ist schon vor Lampenfieber wieder
    schlecht.

Unterwegs, irgendwo, zwischen Zürich und zu Haus,
Bratwurst, Cola, Ketchup, Koffer rein und Koffer raus,
Jede Bühne zwischen Klagenfurt und Norderney,
Wie auf 'ner Galeere, aber glücklich und frei dabei.

Noch ein Alptraum von Garderobe,
Schnell eine Beleuchtungsprobe,
Klaus hat sich schon mit Programmen ins Foyer entfernt.
Schritte, Stimmen, Sitze schlagen,
Mir ist schon ganz flau im Magen.
Menschenskind, hätt' ich doch bloß was Anständ'ges ge-
lernt.
Vielleicht könnt' ich schnell erkranken,
Chaos, Panik, Fluchtgedanken,
Vorhang auf, Entsetzen, ich steh' da, wie angeklebt.
Licht an, raus und Beifallrauschen,
Jetzt möcht' ich mit keinem tauschen,
Nur für die zwei Stunden hab' ich diesen Tag gelebt.

Lieder und Applaus verhallen,
Erschöpft in den Sessel fallen,
Freundliche Gesichter fragen mich noch dies und das.
Ich hätt' noch soviel zu sagen,
Klaus kommt und packt mich am Kragen,
Türe zu, ein letztes Winken, und Peter gibt Gas.
Im Hotel altert indessen
Ein liebloses Abendessen.
Klaus macht noch, wenn blond und weiblich,
die Bedienung an;
Peter ist in Schlaf gesunken,
Und ich endlich so betrunken,
Daß ich auch dies lausige Hotel ertragen kann.

Staubsauger und Türen krachen,
Zu früh – aber stolz erwachen,
Daß ich lauter als der Zimmernachbar schnarchen kann.
Mittwoch oder Sonntag heute,
Wenn nur eine Handvoll Leute
Mit mir auf den Abend wartet, fängt der Tag gut an.
Peter sitzt wie'n Bär am Steuer,

Flucht ab und zu ungeheuer,
Räkelt sich, stellt sich den Rückspiegel neu zurecht.
Klaus zählt Karten und Programme
Und denkt an die blonde, stramme
Braut, und mir ist schon vor Lampenfieber wieder schlecht.

Auf Tournee, 1994

Das Tourneeleben. Vielfach beschrieben, meist voller An-
ekdoten, Wein, Weib und Gesang, Bier und labbrige Bröt-
chen. Ich habs selbst als Außenstehender erlebt, ein paar
Mal, bei Wecker und Wader, Stoppok und Hüsch. Es hatte
eine große Tristesse. Und bei jedem läuft es anders. Wie ist
es bei dir »zwischen Zürich und zu Haus«?

Wenn die ersten Auftritte überstanden sind, ist die Tournee die Belohnung für verzweifelte qualvolle Stunden am
Schreibtisch, wo man beim Schreiben hadert und immer

zwischen Triumpf und Verzweiflung schwebt – wird es gelingen? Für alles, was man am Schreibtisch durchlitten hat, wird man bei der Tournee entschädigt, da wird man reich belohnt. Da hast du Kontakt mit den Empfängern deiner Botschaft, da sieht man die Leute, für die man geschrieben hat. Die Begegnung mit dem warmen, dampfenden, brodelnden Saal.

Andererseits jeden Tag ein anderes Hotel.

Das ist kein Problem, damit komm ich wunderbar klar, im Gegenteil, das gehört mit zur Belohnung, das ist der Vagabund, der Streuner in mir. Ich achte darauf, bei einer Tournee nicht zu viele Plätze zu haben, wo wir zweimal auftreten. Der Veranstalter mag es natürlich sehr, wenn man zweimal auftritt, wegen Werbung und Vorverkauf, aber ich liebe es, morgens aus einem Hotel auszuziehen, in eine andere Stadt zu gehen, einen neuen Saal auszuprobieren, abends ein neues Hotel vorzufinden, das zweite Mal ist fast schon Gewohnheit. Dieses Vagabundieren hab ich so gern. Immer im Auto, meistens im VW-Bus mit Peter Graumann. Hinterher fährt ein LKW mit meistens zwei bis drei jungen Leuten, die für die Technik und den Ton zuständig sind. Ich habe es wirklich gerne jeden Tag woanders. Der erste Tag ist – um das mit der Fliegerei zu vergleichen – wie eine Flugmaschine, mit der du noch nie vorher geflogen bist, alle theoretischen Berechnungen sagen, das Ding wird fliegen, aber ob es dann praktisch fliegt, siehst du erst, wenn du drinsitzt und Gas gibst.
Du hast dir ein Tourneeprogramm zurechtgemacht, du hast es aber noch nie vor Menschen gesungen, du weißt nicht, wird es dich ertragen, ist es so spannend, daß dir die Leute zweieinhalb Stunden zuhören. Das kann ich nicht erproben. Ich singe es 100mal zu Hause, um es auswendig draufzuhaben, aber diesen ersten Abend vor Menschen kannst

du nicht simulieren, das ist der Sprung ins kalte Wasser. Dieser Moment ängstigt mich sehr, vor dem hab ich so viel Angst, der beeindruckt mich so sehr, daß es wirklich zwei Monate vor einer Tournee anfängt und sich steigert bis zu dem Tag, an dem es losgeht, bis zum Wahnsinn. Ich hab immer Lampenfieber, aber diese panikartigen Zustände, die so schlimm werden, daß sich die Gedärme umdrehen und mir übel wird, das hab ich nur beim ersten Mal.

Auch nach all den Jahren und unzähligen Tourneen ist das nicht weggegangen?

Nein, ich brauche jetzt nur daran zu denken, dann brummelt es wieder.
Ich versuche mir meine Erfahrungswerte aus der Vergangenheit bewußt zu machen, das ist das Gerüst, das ich mir gebe, das mich hält, sonst würde ich total zusammenklappen. Es gab Tourneen, da hab ich hier mit Hella zusammengesessen und geweint und gesagt, ich geh nicht, ich halt es nicht aus. Aber wenn dann der erste Abend gelaufen ist, gibt es nichts Schöneres, als wenn du in die Garderobe zurückgehst und sagst, tatsächlich, es funktioniert. Von da an bin ich in der ersten Woche noch sehr angespannt, bis die Maschine eingefahren ist, es nicht mehr hakt und ich hängenbleibe. Das Lampenfieber fängt so zwischen 15 und 16 Uhr an und steigert sich bis 20 Uhr. Ab 18 Uhr schließe ich mich in der Garderobe ein, da mach ich Funkstille und spiele einmal das ganze Programm durch, jeden Abend, einfach um mir Sicherheit zu geben, mir sicher zu sein, und wohl auch, um das Lampenfieber zu bekämpfen. Und es ist auch gut für mich, wenn ich in Aktion bleibe. Ich spiele also jeden Tag mein Konzert zweimal. Das hat auch was Technisches. Ich spiele ja jeden Tag auf neuen Saiten. Und so spiele ich die Saiten für den Abend schon ein, so daß ich nachher keine Probleme mehr mit dem Stimmen habe. Und ich hab die

Finger geübt, hab das Triebwerk auf Betriebstemperatur gebracht, wenn es dann um 20 Uhr losgeht.

Ich ändere das Programm während der Tournee kaum, nur die Sprüche zwischendurch ändern sich. Es ist eine Choreographie in Liedern, die ich erarbeitet habe. Ich habe mir überlegt, welches Lied auf das nächste paßt. Es passiert schon mal, daß ich anfangs ein paar Lieder zuviel habe. Das liegt daran, daß ich die Lieder zu Hause ohne Beifall stoppe. Und dann denke ich, du mußt von dem schlimmsten Fall ausgehen, daß die Leute nicht klatschen, aber du mußt trotzdem dein volles Programm haben. Und dann merkst du am ersten Abend, du mußt drei Lieder rausschmeißen. Eigentlich ist der erste Abend mit dem letzten Abend identisch. Bei den Zugaben kann man dann schon ein bißchen variieren. Ich bin kein Zugabenschinder. Das mag ich auch bei anderen nicht, wenn ich im Publikum sitze. Ich mache nach meinem letzten Lied das Saallicht an, gebe den Leuten die Möglichkeit, aufzustehen und zu gehen. Ich möchte nicht, daß sich die Leute genötigt sehen, mir noch eine Zugabe abzuringen – in einem dunklen Saal wird sich keiner trauen, aufzustehen und zu gehen, er muß mit den andern, die eine Zugabe erklatschen, dableiben. Diesen Zwang möchte ich auf meine Zuhörer nicht ausüben. Also letztes Lied, Licht an. Wer gehen will, kann jetzt gehen. Ich habe vollstes Verständnis dafür, wenn die Leute nach zweieinhalb Stunden ihr Sitzfleisch durchgesessen haben und sagen, es war ein schöner Abend, aber ich möchte jetzt gehen. Oder sie müssen ihre Bahn bekommen. Man muß ihnen die Chance geben, gehen zu können.

Meine Zugaben erfolgen dann auch bei vollem Licht. Das ist eine ganz klare Abmachung, das ist dem Zuhörer gegenüber fair. Und ich hab meine Kräfte ja auch so eingeteilt, daß ich so viel von mir gebe, wie irgend möglich, und viel mehr als drei Zugaben könnte ich auch gar nicht bringen, da bin ich zu fertig und erschöpft.

Musik von Hand gemacht, 1973

Bist du auch, wie ich das von vielen kenne, nach dem Konzert aufgedreht?

Ich kann auch erst nach dem Konzert essen. Früher haben wir es immer so gemacht, daß wir alle zusammen waren, auch die Crew, aber es hat sich gezeigt, Peter und ich sind älter geworden, aber die Crew ist immer jung geblieben, die haben ganz andere Interessen, die wollen auf die Piste gehen oder in die Disco.
Ich wollte immer die ganze Tourneefamilie um einen Tisch haben, aber irgendwann hat Hella gesagt, denkst du auch daran, daß die jungen Leute nach dem Konzert vielleicht gar nicht unbedingt mit zwei Alten wie mit Peter und dir um den Tisch sitzen wollen, es sich bloß nicht zu sagen trauen? Hella ist am ersten Tag dabei und kommt mich ab und an mal besuchen.

Wie geht es dir mit dem Publikum, wenn du irgendwo essen gehst, in Geschäfte, in den Baumarkt(!)?

Völlig problemlos. Ich glaube wirklich, so wie man es reinruft, kriegt man es zurück. Wenn du jetzt anfängst, den Exaltierten zu machen und dich überall in den Mittelpunkt zu stellen, dann mußt du dich nicht wundern, wenn die Leute vielleicht auch hysterisch reagieren. Und wenn du den großen Kumpel raushängen läßt, klopfen sie dir auf die Schulter und sagen dir Dummheiten.

Was sie ja gerne tun.

Sie klopfen mir nicht auf die Schulter. Nie. Sondern sie kommen, sie begegnen mir mit einem freundlichen Lächeln, einem Gruß. Es gibt nichts Schöneres, als in ein Gesicht zu kucken, das dich anlächelt, was du nicht kennst, aber was dir durch das Lächeln irgendwie vertraut vorkommt und zumindest friedfertig begegnet. Wirklich, ich habe das Glück, daß mich die Menschen erkennen und grüßen wie ihren Nachbarn. Da gehen sie auch nicht hin und reißen ihm das Hemd vom Leib.

Aber du kannst dich auf Sylt in der Hochsaison nicht normal bewegen?

Doch. Ich hab da überhaupt keine Probleme damit. Du bist irgendwo in einem Supermarkt, an einem Regal, da sagt einer: Ach, Tag, Herr Mey, nett, daß sie auch hier sind. Da ist doch nichts dabei, nichts, was einen …

Schlimm sind die Leute, die an der Haustür stehen …

Ja, gut, aber das passiert eigentlich so gut wie nie. Die Leute, die mich mögen, kennen meinen Wunsch nach Zurückgezogenheit und respektieren meine Intimsphäre und meine Devise: My Home is my Castle! Die richtig lästigen Sachen, das passiert ganz, ganz selten.

Du läßt auch das Fernsehen nie zu dir nach Hause, oder?

Nein. Es müssen ein paar Plätze bleiben, wo du deine Ruhe hast. Das muß einfach sein. Das bin ich auch irgendwie Hella und den Kindern schuldig, das ist ja nicht nur meine Höhle hier, sondern auch deren, und die müssen völlig unbehelligt von der Öffentlichkeit durch das Leben gehen können.
Wenn ich das für mich anders entschieden habe, und damit gut klarkomme, muß das nicht heißen, daß das für die auch so geht. Ich komme wirklich wunderbar damit klar. In Berlin ist es komischerweise selbstverständlich, aber oftmals wenn ich irgendwann in Westdeutschland – ich sag immer noch Westdeutschland –

Am Prenzlauer Berg sagen sie, wenn sie von Westberlin reden: drüben.

Also, wenn ich in Düsseldorf über die Straße gehe, erkennen mich mehr Leute, nehmen mehr Leute davon Notiz als hier. Und dann ist es wunderbar, du kommst in einen Laden rein, und die sagen: Guten Tag, Herr Mey. Da ist sofort eine Intimität hergestellt, aber die ist nur angenehm. Es ist Verständigung da, deswegen muß es nicht gleich eine Umarmung sein, und es muß nicht fraternisierend sein.

Wird in Restaurants mit deiner Prominenz herumgemacht?

Überhaupt nicht. Es ist auch so, ich nehme keine Geschenke. Ich will keine Geschenke und mir keine Vorteile erschleichen, weil ich mich dann unfrei machen würde. Wenn ich sagen würde, ich will jetzt die etwas größere Portion, bin ich schon gekauft, und das möchte ich auf keinen Fall.
Ich bin Berliner, und meine Mutter hat mir immer gesagt: Von Fremden nimmst du nichts an! Ich mache keine Werbung, und ich lasse mich nicht instrumentalisieren, also haben sie nichts davon. Und ich bleibe frei. Das ist ganz wichtig. Und infolgedessen gehe ich auch nicht hin und versuche mir jetzt einen Platz in der Reihe weiter vorn zu erschleichen, weil ich sage, ich bin der Reinhard Mey.

Du mußt wahnsinnig sein!   1985

Ein Blick auf die Garderobe, es ist zwanzig nach vier,
Das wird ja immer früher, guter Mann,
was machst du jetzt schon hier?
Du redest mit dir selbst, weil der Moment gekommen ist,
Wo du keinen mehr ausseh'n kannst und unausstehlich bist.
Du gehst dir auf den Nerv,
stehst wie ein Fremder neben dir
Und siehst dich auf- und abgeh'n,

wie ein eingesperrtes Tier.
Im Saal, mehr so aus Höflichkeit,
hast du Licht und Ton gecheckt,
Du weißt, die Jungs, die machen das längst
ohne dich perfekt.
Du spielst ein altes Stück an, doch der Text fällt dir nicht ein,
Du spürst, ein kaltes Fieber kommt heimtückisch
und gemein.
Du stimmst am Instrument herum,
natürlich stimmt es längst,
Du legst es wieder weg, und dir wird übel, und du denkst:

Du mußt wahnsinnig sein,
Da rauszugehen, ganz allein,
Trotz all der Höllenqualen,
Die dich lähmen und zermahlen.
Du mußt wahnsinnig sein,
Dich in die unbarmherzig grellen
Scheinwerfer hinzustellen,
Und dir die Seele aus dem Leib zu schrei'n,
Du mußt wahnsinnig sein!

Jemand reicht dir zwei Briefe rein,
ein Kind schreibt, daß es heut
Geburtstag hat, und sich schon lange
auf den Abend freut.
Und eine alte Dame, die jedesmal herkommt, schreibt,
Eine, die jedes Lied kennt, und der kein Schnitzer
verborgen bleibt.
Die zwei steh'n für all' die, deren Geschichte du nicht
    kennst,
Und deretwegen du doch jetzt vor Lampenfieber brennst.
Du kannst nicht essen, kannst nicht trinken,
du kannst gar nichts mehr,
Du mußt heut' besser sein als je zuvor, dein Kopf ist leer.

Du schleichst hinter den Vorhang, Mann,
was hast du hier verlor'n,
Mußt du dir sterbenskrank ein Guckloch
in den Vorhang bor'n?
Du fühlst dich wie ein Schlafwandler,
der auf dem Dach erwacht,
Und weißt, die Giebelnummer,
die hast du noch nie gebracht.

Die Stunden sind verflogen, du stehst glücklich und stumm
Am Ende deiner Lieder vor deinem Publikum.
Es ist, als hättet ihr ein langes Zwiegespräch geführt,
Ihr ward betroffen, zornig, ward vergnügt und ward gerührt.
Und wenn ein Lachen, ein Applaus über die Reihen flog,
Und wenn's plötzlich ganz still war, war das wie ein Dialog.
Benommen und erschöpft verneigst du dich ein letztes Mal
Vor freundlichen Gesichtern in dem großen dunklen Saal.
Ein Mädchen hat dir einen kleinen Strauß
nach vorn gebracht,
Vom Klatschen ganz zerdrückt,
was ihn dir nur noch lieber macht.
Und du weißt einmal mehr, es ist eine Gnade, hier zu steh'n,
Und schwerer noch als aufzutreten,
fällt's dir jetzt abzugeh'n.

*1974 bist du zum ersten Mal in Paris im »Olympia«aufge-
treten, also im Olymp ...*

Ach ja, das war schon irgendwie ein Olymp. Aber es ist
eigentlich nicht beeindruckender als ein anderer Saal.
Gut, ich kann sagen, ich bin dagewesen. Später bin ich im
»Théâtre Bobino« und an anderen Plätzen, die schöner und
geeigneter sind als das »Olympia«, aufgetreten. Das Olympia ist eigentlich ein großer Schuppen, in den 2500 Leute
reingehen, aber zum Singen ist es nicht der geeignetste Ort.

Bobino, Paris 1979

Es gilt als Olymp wegen des Namens. Seinen Namen in Leuchtschrift zu sehen und sich die Kerbe in den Gitarrenhals ritzen zu können, das ist das Erhebende daran. Aber für mich waren – vor allem in den Jahren 1967/68/69 – die vielen kleinen Konzerte in den schönen kleinen Clubs wichtiger.

Einer war zum Beispiel die Bastion in Kirchheim unter Teck. Das war so ein sicheres Ding, eine feste Größe. Oder die Jazzclubs in Esslingen, in Pforzheim oder Karlsruhe, Schwäbisch Hall und die Fabrik in Backnang. Komischerweise war das alles im Schwäbischen, was vielleicht daran lag, daß der Süddeutsche Rundfunk Stücke von **Orpheus** gespielt hat, da gab es schon eine gewisse Popularität über den Rundfunk, die geholfen hat, die Clubs vollzukriegen. Das hat mich innerlich aufgebaut, hat mir Mut gemacht.

Frédérik und Frederik, Paris, 1979

Nun hattest du Süddeutschland erobert, da lag es nah, zu sehen, was in Österreich und der Schweiz zu machen ist?

1968 fing das mit Österreich an. Das lag daran, daß der ORF eine neue Senderkette aufgezogen hat, »Ö3«. Es gab einen Bedarf an deutschsprachiger Musik, die nicht Schlager sein sollte. Da war die Auswahl verdammt klein, und ein Mann, der das damals aus der Taufe gehoben hat, Ernst Grissemann, ist auf meinen **Orpheus** gestoßen. Da habe ich zum ersten Mal Powerplay erlebt. Ich bin von der Schallplattenfirma nach Wien eingeladen worden, ich kam in das Interconti-Hotel in mein Zimmer, da gab es ein Radio im Zimmer, was damals für mich eine Sensation war, und es lief **Ich wollte wie Orpheus singen**. Und das lief immer wieder und wieder, das war Powerplay. Die Österreicher sind mir mit sehr viel Freundlichkeit und Offenheit entgegengekommen. Sie haben mich auch ins Fernsehen eingeladen, und dann kam der »Kurier« und hat gesagt, wir machen mit dir ein Konzert im Konzerthaus. Das ist ein großer ehrwürdiger und Ehrfurcht einflößender Bau, und ich konnte das gar nicht glauben, aber es hat geklappt. Das war mein erster 2000er Saal. Nebenbei liefen ja auch noch die kleinen Sachen in den Clubs, so daß das ein echtes Kontrastprogramm war. Plötzlich stand ich auf einer Bühne vor, glaube ich, 2400 Leuten.

Hast du dir nicht in die Hose gemacht?

Natürlich, aber das hab ich auch in den kleinen Läden, das ist kein Unterschied.

Und 1972 kam dann schon die 142-Städte-Tournee Deutschland-Österreich-Schweiz.

In der Schweiz hat das auch sehr gut funktioniert, weil die

218

Schweizer Freude an Chansons haben und weil sie schöne Kleintheater haben. Hanns Dieter Hüsch hat mir da auch Adressen gegeben, wo ich mich melden sollte. Die Schweizer Theater haben auch untereinander keine Konkurrenz gehabt und sich in der Werbung untereinander unter die Arme gegriffen. Der Theaterbetreiber in Basel hat einen Künstler, mit dem er gut klarkam, nach Bern, nach Thun, nach Zürich usw. empfohlen. Ich habe in Basel im »Théâtre Fauteuil« angefangen. Von da aus habe ich alle kleinen Theater in der Schweiz mit großer Freude und Leidenschaft bereist, ein wirklich tolles Publikum gefunden, und ich hab mich so wohl gefühlt, daß ich immer dachte, irgendwann würde ich aufwachen und feststellen, daß die alle gar nicht so nett sind, es muß der Haken kommen, er ist nie gekommen.

Das Achtel Lorbeerblatt wurde größer. 142-Tage-Tournee. Hast du da auch jeden Abend gespielt, wie du es heute tust?

Ja. Das war die erste große Tournee mit Peter Graumann zusammen. Wir haben uns gesagt, das machen wir jetzt in Zukunft in eigener Regie. Wir haben die 142 Städte nicht direkt hintereinander gemacht. Der erste Teil war im Herbst, dann war Weihnachtspause, und im Februar, glaube ich, haben wir dann weitergemacht.

Dann wurden die Erfolge größer – in Frankreich und in Deutschland.

Mein Achtel Lorbeerblatt war zusammen mit dem ersten Livealbum das erfolgreichste. Ich glaube 380000 Einheiten. Das war unglaublich.

Habt ihr dann in Frankreich, wo es ja auch erfolgreich lief, eine Tournee gemacht?

Ja, genauso wie in Deutschland, allerdings mit einem anderen Veranstalter. Peter ist mitgefahren und hat die Technik besorgt, die Veranstaltung haben die Franzosen gemacht. Die Technik war damals noch bescheidener, wir hatten alles in einem VW-Bulli. Mit dem französischen Veranstalter, Michel Algay, hab ich, solange ich in Frankreich aufgetreten bin, alle Veranstaltungen zusammen gemacht. Zu jedem ersten Januar schickt er mir bis heute ein Fax und fragt: Frédérik, wann kommst du wieder, wir haben alles gemietet, wir warten nur auf dich. Das ist schon so ein Running Gag.

Also nächstes Jahr wieder, da du ja wieder eine französische CD machst?

Nein, das schaffe ich zeitlich nicht.

Reinhard Mey steht seit vierzig Jahren auf den Bühnen, ist seit vierzig Jahren im Geschäft. Und er ist besser im Geschäft als irgendein anderer Liedermacher in Deutschland. Von der EMI, Meys Plattenfirma, die 51 Mey-CDs lieferbar hat, heißt es, was man kaum glauben mag, daß Mey pro Jahr von der sogenannten »Backlist« in Deutschland mehr verkauft als die Beatles. In einem Zeitungsinterview von 2002 lese ich, daß Mey auf die Frage einer Journalistin, ob er Millionär sei, antwortet, er wisse das nicht. Ist das Koketterie? Ich frage Klaus Hoffmann danach. Der lächelt zunächst einmal. Dann: »Das macht der Reinhard sehr gut, wenn er sagt, er weiß es nicht. Als die Figur, die er ist, muß er es auch nicht wissen. Aber ich kann dir sagen, mit Reinhard kannst du wunderbar über Kohle reden. Das kannst du mit anderen nicht. Die sagen, och, ich will gar keine Kohle machen, und dann geht's ihnen doch um nichts als um Kohle.«

Die Kohle, das Geld. Wie hältst dus denn damit?

(Er seufzt.)

Zum ersten Mal merke ich, daß wir ein Thema haben, über das er nicht gerne spricht. Er, der damals beim Tingeln mit Hannes Wader das Geld für Auftritt und Spesen kassiert hat, muß wissen, daß er sehr viel verdient hat und immer noch verdient, er müßte eigentlich sogar wissen, wieviel, aber darüber zu reden fällt ihm schwer. Hannes Wader sagte mir zu D-Mark-Zeiten einmal: »Ich hab in den guten Jahren Millionen verdient, jetzt hab ich Millionen Schulden, aber ich kann mir immer noch jeden Tag ein Steak leisten, so ist das mit dem Geld.«
Eine ziemlich klare Aussage. Also, wie ist das mit dem Geld?

Es ist ganz einfach: Wenn man wie ich eine Abneigung gegen Steuertricks und steuerbegünstigte Anlagen hat, geht ja schon mal mehr als die Hälfte von allem an den Staat.

Wer viele Steuern zahlt, verdient viel. Was machst du damit, wie legst dus an?

Gar nicht, wir leben davon. Wir haben eine große Familie, und alle sollen etwas davon haben. Ich mache mir die große Freude, bei meinen Lieben nicht rumzuknausern. Und außerhalb der Familie sind da noch ein paar Stellen, die mir am Herzen liegen und die auf meine Zuwendung dringend angewiesen sind. Ich bin kein Finanzmann und habe keine Begabung für Gewinnmaximierung und auch keine Lust, mir darüber Gedanken zu machen, denn dann könnte ich keine Lieder mehr schreiben. Ich habe keine Aktien, weil es mich nicht entzündet, ich bin kein Glücksspieler. Ich habe keine Geldsäcke in der Schweiz vergraben und keine Knochen im Garten. Es ist einfach so, es geht von Besitz keine große Faszination auf mich aus. Es ist mir nur wichtig zu wissen, daß ich so viel Geld habe oder es verdienen kann, daß ich meine Entscheidungen ganz frei und unabhängig treffen kann. Geld ist für mich immer der große Dietrich gewesen, mit dem ich aus jedem Käfig wieder hinauskommen könnte, die große Freiheitsmaschine. Das Mittel, nein sagen zu können, auch beim fettesten Werbeangebot. Daß ich da sagen kann, ihr bekommt mein Bild nicht, das ist Freiheit. Aber auch, wenn meine Schallplattenfirma käme und sagte, wäre doch schön, wenn das alles mal etwas anders klingen könnte. Oder warum nimmst du nicht mal einen anderen Arrangeur, oder dieses Thema paßt jetzt grad nicht so gut. Ich kann immer sagen: Wenn ihr die Platte nicht so machen wollt, wie ich sie machen will, dann mach ich sie alleine, das ist für mich Freiheit, die ich mir erkämpft habe. Das ist der wahre Luxus. Das ist wichtig.

Diesen unsentimentalen Umgang mit Geld hab ich von meiner Mutter gelernt. So bescheiden die Verhältnisse bei uns auch waren, meine Mutter hat immer gesagt, das Geld ist zum Ausgeben da, das soll uns jetzt eine Freude bereiten, wenn es denn eine Freude bereiten kann. Sie war die Grille, und es war ihr wichtig, den ganzen Sommer über zu singen, für das Jetzt und das Heute zu leben und großzügig zu sein. Ich habe viel Geld verdient. Das weiß ich. Und ich weiß auch, daß es privilegiert ist, nicht so genau wissen zu wollen, wieviel. Was ich mir wünsche, ist, immer fünf Euro mehr in der Tasche zu haben, als ich brauche. Es ist wirklich so, das mir das Lesen von Kontoauszügen keine erotischen Gefühle bereitet.

Wem schon?

Was mich beruhigt, ist vielmehr die Gewißheit, daß ich in mir drin noch etwas habe, selbst wenn alles weg ist, daß ich mir meine Gitarre nehmen, in einen Club gehen und vor 30 Leuten singen kann. Dann verdiene ich so viel, daß ich mir meine Mahlzeiten kaufen kann und mein Dach überm Kopf. Das ist meine große Sicherheit. Als es um den Musikverlag ging bei irgendeiner Geschichte, habe ich den beim Notar auf Hella umschreiben lassen. Da hat die Notarin gesagt, Herr Mey, was ist, wenn Ihre Ehe scheitert? Da war meine Antwort, wenn sich so eine große Liebe zerschlägt, was interessiert mich da noch die Kohle, die über den Jordan geht? Einen Scheiß.

Also wirklich, wenn alles weg ist und man mich nackend auszieht, dann halte ich mir meine Gitarre vor und sing so lange, bis ich wieder eine Hose habe, und irgendwann, wenn ich meinem Anspruch treu bleibe, werde ich Menschen finden, die es mir erlauben, wieder von vorn anzufangen.

Gab es mal bei dir Existenzängste?

Immer. Die gibt es auch jetzt, da kann man nichts dagegen machen, ich nehme an, mein Vater hat mir das vererbt. Es gibt immer die Angst, das, was man macht, könnte nicht genügen, man selbst könnte nicht genügen. Ich denke wirklich, je höher der Gipfel ist, auf dem man sich befindet, desto größer ist auch die Absturzhöhe. Und ich muß manchmal sehr an mir arbeiten und sagen, he Alter, nun mach mal halblang, selbst wenn der 3000er Saal nicht voll wird, ein 30er Saal wird noch voll, und da hast du genau die gleiche Befriedigung wie im großen. Selbst wenn du kleinere Brötchen backen mußt, 30 Leute, die dir applaudieren, sind wunderbar, und mehr brauchst du nicht zum Glücklichsein.

Es gibt Menschen, die faktisch gar nicht mehr in Armut fallen können, weil sie Millionen auf dem Konto haben, und die trotzdem glauben, sie könnten sich jetzt den Mantel für 200 Euro nicht leisten.

Das kenn ich. Wir sind alle aufgewachsen und wußten genau, was wir in unserem Portemonnaie hatten. Das hat uns geprägt, diese überschaubare Menge Geld, dieses: Ich hab 200 Mark, soviel kann ich gar nicht verfressen und vertrinken, also hab ich viel Geld. Und man wagt jetzt nicht, sich irgendetwas für 200 Euro zu kaufen, aber man zuckt nicht einmal, wenn sich das Finanzamt das Hundertfache abbucht. Das ist eine Relation, die kann man sich gar nicht vorstellen. Ich kann wirklich gut nur bis 1000 rechnen, darüber ist es abstrakt. Wenn man so aufgewachsen ist, kann man nicht mehr umlernen.

Manche haben das Glück, einen Lebenspartner zu haben, der das kann mit dem Geld. Hella Mey, die vor der Ehe bei einer Konzertagentur gearbeitet hat, ist rechte Hand oder, wie sie sagt, »Bürovorsteherin« im Hause Mey. Sie erzählt:

»Ich bin Reinhards Angestellte, wir haben einen regelrechten Arbeitsvertrag, und ich habe von Anfang an Gehalt bekommen. Vorher hatte ich zehn Jahre gearbeitet und mein eigenes Geld bekommen. Die einzige Angst, die ich hatte, war, finanziell abhängig zu sein. Einen Mann nach Geld zu fragen, das wollte ich nicht – ich kannte ihn ja auch noch nicht so gut. Heute wäre das überhaupt kein Problem, obwohl wir nicht ganz ernst gemeint eine Trennung machen zwischen seinem Geld und meinem.
Ich habe, wenn ich schwanger war, richtig gearbeitet bis sechs Wochen vorher, und dann hat der Arzt gesagt, ich dürfte auch zu Haus nur maximal zwei Stunden arbeiten. Danach hab ich wirklich den Griffel fallen lassen, und dann hat Reinhard die Arbeit übernommen. Und als ich wieder konnte, bin ich wieder angetreten. Also, ich war und bin bis heute richtig angestellt. Ich werde eine dicke Rente kriegen eines Tages, davon werden wir leben.«

Du hast ja angeblich gar kein Verhältnis zum Geld.

»Nee, hab ich auch nicht, aber deswegen muß ich doch Belege sammeln für den Steuerberater. Ich wüßte jetzt nicht, wie man Geld für sich arbeiten lassen sollte, wir sind keine Kapitalisten. Wir haben das Haus auf Sylt und das hier, das übrigens mir gehört. Du siehst, ich bin eine gute Partie! (lacht!)
Also ich hatte Angst, den eigenen Mann nach Geld zu fragen, wenn ich mal neue Unterwäsche brauche oder neuen Nagellack. So haben wir von Anfang an den Vertrag gemacht. Ich kaufe ihm auch Geschenke von meinem Geld, oder ich lade ihn ein. Ich habe ihm sogar schon mal die Berliner Philharmoniker geschenkt für die Aufnahme von **Lilienthals Traum**, weil ich so sparsam bin … Ich hab einen Dienstwagen und … ein Dienstfahrrad. Stell dir mal vor, ich hätte jetzt bei einem anderen Unternehmen gearbeitet, dann hätte er sich jemand anderen holen müssen, der das Büro hier mit ihm macht. Das wär ja blöd, das kann man zwar machen, aber da wir uns von Anfang an so nah waren, war es doch besser so. Das ist ein Familienbetrieb, übrigens, früher hat das sein Vater gemacht.«

Soweit Hella.
Kommen wir wieder aufs Showgeschäft. Klaus Hoffmann erzählte mir, wenn zwei Musiker und Freunde zusammenkommen, dann ist ein Hauptgesprächsgegenstand die Medienszene. In welche Sendung gehst du, ich geh in die und die, in welche sollte man nicht gehen, wie handelst du das? und so fort. Wie war das bei dir über die Jahre?

Das erste Mal, daß ich im Fernsehen etwas sagen durfte, war 1964 auf der Waldeck, beim SWF oder beim WDR. Da war das erste Mal, glaube ich, eine Kamera. Und dann gab es einen Auftritt mit Schobert zusammen, 65, hier beim

SFB. Davon gibt es auch noch Mitschnitte, schwarzweiß. Dann bin ich eigentlich mit langsam einsetzender Altersweisheit, nachdem ich früher gedacht habe, du mußt unbedingt alles machen, was Fernsehen ist, wählerischer geworden. Ich sagte mir, das Leben ist kurz. Sollst du da hingehen, nur um in dieser Sendung einmal deine Birne im Fernsehen zu zeigen? Das bringt weder dir was, noch kaufen sich die Leute daraufhin eine Platte, noch möchtest du mit den Leuten, die das moderieren, was zu tun haben. In den letzten Jahrzehnten ist es so, daß ich schon sehr genau abwäge, wo gehst du hin, macht es Spaß – daß es Spaß macht, das ist überhaupt das Hauptargument.

Sagst du nicht: Jetzt ist die neue CD raus, jetzt geh ich gezielt da und da hin?

Nein.
Es ist natürlich so: Zu Zeiten, wo du ein Album herausbringst, kommen die Leute, auch die Schallplattenfirma oder die Promotion, und reißen sich besonders den Arsch auf, um möglichst viel Fernsehen ranzuschaufeln.

Das ist ja auch in Ordnung, daß man solche Promotiontermine wahrnimmt. Das ist der Markt, auf dem die frische Ware angeboten wird. Scheußlich finde ich es, wenn die Spekulation zu durchsichtig ist. Wenn also ein Künstler sagt, ja, ich gehe gerne in die Sendung X, ich gehe aber erst, wenn meine neue CD da ist, und nicht dann, wenn die mich haben wollen.

Das ist oft eine Fehlspekulation, und so was liegt mir überhaupt nicht, es ist völliger Quatsch. Es gibt gute Fernsehsendungen, und es ist toll, wenn du eine Einladung dazu kriegst. Und es gibt andere, da geht man einfach nicht hin.

Musik von Hand gemacht, 1991

Würdest du zu Gottschalk gehen?

Ja. Und zwar aus einem ganz bestimmten Grund. Ich kenne
Gottschalk ja noch aus der Baden-Badener Zeit, Telespiele
usw., und ich finde, daß er, was die Moderation anbetrifft,
der einzige legitime Nachfolger von Kuhlenkampff ist, den
ich sehr geliebt habe, den ich wirklich in diesem Genre für
unübertrefflich hielt. Und ich habe Gottschalk in Proben
erlebt, viele Male, ich war ja zweimal bei ihm in »Wetten
daß ...?« Ich sehe, daß der Mann das mit einer großen Professionalität macht, daß er Improvisationstalent hat. Daß
ich in die Haribo-Bärchen beißen soll oder so, das macht
ihn für mich nicht zur Unperson.

Harald Schmidt?

Ich war bei ihm. Und es war toll. Ich kannte ihn von den alten Sachen »MAZ ab«, wo ich zweimal Gast war. Der ist ja

auch so einer, der bei der Probe eine super Sendung macht, die aber ganz anders ist als die Sendung, die später stattfindet. Der betet nicht seinen Monolog noch mal runter, es ist immer was Neues dabei. Ich hatte ihn lange nicht gesehen und wußte nicht, wie er mit mir umgehen würde. Und er war super. Das war eine schöne Sendung, eine wunderbare Erinnerung hab ich daran.

Er ist immer noch der Professionellste und der Schlagfertigste.

Genau das ist er. Natürlich haut man auch mal daneben, und es gibt Sendungen, wo ich gesagt habe, also nein. Aber neulich haben wir irgendwann wieder gekuckt, ich mußte einfach neidlos zugestehen, das macht ihm hierzulande keiner nach. Ich habe vor dem Fernseher gesessen und habe mich gut unterhalten gefühlt, und das ist genau das, wofür er angetreten ist.

In welche Sendung würdest du denn nicht gehen?

Na, in alle, wo das Umfeld nicht stimmt. Wo Musik vorkommt, zu der ich keinen Bezug habe oder die ich für mich persönlich als unnötig bezeichne, alles, was mit Schlager und mit Volksmusik zu tun hat.

Haben die Volksmusikleute – Moik und so – mal versucht, dich zu vereinnahmen?

Nein, an die muß man selbst rangehen. Andere aus anderen Abteilungen der Unterhaltungsmusik sind schon gekommen. Dieter Thomas Heck und Carmen Nebel kommen nicht mehr. »Die goldene Stimmgabel« wollten sie mir aufs Auge drücken. Da hab ich gesagt, da könnt ihr mich mal, das möchte ich nicht haben, da geh ich nicht hin. Da möchte ich nichts mit zu tun haben, das ist nicht mein Ding. Keine Feindschaft, aber es muß nicht sein. Das hätte ich vor 25 Jahren vielleicht anders gesehen.

Es gibt Sendungen, mit denen kannst du dir auch wirklich schaden, weil du einfach die Sachen, in die du dein Herzblut geschrieben hast und die dir etwas bedeuten, nicht in eine Sendung gehen kannst, in der du dich mit irgendeiner Banalität auf ein Niveau stellst, das geht einfach nicht.

Wie wäre es mit Pastor Fliege?

Ganz früher bin ich mal bei ihm gewesen, als er eine Sendung über Lehrer und Lehrerinnen gemacht hat. Bei meinem Lied **Charlotte** sind sie dahintergekommen, daß ich tatsächlich diese besagte Charlotte als Lehrerin hatte, und da bin ich mit dieser Lehrerin hingegangen. Das Thema war in Ordnung, das Gespräch dazu war in Ordnung, ich würde heute nicht noch mal hingehen. Aber ich bin in vielen Sendungen gewesen. In Baden-Baden gab es »Gute Laune mit Musik«. Das waren teilweise ganz schreckliche Sachen, aber ich bereue es nicht. Manchmal mußt du dort erst einmal gewesen sein, um sagen zu können, nein, da muß ich nicht noch mal hin.

*Neulich hab ich einen Film vom NDR über dich gesehen, mit Julia Westlake. Da hat sie so alte Verkleidungsnummern von dir gezeigt. Ein Beispiel: Du als Doktor verkleidet mit der großen Spritze singst **Dr. Nahtlos, Dr. Sägeberg und Dr. Hein**.*

Das war auch alles in Baden-Baden zwischen 77 und 80, schätze ich. Das hat Spaß gemacht. Ich war voll im Spieltrieb. Wir konnten uns richtig austoben, und der Claudi Fröhlich, der Regisseur, der ließ es knallen, ließ es platzen, ließ es explodieren, das war im Grunde genommen in dieser

Lebensphase genau das Richtige. Und es ist vielleicht auch bezeichnend, daß, als die Lust am Krawallmachen und Verkleiden bei mir nachließ, auch Schluß mit diesen Sendungen war. Ich hab dann noch eine Sendung gemacht, auch für Baden-Baden, mit Dieter Pröttel, die hieß »Manche mögens leis'«, zusammen mit Heidelinde Weiss. Wie schon der Name sagt, es war viel leiser, viel stiller, war nicht schlechter, aber damit war eigentlich diese Zeit – Ich-verkleide-mich-als-Ingrid-Steeger – vorbei. War toll, aber abgehakt.

Warum gibt es eigentlich keine Musikvideos? Lehnst du das ab?

Nein, das nicht. Aber es gibt keine Sender, die dir garantieren, daß sie es spielen. Und um es gut zu machen, ist es sehr teuer, und die Plattenfirma hat offensichtlich nicht den Gedanken gehabt. Ich habe bei vielen Liedern das Gefühl, Mensch, ich sehe total das Video. Und es wäre überhaupt kein Problem, das filmisch umzusetzen, aber das ist bisher immer an den Mitteln der Plattenfirma gescheitert.

Die werden natürlich bei VIVA nicht gesendet.

So ist es.

Also, wo soll man es senden?

Das ist das Ding. Ich hab schon mal überlegt. Vielleicht mach ich das irgendwann mal selber, finanziere es selbst und mache eine DVD, die man verkauft. Aber der klassische Weg, das VIVA oder MTV anzubieten, der funktioniert bei mir nicht.

»Ich singe um mein Leben«. Ja, was wäre aus dir geworden, wenn diese Karriere damals nicht funktioniert hätte?

Philharmonie Berlin, 1972

Also, es ist schwer zu sagen. Es ist wirklich, glaub ich, ein wenig so wie beim Flugzeug, das abhebt. Wenn das einmal abgehoben hat, dann folgt das den Gesetzen der Aerodynamik, und dann ist es sehr schwer, es gleich wieder auf den Boden zurückzukriegen. Also, ich glaube, wenn die Karriere erst gar nicht losgegangen wäre oder wenn ich nicht die Hoffnung gehabt hätte, damit überleben zu können, ich weiß nicht, ob ich bei völlig erkannter Aussichtslosigkeit gesagt hätte, ich muß es weiterhin tun. Man glaubt natürlich immer daran, daß es funktioniert. Und wenn es ganz anders gekommen wäre, wenn ich eben gar nicht diese Alternative gehabt hätte, dann nehme ich an, ich hätte den Job angenommen, den mir Schering angeboten hat. Ich glaube, daß ich damit hätte glücklich werden können, denn ich komme aus einer Familie, in der alle Musiker werden wollten oder alle Freude, Lust und Talent zum Musikmachen hatten, es

231

aber nicht geschafft haben, denn die Zeiten waren nicht so. Mein Vater, der wunderbar Klavier spielen konnte und der ein musikbesessener Mann war, konnte das auch nicht zum Beruf machen. So hat er einen anderen Beruf ausgeübt und nebenbei Musik gemacht und ist, glaube ich, mit der Musik als Amateur glücklich geworden. Also, ich denke, ich hätte durchaus bei Schering die Pille drehen können und nebenbei Musik machen.

Oft stellt sich erst nach 10–15 Jahren heraus, daß die Karriere nicht funktioniert. Nehmen wir mal den neulich verstorbenen Ulrich Roski, der vielleicht zehn Jahre lang aufgetreten ist, dem aber doch der ganz große Erfolg versagt blieb. Hättest du dich mit dem zufriedengegeben, oder hättest du da hingeschmissen?

Ich glaube, man kann es nicht hinschmeißen. Das ist das, was ich meinte mit dem Fliegen. Wenn das Ding einmal abgehoben hat, dann kannst du nicht mehr zurück. Ich hätte vielleicht versucht, mich auf irgendeinem Gleis zu bewegen, einen anderen Ausweg zu finden. Diese alte Geschichte »no business like showbusiness«. Und wenn du im Zirkus die Pferdeäpfel aufsammelst, du willst Teil des Showbusineß sein und findest da auch noch deine Erfüllung. Natürlich macht es nicht glücklich, wenn sich kein Erfolg einstellt. Aber ich kenne auch viele Kollegen, bei denen sich der Erfolg nicht eingestellt hat und die trotzdem nicht verbittert sind.

Jetzt reden wir hier über ein Luxusproblem, weil du mit über 60 noch dein Publikum und den Erfolg hast.
Aber viele Kollegen müssen sehr kleine Brötchen backen.

Ja, ja, das ist wahr, und das kann sehr, sehr bitter sein. Ich weiß genau, was meine Eltern gemeint haben, als sie sagten: Das Leben ist lang, wir machen uns große Sorgen.

Alle Musiker, die mein Vater liebte, waren Leute, die zwar wunderbare Musik gemacht haben, das hat er mir immer wieder gesagt, die aber bettelarm in die Grube gestiegen sind. Und ich kann als Vater sehr gut nachvollziehen, was mein Vater bei dem Gedanken empfunden hat, daß sein Sohn sich einer unter Umständen sehr brotlosen Kunst hingibt.

Und wenn jetzt Max Musiker werden will? Was er dir neulich mal so salopp angedeutet hat.

Der kennt auch das Leben auf der Bühne und weiß, daß das sehr viel mit Arbeit, mit Warten, mit Bangen und mit Ungewißheit zu tun hat, er ist nicht nur geblendet vom Showbusineß. Wenn jemand Musik machen will, kannst du ihn eigentlich nicht davon abbringen.

Auch deine Tochter will singen.

Da werd ich sie auch nicht von abbringen können. Sie kann wunderbar singen. Deswegen würde ich aber nicht versuchen, sie da reinzuschieben. Wenn sie es selber machen will, dann ist es o.k., aber ich darf nicht hingehen als Vater und sie in ein Studio locken oder versuchen, ihr irgendwie die Türen zu öffnen. Wenn, dann muß sie das Ding alleine machen.

Sie selbst hat erzählt, daß sie das nicht will.

Ja, wunderbar. Dann hat sie die Lektion begriffen.
Was anderes ist es, wenn sie finanzielle Unterstützung von zu Hause bekommt, so wie mir meine Eltern ja auch, als ich noch nicht davon leben konnte, ermöglicht haben zu singen, indem sie mich unterstützt haben, auch finanziell.

13. Kapitel

Mein Apfelbäumchen

1989 – 14-tägige Österreich-Tournee – LP **Mein Apfelbäum-chen**, Lieder zum Thema »Kinder« zugunsten »Deutsche Kin-derkrebshilfe« – erster Auftritt im DDR-Fernsehen am 9., 10. und 11. November in Dresden – **1990** – LP **Farben** – Hilfsgüter-transport in ein Waisenhaus in Gherla, Rumänien – 1. Konzert im Kulturpalast Dresden als Benefizaktion für »Helft Leningrad sofort!« – **1991** – 11-Tage-Tournee durch Österreich – Konzert im Friedrichstadtpalast, Berlin – Goldene Schallplatte für **Mein Apfelbäumchen** – Verleihung der Mildred-Scheel-Medaille – **1992** LP **Alles geht!** – 60-Tage-Deutschland-Tournee – 14- Tage Öster-reich- und Schweiztournee – Deutscher Schallplattenpreis »Echo« für Lebenswerk – CD **Ich liebe Dich**, Benefizalbum für die Deut-sche-Kinder-Aids-Hilfe – **1994** – Studioalbum **immer weiter** – »Gol-dene Europa« des Saarländischen Rundfunks – **1995** – Deutscher Kleinkunstpreis – Live-Doppelalbum **Zwischen Zürich und zu Haus** – **1996** – Studioalbum **Leuchtfeuer – Lilienthals Traum** mit den Berliner Philharmonikern unter der Leitung von Manfred Leuchter in der Berliner Philharmonie – 61-Tage-Tournee durch Deutschland – Konzerte für »Hamburg Leuchtfeuer« und »Zart-bitter« – Gastspiel im Mainzer »unterhaus« für »Human Help Network« – SWF-Liederpreis für **Nein, meine Söhne geb' ich nicht** – Rückgabe aller Fluglizenzen – **1997** – 17-Städte-Tournee in Österreich und der Schweiz – Live-Doppelalbum »**Lebenszei-chen**« – Benefiz-Album **Du bist ein Riese ...**, Liedersammlung über und für Kinder, zugunsten von DUNKELZIFFER e. V., Hilfe für sexuell mißbrauchte Kinder – Bootsschein »Binnen«.

1990 Hilfsgütertransport nach Rumänien, was war das?

Ja, das war die Zeit der großen Umbrüche in Mitteleuropa, der Eiserne Vorhang bröckelte, und aus Rumänien kamen diese furchtbaren Bilder. Ich fühlte mich sehr angesprochen,

Mit Peter Graumann unterwegs, 2000

weil die Geschichte praktisch vor der Haustür passierte. Die Mauer verschwand, und ich dachte, jetzt kannst du an einer Speiche des Rades der Geschichte mitdrehen. Eines Tages kam im ZDF diese Reportage mit den Bildern über die Zustände in Rumänien. Das ist Hella und mir so ins Gebein gefahren, daß wir was tun wollten. Dann habe ich Peter Graumann angerufen und gesagt, Peter, du hast doch einen LKW-Führerschein, du besorgst einen LKW, Hella und ich die Ladung, und wir bringen das da runter, wir wollen uns da selber mit einbringen. Peter hat ein riesengroßes Campingmobil gehabt, aus dem wir die Einrichtung rausgenommen haben, und mit einer befreundeten Apothekerin in Köln haben wir an einem Tag den Wagen voll mit Medikamenten geladen. Ich hatte beim ZDF, das diese Reportage gemacht hatte, nachgefragt, wo man das sinnvollerweise hinbringt. Die haben mir eine Adresse gegeben und haben mir auch ein bißchen gesagt, wer Ansprechpartner vor Ort ist. Also, wir hatten den Wagen voll mit Arzneimitteln, Kindernahrung und Hygieneartikeln.

Hella und ich. Wir haben gesagt bekommen, fahrt bis nach
Budapest zu den Maltesern, da wird einer sein, der kommt
mit euch an Bord, der kennt sich in Rumänien aus, und der
wird euch zumindest bis zur Grenze bringen. Hella wollte
mit dabei sein, aber Peter hatte von einer befreundeten Ärz-
tin, die da unten arbeitete gehört, daß das nicht ganz unge-
fährlich ist. Wenn uns etwas passierte, sollte ich wenigstens
unseren Kindern die Mutter erhalten. Peter und ich haben
uns in Passau getroffen, und dann gings los. Es waren viele
solcher Kleinlaster und Laster unterwegs, Rotes Kreuz und
Malteser, aber auch viele Privatleute, die kriegten einen Auf-
kleber vorne dran, damit der Zoll Bescheid wußte. Es war
ein wunderbares Erlebnis. Die Verteilung war gut geregelt,
wir haben von den Maltesern genau gesagt bekommen,
fahrt zum Waisenhaus Gherla, das kriegt von keiner anderen Stelle Güter. Einer der Mitarbeiter, ein in Deutschland le-
bender Ungar, Szolt Marton von den Maltesern, hat uns bis
an die Grenze gefahren, dann hörten seine Kompetenzen
auf. Von dort bin ich mit Peter allein noch mal 350 km wei-
tergefahren bis nach Gherla. Das war sehr aufregend, denn
bis zur Grenze sind wir im Konvoi gefahren, aber danach
waren wir alleine, und uns war eigentlich gar nicht klar,
was wir für ein Risiko eingingen. Mit einer Wagenladung
voller Konsumgüter, die dort vielleicht einen Gegenwert
von 15 000 Euro hatten, hätten uns manche Strolche gerne
den Hals durchgeschnitten. Irgendwann auf der Strecke hielten uns im Dunkeln dann auch finstere Gestalten an, ange-
trunkene Polizisten, die mit ihren Gewehren rumfuchtelten
und unbedingt an Bord kommen wollten. Peter und ich tru-
gen die rot-gelb-blauen Armbinden der Revolution, die uns
die Grenzer übergestreift hatten. Das hat uns gerettet, und
sie haben uns mit Scherzen, die wir nicht verstanden, und
Gelächter ziehen lassen. Wir hatten den Schutzengel der

Naiven und sind abends in unserem Zielort angekommen. Es war aber schon zu spät, um die Sachen ordentlich zu übergeben. So haben wir den Wagen vor der Polizeistation abgestellt, der Bürgermeister hat die Bewachung organisiert und mich und Peter in eine Unterkunft gebracht, die früher so was wie ein Sommerhotel mit Badeanstalt gewesen war. Das war völlig desolat und vergammelt, aber es war geheizt, es gab warmes Wasser, eine kleine Mahlzeit und es gab ein Bier dessen Kronenkorken innen und außen verrostet war. Wir haben es trotzdem genossen.

Das Ganze spielte sich im Februar 1990 ab.

Am nächsten Tag haben wir unter Bewachung die Sachen zum Kinderheim gebracht und die meisten Dinge dem Personal übergeben. Was wir den kleinen Kindern geben konnten, haben wir ihnen direkt gegeben. Trotzdem ist immer noch nicht auszuschließen, daß jemand was abgezweigt hat, aber das ist das Risiko, das man eingehen muß, sonst kann man gar nichts machen. Wir haben also unser Gut abgeladen, mußten dann aber noch mit dem Bürgermeister Wodka trinken, und das am frühen Morgen. Eigentlich wollten wir direkt zurück bis Wien fahren. Es war, wie man es aus Filmen kennt: Sie wollen dir noch was Gutes tun und sich bedanken, also mußt du trinken. Ich hab dann Peters Wodka auch noch weggetrunken, weil der ja fahren sollte, und dann sind wir am frühen Nachmittag aus Gherla abgefahren, um irgendwann nachts in Wien anzukommen.

Es war eine unglaubliche Erfahrung, in einer Gruppe von hilfsbereiten, hilfswilligen Leuten mitzumachen, in einer Aufbruchszeit, in der uns die Zöllner an den Grenzen durchgewunken haben, statt uns wie früher bis auf die Haut zu untersuchen. Ich bin früher mal zum Urlaub in Rumänien gewesen und hab das da erlebt. Und nun wirst du stattdessen mit Jubel empfangen, und es kommen dir auf der Straße die anderen Hilfsgütertransporte entgegen. Diese Aktion war ein wichtiges Erlebnis für mich.

Und von da ab häufen sich solche Aktionen.

Ich hab das immer gemacht. Wenn man das Glück gehabt hat, auf die sonnige Seite der Straße bugsiert worden zu sein, dann hat man eigentlich die verdammte Pflicht und Schuldigkeit, davon was abzugeben. Wenn du diesen Beruf machst, hast du auch die Möglichkeit einfach nur aufzurufen. Also: Ich spende die Einnahmen dieses Konzerts an Human Help Network, ihr könnt das auch tun. Aber ich mag es nicht, die Leute zu nötigen. Ich mache mein Ding selbst. Ich kann also auf der einen Seite Werbung für eine Sache machen und auf der anderen Seite ganz konkret Kohle hinzugeben.

Mein Apfelbäumchen   1985

Ich weiß gar nicht, wie ich beginnen soll,
So viel Gedanken, und mein Herz ist übervoll,
So viel Gefühle drängen sich zur selben Zeit:
Freude und Demut und Dankbarkeit.
Im Arm der Mutter, die dich schweigend hält,
Blinzelst du vorsichtig ins Licht der Welt,
In deinen ersten Morgen, und ich denk':
Dies ist mein Kind, welch ein Geschenk!

Wenn alle Hoffnungen verdorr'n,
Mit dir beginn' ich ganz von vorn,
Und Unerreichbares erreichen, ja ich kann's!
Du bist das Apfelbäumchen, das ich pflanz'!
Sieh dich um, nun bist du ein Teil der Welt,
Die sich selbst immerfort in Frage stellt,
Wo Menschen ihren Lebensraum zerstör'n,
Beharrlich jede Warnung überhör'n.
Ein Ort der Widersprüche, arm und reich,
Voll bitt'rer Not und Überfluß zugleich,
Ein Ort der Kriege, ein Ort voller Leid,
Wo Menschen nichts mehr fehlt, als Menschlichkeit!

Du bist ein Licht in ungewisser Zeit,
Ein Ausweg aus der Ausweglosigkeit,
Wie ein Signal, den Weg weiterzugeh'n,
Herausforderung weiter zu besteh'n.
Wo vieles voller Zweifel, manches zum Verzweifeln ist,
Da macht ein Kind, daß du alle Zweifel vergißt.
Es sind in einer Welt, die ziel- und ratlos treibt,
Die Kinder doch die einz'ge Hoffnung, die uns bleibt!

Wer Gutes schafft und Gutes tut, wird auch belohnt. Mit Preisen zum Beispiel. Über das Bundesverdienstkreuz haben wir schon gesprochen. Einmal abgesehen von den vielen Goldenen Schallplatten, die vom Verkauf der Platten abhängen, bist du mit vielen anderen Preisen überhäuft worden. Das reicht von der Mildred-Scheel-Medaille bis zum ECHO für das Lebenswerk –

Hm, 1993 fürs Lebenswerk, seitdem habe ich weitere zehn Platten gemacht. Der ECHO ist ein großer Preis in der Musikbranche, eigentlich **der** Preis. Du freust dich über so einen Preis, über das schöne Essen, das es da gibt, daß dir alle auf die Schulter klopfen und sagen, was für ein toller Kerl du bist. Aber du weißt auch ganz genau, welchen Stellenwert du dem Ganzen beimessen mußt. Das ist ein schöner Augenblick, aber am nächsten Tag wird wieder über was anderes gesprochen, und das ist auch in Ordnung.

Man sollte solche Preise also annehmen?

Es gibt auch welche, die man nicht nehmen sollte.

Welche sind das?

Über einen haben wir schon – was mich anbetrifft – gesprochen, »Goldene Stimmgabel«. Da gibt's noch eine ganze

Liste von Preisen, die ich nicht angenommen habe. Die einen nicht, weil ich mich nicht der Kategorie Operette zugehörig fühlte, wie beim Paul-Lincke-Ring oder beim Fred-Jay-Preis für Schlagertexte, die andern nicht, weil damit ein Event oder Rummel verbunden war, d.h., sie geben dir einen Preis, und dafür darfst du sie unterhalten, sie dürfen dich anfassen und lassen dich nicht nach Hause gehen, wenn du möchtest. Ich schmunzele dann, wenn ich in der Zeitung lese, wer ihn kriegt, nachdem ich ihn abgelehnt habe. Das ist auch eine schöne Auszeichnung.

Und »Bambi?«

Nein, das ist nicht mein Ding.

»Goldene Kamera«?

Vielleicht schon eher, das ist ja ein Fernsehpreis, hab ich mir aber noch keine Gedanken drüber gemacht. Aber da die Kamera aus dem Hause Springer kommt, kann ich mir nicht vorstellen, daß sie mir die mal irgendwann geben.

Nach dem 18. Album hast du 1995 den renommierten »Deutschen Kleinkunstpreis« bekommen, ist das nicht ein bißchen niedlich?

Das ist ein Preis, den viele Kollegen haben, die ich besonders schätze. Und ich fand, daß ich ihn schon früher hätte kriegen können. Das habe ich in meinen Worten des Dankes ausgedrückt, daß ich es richtig finde, den Preis auch jetzt noch als einen Förderpreis anzunehmen, weil ich längst noch nicht fertig bin, daß ich meine Lektion noch lernen und weiter an mir arbeiten will. So habe ich den Preis, eine bronzene Glocke, genommen und das Geld für Human Help Network dagelassen.

Mit den Berliner Philharmonikern
unter Leitung von Manfred Leuchter, 1996

*1996 hast du mit den Berliner Philharmonikern dein Lied
Lilienthals Traum aufgenommen. War das Meys Traum?*

Wir haben seit 1990 immer im »Hansa-Studio« produziert,
das am Potsdamer Platz liegt. Ich hatte ein kleines Zimmer
mit einem Fenster, durch das ich direkt auf die Philharmonie
sehen konnte – ein Blick über ganz Berlin, der Potsdamer
Platz war eine Brache, war noch leer, alle zwei Jahre, wenn
wir wieder gekommen sind, habe ich den Baufortschritt am
Potsdamer Platz mitverfolgen können. Und in jenem Jahr,
als wir **Lilienthals Traum** aufgenommen haben, hatte Manni das Lied für das Album schon einmal mit künstlichen
Streichern arrangiert. Es klang auch wunderbar, aber dann,
als wir aus dem Fenster blickten und auf die Philharmonie
schauten, kam uns der Gedanke: Mensch, das wär doch
ein Ding, wenn wir das mit den Berliner Philharmonikern
aufnehmen könnten. Ob wir das wohl hinkriegen, ob es
eine Chance gibt, an die heranzukommen? So hab ich ei-

nen Brief an den regierenden Bürgermeister geschrieben, das war zu der Zeit noch Diepgen: »Ich bin ein Kind dieser Stadt, mache Musik und möchte Sie bitten, sich bei den Philharmonikern für mich einzusetzen.« Er hat den Brief weitergegeben. Manni hat sich mit den Philharmonikern in Verbindung gesetzt und das Arrangement aufgeschrieben. Er hatte natürlich noch nie so einen Klangkörper dirigiert, also hat er sich sachkundig gemacht und mit einem Orchester aus Limburg geprobt. Schließlich sind wir an einem Nachmittag – ich weiß noch, daß es derselbe Tag war, an dem der Papst in Berlin war und alles abgesperrt war – mit knapper Not in die Philharmonie gekommen, und da saßen die Philharmoniker, und wir haben an einem Nachmittag das Lied eingespielt. Mit voller Besetzung. Es war ein großes Erlebnis, sowohl für Manni selbst, der mit diesen Musikern arbeiten durfte, als auch für uns, die wir zuschauen konnten, wie Manni dieses große, weltberühmte Orchester mit Professionalität und Diplomatie gebändigt hat und auch für die Philharmoniker, die solche Produktionen ja auch nicht jeden Tag machen. Übrigens, diesen Wunsch hat uns Hella erfüllt, die die ganze Musik aus ihrem Sparstrumpf bezahlt hat. Der Intercord, meiner Plattenfirma, war das Risiko zu groß. Sie haben nie begriffen, was für ein großes Geschenk wir auch der Firma damit gemacht haben, denn nachdem die Single nicht sofort reißenden Absatz fand, haben sie sie in einer beispiellosen Banausenaktion eingestampft, um ihr Lager freizuschaufeln. Wir drei und alle die, die nicht schnell genug waren, sie sich zu besorgen, könnten heute immer noch heiße Tränen vergießen, wenn wir daran denken. Ich hätte dir gerne eine geschenkt, Bernd, aber ich habe keine mehr – nur noch Hellas Belegexemplar. Das zeige ich dir gern mal.

Mit Klaus Hoffmann, dem Freund, 2004

14. Kapitel

Gute Nacht, Freunde

Gute Nacht, Freunde   1971

Gute Nacht, Freunde, es wird Zeit für mich zu geh'n.
Was ich noch zu sagen hätte, dauert eine Zigarette und
    ein letztes Glas im Steh'n.
Für den Tag, für die Nacht unter eurem Dach.
Habt Dank für den Platz an eurem Tisch, für jedes Glas,
    das ich trank,
Für den Teller, den ihr mit zu den euren stellt, als sei
    selbstverständlicher nichts auf der Welt.

Gute Nacht, Freunde, es wird Zeit für mich zu geh'n.
Was ich noch zu sagen hätte, dauert eine Zigarette und
    ein letztes Glas im Steh'n.
Habt Dank für die Zeit, die ich mit euch verplaudert hab'
Und für Eure Geduld, wenn's mehr als eine Meinung
    gab.
Dafür, daß ihr nie fragt, wann ich komm' oder geh',
Für die stets offene Tür, in der ich jetzt steh'.

Gute Nacht, Freunde, es wird Zeit für mich zu geh'n.
Was ich noch zu sagen hätte, dauert eine Zigarette und
    ein letztes Glas im Steh'n.
Für die Freiheit, die als steter Gast bei euch wohnt.
Habt Dank, daß ihr nie fragt, was es bringt, ob es lohnt.
Vielleicht liegt es daran, daß man von draußen meint,
Daß in euren Fenstern das Licht wärmer scheint.

*Die sechziger Jahre in Berlin. In keiner Stadt gab es in der
Häufung junge Leute, die Musik machten. Ich sage nur*

ein paar Namen: Ulrich Roski, Schobert & Black, Hannes Wader, die Gebrüder Blattschuß mit Jürgen von der Lippe, Ingo Insterburg und andere. Später dann Klaus Hoffmann. Wie weit gehörtest du dazu, und wie weit warst du Einzelgänger?

Im Grunde genommen hat jeder sein Ding gemacht. Jeder hatte damals eigentlich schon seine persönliche und unverwechselbare Handschrift und war für ein bestimmtes Genre zuständig. Aber wir waren jeder auch Teil eines Ganzen, nämlich dieser Liedermacherszene, die versuchte, eine Alternative zum gängigen deutschen Schlagerschrott zu liefern. Man wollte sich in der deutschen Sprache ausdrücken, nicht in der englischen, aber man wollte auch nicht reine Folklore singen. Wir waren Kollegen, wir wollten etwas Ähnliches, wir waren wirklich wie Arbeitskollegen auf irgendeiner Baustelle. Mit manchen war man befreundet, mit manchen war man eng befreundet, und mit manchen hat man sich gegrüßt, wenn man sich die Klinke in die Hand gegeben hat. Eine richtige enge Freundschaft hatte ich damals eigentlich nur mit Hannes Wader. Irgendwie fühlten wir uns in der Gesellschaft des anderen wohl. Ich habe Hannes gerne zugehört und er mir, so daß man, wenn man abends in irgendeine dieser Kneipen gekommen ist, nicht gleich wieder abgehauen ist. Wir haben uns dann getroffen und unsere Gitarren gegenseitig begutachtet. Hannes hatte sich eine wunderbare Gitarre von einem ungarischen Gitarrenbaumeister gekauft, um die ich ihn sehr beneidet habe. Es war toll, ihm zuzuhören und zu sehen, wie er darauf gespielt hat. Und dann gab es eben viele Kollegen, tja, die waren einfach da, und es war in Ordnung, und es war schön, aber es war eben nicht mehr als Kollegialität.

Lagen dir denn diese Insterburgs und diese Blödelbarden, wie sie sich ja selbst teilweise nannten?

245

Mit Ingo Insterburg und Karl Dall habe ich im »Reichska-
barett« wunderbare Abende erlebt, bei denen ich mich wirklich schlappgelacht habe. Es passierte auch jeden Abend etwas anderes, obwohl wir alle ein halbwegs vorbereitetes
Repertoire hatten. Die »Insterburgs« – gerade dadurch, daß
sie mehrere waren – waren natürlich in der Improvisation
unvergleichlich. Wie die auf die Bühne kamen, das konnte
kein anderer, weil sie sich eben auch immer darauf verlassen konnten, daß einem immer was Witziges einfiel, wenn
die anderen gerade Denkpause machten. Mit Insterburg
und Karl Dall bin ich bei verschiedenen Veranstaltungen
gewesen. Irgendwann waren wir alle mal nach Bonn eingeladen zur Eröffnung von irgendeinem U-Bahnschacht oder
so was, ganz abenteuerliche Mucke. Ulrich Roski war auch
dabei, der war ein Schulkamerad. Wir haben zusammen die
letzten Klassen auf der Schule absolviert

Auf der französischen Schule?

Ja, Uli war ein brillanter Schüler, der so was wie ein Ein-
ser-Abitur gemacht hat. Ich konnte da nur staunend zuse-
hen, dabei war er überhaupt kein Streber, sondern es ist
ihm einfach zugeflogen. Andere müssen sich dafür in Strei-
fen schneiden, bei Uli klappte das. Er war sehr kollegial
und gut zu seinen Mitschülern, er ließ gerne abschreiben,
er war bereit, seine Mitschüler von seinem Wissen profitie-
ren zu lassen, und wir haben ausgiebig Gebrauch davon
gemacht. Und er hat mir sehr viel geholfen, auch gerade in
Musik. Er war super in Musiktheorie, was mir nie gelegen
hat.

*Ich hab ihn mehrfach erlebt. Ich war kein Freund dieser
Lieder, aber einmal, am Rande einer Veranstaltung, saß er
nachmittags am Klavier und spielte einfach so. Und da hörte ich, was er eigentlich alles kann.*

Also, er hatte unheimlich viel drauf. Es gibt übrigens von ihm eine wunderbare Autobiographie mit dem Titel: »In vollen Zügen« (Eichborn, 2002), die erst kurz vor seinem Tod erschienen ist. Da sind sehr, sehr witzige Sachen drin. Das Buch ist voller menschlicher Wärme und natürlich voll Weisheit, weil er es schon im reiferen Alter geschrieben hat. Mit Uli bin ich auch über unsere Schulzeit hinaus immer wieder zusammen gewesen. Wir waren in einer ganzen Reihe von Fernsehsendungen zusammen, was immer großen Spaß gemacht hat. Ich bin traurig, daß ich zu spät kam, um Uli um eine Widmung in seiner Autobiographie zu bitten.

War es eine Freundschaft, wie du sie heute mit Klaus Hoffmann hast?

Nein, jede Freundschaft ist anders. Eine Zeitlang gab es so einen Berührungspunkt mit Uli, das war die Entdeckung des kulinarischen Deutschland. Uli war Gourmet, war der erste von uns, der wirklich gut essen ging. Hannes hatte früher seine erste Gage in einem Riesensteak angelegt, Uli war der erste, den ich kannte, der eine Gage in einem wirklichen Sternemenü angelegt hat. Und Mitte bis Ende der 70er Jahre sind dann auch die anderen Kollegen, Schobert und Black, aufs gute Essen gekommen. Da haben wir manchmal füreinander gekocht – ich habe mich nicht daran beteiligt, weil ich nicht gut koche und auch nicht gerne koche, sondern lieber esse – aber bei den anderen ging das reihum, daß man sagte, so, ich brutzle jetzt was für euch, ich mach es euch ein bißchen schön. Ein paarmal waren wir bei Uli Roski essen, das war wirklich unfaßbar, was der aufgetischt hat. Der hat dann Sachen einfliegen lassen, es waren Orgien, Eßorgien, mit unheimlich viel Stil, es war ein anderes Universum, als das, was man bei Uli Roski vermutet hätte.

Er war lange krank, ist verarmt gestorben.

Ja. Er war ein wirklich liebenswürdiger Kollege, den ich oft, aber doch zu wenig gesehen habe. Das wurde mir, wie es immer so ist, an seinem Grab klar, Scheiße, dachte ich, man hätte einfach noch ein paar Tage, noch ein paar Wochen mehr miteinander verbringen sollen und Konzerte hören, Gerichte ausprobieren und Weine kosten.

In München gab es das zu der Zeit nicht. Es ist mir nicht bekannt, daß es in München eine solche Liedermacherszene gegeben hätte. Da war Konstantin Wecker allein auf weiter Flur.

Der kam auch etwas später als wir.
Ich habe natürlich Schobert und Black vergessen, mit denen ich sehr eng befreundet war. Und mit Schobert ja auch lange schon, bevor ich alleine losgezogen bin und Musik gemacht habe. Dann hatte ich ein Trio mit Christian Pechner und – der dritte Mann wechselte öfter – Henning Vosskamp, seit Ewigkeiten und bis heute innig geliebter Moderator beim RBB.

Was habt ihr da gespielt?

Wir haben Balladen von Fritz Graßhoff vertont und alle die Sachen gespielt, die später Schobert und Black zusammen gesungen haben.

Wie seid ihr auf Graßhoff gekommen?

Ich bin darauf gekommen, weil meine Eltern mir irgendwann zu Weihnachten, als sie merkten, wohin meine Vorlieben gehen, ein Taschenbuch geschenkt haben: Die »Halunkenpostille« mit Gedichten von Fritz Graßhoff. Die hab ich dann mit Schobert durchgelesen und vertont, und daraufhin ging das dann eigentlich los. Im Grunde genommen haben meine Eltern auch noch diese Lunte damals gelegt und mich mit

Fritz Graßhoff in Kontakt gebracht. Das war wirklich ein Schlüsselerlebnis, ich hab das Buch heute noch und blättere drin, es ist mit das Beste, was es im deutschsprachigen Chanson überhaupt gibt. Mit den Sachen haben Schobert und ich also angefangen, und das war eine wirklich enge Freundschaft, solange Schobert gelebt hat. Nachher, gut, gab es eine räumliche Trennung, die Jungs haben immer im Süden Berlins gewohnt, ich immer im Norden, da sah man sich etwas seltener, aber sobald wir zusammengekommen sind, war das eine unheimlich herzliche Verbindung.

Schobert ist dann irgendwann ins Badische gezogen?

Ja. Er hatte sich mit Inga von »Inga und Wolf« zusammengetan. Irgendwann sind die Kontakte dann einfach eingeschlafen, weil er weniger aufgetreten ist und zum Schluß sehr heftige Probleme mit dem Alkohol hatte.
Da gabs dann auch keine Jobs mehr, und ich nehme an, darauf hin hat er sich auch zurückgezogen. Er hat einfach gemerkt, daß er krank ist. Es war sehr traurig, zum Schluß zu sehen, daß er sich auch die Texte nicht mehr merken konnte.

Klaus Hoffmann war damals ja noch kein Kollege. Er arbeitete noch bei Klöckner, während du schon fleißig aufgetreten bist. Er hat dort den Sekretärinnen deine Lieder vorgesungen. Dann hat er erst als Schauspieler Karriere gemacht, ist mit den »Leiden des jungen W.« bekanntgeworden. Bei euch gibt es so viele Gemeinsamkeiten, daß ihr Freunde werden mußtet: Beide machen eine kaufmännische Lehre, beide bevorzugen das französische Chanson, beide sind Berliner durch und durch. Lassen wir ihn erzählen, wie es zu eurer Freundschaft gekommen ist:

»Als ich Reinhards **Orpheus** sang – vor den Sekretärinnen –, kannte ich ihn gar nicht. Der zog zwar wie alle anderen hier durch die Kneipen, aber er war eigentlich ein Einzelgänger. Er war sehr schnell etabliert. Wir hatten eine ähnliche Bio. Er war bei Schering und ich bei Klöckner, aber ich war zehn Jahre jünger, und er machte sehr schnell Kohle und Karriere, das wollte ich auch, nur mit meinem Zeug.

Er war sehr talentiert, aber das muß ich dir ja nicht erzählen. Ich hab ja den Liedermacher gar nicht so in mir gehabt, ich war Schauspieler und ging in die Clubs. Ich war auf dem Chanson-Trip, ich hab die Franzosen sehr verehrt. Brel war mein Lehrmeister. Und bei den Deutschen, wenn es echte Töne gab und nicht nur politische, dann mochte ich das auch. Ich hab ja echt Angst vor Leuten wie Hannes Wader gehabt. Später waren wir befreundet und haben uns bis zur Prügelei gestritten. Diese DKP-Leute konnten dich echt an die Wand drücken. Deshalb gefiel mir Reinhard so gut, der gehörte nicht dazu, der war zu stark, der hat sich damals schon das Publikum geholt, das er heute noch hat. Ich war auf einem ganz anderen Trip …

Jetzt kommt ein großer Sprung. Kennengelernt habe ich ihn erst vor etwa 15 Jahren. Da hatte ich ein Konzert in Athen gegeben, flog nach Hause, und anschließend ging es mit einer Gruppe – von Ulla Meinecke bis Reinhard Mey – nach Frankreich, nach Montpellier. Und Reinhard sollte bei unseren Auftritten übersetzen.

Ich fühlte mich sehr einsam zu der Zeit und hing im Bus rum, Reinhard und Hella saßen vorne im Bus. Reinhard war das Zugpferd, auch für die Franzosen. Abends sind wir in einer Oper in Montpellier aufgetreten, da hat eine Schulklasse ein Lied von mir mitgesungen, »Ciao bella«, so ein Verabschiedungslied, und Reinhard mußte moderieren, und ich hab mich wahrhaftig in ihn verknallt. Weil er der archetypische Sänger für mich war, der Mann mit der Gitarre, so ein leptosomer Kerl, singt seine ganze Innenwelt, so wie er die Welt sieht, mit seiner Klampfe nach außen. Ich hab ihm das von Anfang an geglaubt und mich in Hella und ihn so verknallt und die sich auch in mich. Sie fuhren dann nach Südfrankreich weiter, und ich bin nach Hause gewackelt. Aber seitdem sind wir zusammen.«

In dem Buch mit deinen Texten fällt bei den Fotos auf, daß zwei Personen am häufigsten vorkommen, Hella und Klaus. Ist das der einzige richtig nahe Freund? Oder der nächste?

Er ist vor allem ein ganz unvergleichlicher Freund. Ich glaube wirklich, daß man ein reicher Mensch ist, wenn man fünf Freunde hat. Mehr kann man gar nicht haben. Und ich habe, würde ich sagen, fünf gute Freunde, die aber alle ganz unterschiedlich sind und die aus ganz unterschiedlichen Welten kommen. Klaus ist mir ein Herzensfreund geworden, völlig unabhängig von seinem Beruf. Da kommt noch mit dazu, daß wir etwas haben, worüber wir reden können, diesen Beruf, diese Gemeinsamkeit, aber auch ohne das wäre er ein ganz besonderer Freund. Er ist wie ein Bruder, wie ein Kind, und manchmal ist er wirklich wie mein Sohn. Aber in anderen Situationen könnte er wieder mein Vater sein, bei manchem Rat, den er mir gibt. Es ist eine ganz eigenartige Symbiose.
Die Begegnungen mit Klaus haben eine hohe Wortfrequenz, wir reden über alles. Wir haben uns gestern getroffen und über so vieles geredet, ich könnte dir jetzt gar nicht einmal sagen, worüber. Mit meinem wunderbaren Freund Peter Graumann käme ich gar nicht auf den Gedanken, so viel zu reden. Mit dem kann ich 500 km im Auto nebeneinandersitzen und kein Wort sagen und trotzdem eine sehr intensive Beziehung haben.
Klaus ist – ja, ich würde das wirklich so sagen – mein Bruder. Ich hab ja keinen Bruder, Klaus ist mein Bruder. Mein eigenartiger, wunderbarer, verrückter Bruder.
Ich kenne keinen zweiten, der so ist wie er. Der, wenn man mit ihm zusammensitzt, sofort aus dem Stand ein Gespräch

251

in Gang bringt. Das ist für mich unheimlich verblüffend, da ich eigentlich jemand bin, der mehr zuhört als spricht, aber Klaus kann mich zum Sprechen bringen.

Die Spaziergänge, die wir miteinander machen, über viele, viele Kilometer auf Sylt oder hier in Berlin – er wohnt ja in Kladow, da ist eine große freie Landschaft, wo man stundenlang spazierengehen kann –, diese Spaziergänge, und die Gespräche dabei, sind einfach faszinierend. Wir treffen uns gerne, das ist unsere Standardzeit, am frühen Nachmittag, um dann am frühen Abend zusammen zu essen. Wir können von 16 Uhr bis 2 Uhr nachts reden und brauchen eigentlich nichts zu trinken und nichts zu essen, das tun wir natürlich trotzdem, aber es hat noch nie einen Moment gegeben, wo man sagt, du, ich möchte jetzt eigentlich nach Hause gehen, ich habe jetzt alles gesagt.

Ja, das habe ich auch gemerkt, er ist ein Weltmeister im Reden, auch im wunderbaren Formulieren. Wie er über diese Freundschaft geredet hat, das war ganz wunderbar. Auch wie er dich als Person einschätzt, und was er über die Rolle des Musikers, des Liedermachers sagt, wie er erklärt, daß du im reinsten Sinne eigentlich der einzige wirkliche Liedermacher bist. Er selbst sei ja ein halber Clown und ein Schauspieler, und Wecker und Wader seien wiederum was ganz anderes. »Der Reinhard«, sagt er, »ist in seiner Art einzig.« Von Musikern, wenn sie privat zusammenkommen oder nach gemeinsamen Konzerten zusammen sind, kenne ich zwei extrem unterschiedliche Verhalten. Für die einen gehört das Musizieren nur auf die Bühne und in den Probenraum, andere müssen nur ein Instrument sehen, schon legen sie los. Wecker habe ich so erlebt. Da konnte in der noch so scheußlichsten Kneipe ein noch so ramponiertes Klavier stehen, schon saß er dran – manchmal nach vierstündigem Konzert. Wie ist das mit euch beiden – dir und Klaus?

Genau das bewundere ich sehr an ihm: Wenn er in ein Zimmer kommt und eine Gitarre sieht, hat er die nach einer Viertelstunde in der Hand, spielt einfach was, stellt sie wieder beiseite, und das Gespräch geht weiter. Auf diesen Gedanken würde ich nie kommen. Er sofort. Und er improvisiert. Er kann Nonsens aus dem Zylinder zaubern, daß du völlig fertig bist. Ich habe das oft erlebt. Einmal, in Sylt, habe ich gedacht, ich muß ein Tonband laufen lassen. Wenn ich das den Abend über laufen lasse, kann er morgen ins Studio gehen und aus den Sachen, die er da vom Stapel gelassen hat, sofort ein Album aufnehmen. Ich sag: Klaus, wenn du so was machst, laß eine Kassette mitlaufen. Er macht es natürlich nie, und es ist auch richtig, daß er das nicht macht.

Es sprudelt einfach so aus ihm heraus. Ich erinnere mich, als ich 60 wurde, hatte ich nur meine liebsten Freunde eingeladen: Peter Graumann, Manni Leuchter, Pius Regli und Klaus Hoffmann. Wir saßen in Sylt in einer Bude, die ich gemietet hatte. Manni hatte sein Akkordeon mitgebracht, er ist ein großer Akkordeonvirtuose, wirklich, ich glaube, der ist der beste Akkordeonspieler Deutschlands, der ist besessen davon. Wir saßen also in diesem Zimmer, meine Schwester war noch dabei mit ihrem Mann, mein Schwager, Hellas Bruder, dann fing Manni an zu spielen. Irgendwann sangen wir ein bißchen, und dann nahm Klaus eine Gitarre, und von da an – wirklich von Mitternacht bis drei Uhr früh – haben Manni und Klaus nur aus dem Hut gespielt, und alle anderen waren verzaubert, fasziniert, wirklich unvergeßlich. Es ist ein Jammer, daß kein Band mitgelaufen ist, es wäre ein Millionenseller geworden. Aber es ist gut, daß er seine Perlen vor uns ausstreut, sie sind vergänglich, es sind Seifenblasen, er läßt sie zerplatzen. Man muß den Augenblick erlebt haben.

Du hast vier von den fünf Freunden genannt. Mit zweien, Manni Leuchter und Peter Graumann, hast du ein Berufs-

verhältnis, der dritte, Klaus Hoffmann, ist auch Liedermacher, wenn man so will, hat er denselben Beruf. Redet ihr über eure Texte, eure Lieder?

Nein, aber wir reden darüber, wie wir den Beruf angehen. Und wir spielen uns natürlich unsere Sachen vor.

Schon?

Na klar, Klaus ist vor allem sehr freigebig, das paßt auch zu dem, was ich schon sagte, daß er das Improvisierte liebt, daß er sich traut, die Hosen runterzulassen und etwas zu improvisieren, was ja auch immer das Risiko beinhaltet, daß es total danebengeht.

Witzig, daß er von sich sagt: »Na ja, wir Künstler belügen uns ja auch immer so ein bißchen in diesen Dingen, und wir sind ja sehr zurückhaltend, etwas in einem unfertigen Stadium herauszulassen, man will ja letztendlich gelobt werden.«

Das klingt doch schon zaghafter.

Ich glaube, das macht er für niemanden, außer für Malene, Hella und mich. Und Hawo, sein Arrangeur, ist natürlich dabei. In diesem intimen Kreis, da gibt er das preis. Diesen Vertrauensbonus weiß ich auch sehr zu schätzen, und ich weiß, daß man schon mal etwas Unfertiges zu hören kriegt, aber das ist völlig in Ordnung. Das ist ein großer Vertrauensbeweis.

Und laß mich raten, du tust das nicht in dem Maße?

Ich tu das nicht in dem Maße, weil ich nie ein Lied im Entstehen aus meiner Dichterstube entkommen lasse, aber er kriegt meine ersten »geheimen« Demos.

*Hat er da noch eine Chance, was zu sagen, was dich mögli-
cherweise auch zu einer Veränderung bringt?*

Ja, sicher. Da haben alle noch eine Chance.

Und umgekehrt ist das genauso?

Umgekehrt ist das auch so. Wir sind natürlich auch sehr interessiert daran, zu kucken, wie sein nächstes Album wird.
Und ich erlebe das bei ihm und er bei mir, von Anfang an,
von den ersten Tönen und den ersten Demos. Wenn wir
die Möglichkeit haben, uns gegenseitig im Studio zu besuchen, ist das gut. Das ist immer ein guter Moment, vor allen
Dingen, wenn es zeitlich ein bißchen versetzt ist. Ich merke
es bei mir, wenn ich mit meinem Album fertig bin, also
sozusagen zwischen zwei Alben, da hat man fast so ein bißchen Entzug. Wenn Klaus dann grade zufällig im Studio ist,
macht mir das unheimlichen Spaß, wieder mal in Studioat-
mosphäre einzutauchen. Ich geh dann einfach mal ein paar
Tage hin und horche, wie da gearbeitet wird. Es macht mir
auch große Freude, immer wieder sein Programm auf der
Bühne anzuhören und anzusehen.

Du besuchst ihn auch auf seiner Tournee?

Ja, es ist schön, Tourneeluft zu schnuppern und zu kucken,
wie es bei einem anderen ist – auf der Bühne, hinter der Ku-
lisse. Wie ist es in der Garderobe. Ich glaube, wir nehmen
sehr lustvoll Anteil an dem Berufsleben des anderen.

*Also, in deiner Tourneegarderobe ist ihm nicht gerade lust-
voll zumute. Er erzählt:* »Auf der Tour vom Reinhard gehts
ja spartanisch zu. Bei uns wird getrunken und gegessen,
beim Reinhard, wenn du in die Garderobe kommst, kannst
du froh sein, wenn du einen Schluck Wasser findest – die

absolute Katharsis. Aber das ändert sich langsam, weil er bei mir sieht, was alles möglich ist. Das hängt aber auch mit seiner Angst vor dem Moment des Hinausgehens vors Publikum zusammen. Der hat ja Lampenfieber, der kotzt ja fast. Ich gehe als Gaukler, als Bühnentier hinaus. Reinhard geht alleine mit seiner Gitarre hinaus, um 6000 Leuten zu zeigen, wie er, Reinhard Mey, die Welt sieht. Darin ist er einzigartig.«

Flaschenpost   1997

Wir hab'n uns Hollywoodfilme ausgedacht,
Seifenopern voll Sturm und Drang.
Wir hab'n uns heiser geredet und Pläne gemacht,
Große Gesten, den Weg entlang
Auf der alten Bahnschneise durch die Dünen,
    eine schwankende Prozession,
Wie Lari und Fari,
Wie Stefan und Harry
Und manchmal wie Vater und Sohn.

Ein Freund, so vertraut, wie kein anderer.
Ein Schelm, wie's ihn zweimal nicht gibt.
Ein suchender, unsteter Wanderer.
Ich habe ihn so geliebt.

Er hat mir mal die alberne, warme Mütze
    geschenkt.
So eine, die dir ein Arschgesicht macht.
Ich hab' sie mir ihm zuliebe aufgezwängt
Und wir haben uns schlappgelacht.
Wir haben nächtelang gegrübelt und gesungen
    und manches Glas geleert
Und am Morgen betrunken,
Zusammengesunken,
Einander die Welt erklärt.

Was hab' ich gesagt, was hab' ich getan,
Das ihn so verletzt haben mag.
Kein Brief, keine Nachricht, er ruft nicht mehr an
Und er fehlt mir an manchem Tag.

An manchem Tag, wenn ich den Dünenweg geh,
Denk' ich, gleich taucht er aus dem Nebel auf.
Da, die dunkle Gestalt, die ich am Wegende seh,
Die große Gesten macht! Und ich lauf,
Wenn er's ist, wird er mich von fern erkennen,
    darum ist mir nicht bang,
An den offenen Armen,
An der albernen warmen
Mütze und an meinem Gang.
An den offenen Armen,
An der albernen Mütze

Er wird mich erkennen am Gang!

15. KAPITEL

Rüm Hart

Ich zähle auf:
1996 – Rückgabe aller Fluglizenzen – 1997 – Bootsschein BIN-
NEN – 1998 – Bootsschein SEE – aus der Luft aufs Wasser. Ist es
dort sicherer, war das der Grund?

Nein. Die Fluglizenz hab ich aufgegeben, weil ich nicht
mehr genug Zeit hatte, genügend oft und damit sicher zu
fliegen.

Ein Jahr danach »Bootsschein binnen«. Das wirkt, als hät-
te es unbedingt einen Ersatz geben müssen.

Das war ein weiterer meiner Kleinjungenträume. Zwischendurch war das auch noch das Motorrad. Aber seit ich klein
war, fand ich Bootfahren toll. Jetzt wollte ich kucken, ob
das immer noch so war, und als Erwachsener einen Bootsschein zu machen hat mir Spaß gemacht – sich so ein Ziel
setzen und kucken, wie aufnahmefähig ist das Gehirn noch.
Genauso war es, als ich mit einem griechischen Freund angefangen habe, Griechisch zu lernen; ich wollte einfach sehen:
Kannst du dir eine neue Materie noch draufschaffen? Es
ging völlig problemlos.

Welcher Bootstyp war das?

Normales Motorboot, kein Segelboot. Zuerst der Binnen-
schein, aber dann will man einfach die Lizenz erweitern,
man möchte nicht mehr nur auf Süßwasser fahren, sondern
auch auf Salzwasser. Wir besitzen zwar in Sylt kein Boot,

aber wenn ich mal eins chartern möchte oder irgendwo mitfahren …. also zwei Jahre später habe ich auch noch den Schein SEE gemacht. So habe ich zumindest die hypothetische Möglichkeit, jederzeit nach New York loszufahren, das ist beglückend.

Das Meer   1987

Der Wind hat gedreht, und die Flut kommt herein,
Dunkelgrau mit einem silbrigen Schein,
Und über die Mole, da fliegt schon die Gischt,
Wenn die Welle aufläuft und die Brise auffrischt.
Mit einem Mal füll'n sich die Priele im Sand,
Und über den kahlen, verlassenen Strand
Treibt der Wind trock'ne Algen und Schaum vor
    sich her.
Es ist da, das gewaltige, ewige Meer.

Auf hellem Türkis tanzen glitzernde Lichter,
Auf teerschwarzer Brandung weiß schäumende
    Wut.
Es hat tausend Farben und tausend Gesichter
Im ewigen Wechsel von Ebbe und Flut.
Erfüllt von Geschichten aus uralten Tagen,
Beladen mit Spuk und Spökenkiekerei'n,
Umwoben von Märchen, Legenden und Sagen.
Wieviele Geheimnisse schließt es wohl ein?

Wie vielen bedeutet es Leben und Brot?
Ein paar starke Arme, ein Netz und ein Boot.
Das braucht 's, damit keiner je Not leiden muß,
Das Meer schenkt uns Nahrung im Überfluß.
Wie vielen bedeutet es Arbeit und Lohn,
Handwerk überliefert vom Vater zum Sohn,
Wie viele Seeleute haben ihr Geschick
Auf Gedeih und Verderb mit dem Meer verstrickt?

Wieviele Boote und Schiffe mag es wohl tragen,
Zu dieser Stunde auf dem Erdenrund?
Und wieviele schlafen, von Stürmen zerschlagen,
Mit Schätzen beladen tief auf seinem Grund?
Es ist Kommen und Gehn, es ist Nehmen und Geben,
Und wie die Gezeiten, unstet wie der Wind.
Es ist zärtlich und grausam, ist Tod und ist Leben,
Und es läßt uns erahnen, wie winzig wir sind.

Wir bringen ihm einen erbärmlichen Dank.
Die Pflanzen zerstört und das Seegetier krank,
Was da kreuchte und fleuchte verendet im Teer,
Wir verseuchen das Meer und mißhandeln es schwer.
Die Ufer verpestet und übel schimpfiert,
Von Zimmervermietern zubetoniert,
Von Pissbuden und Imbißständen gesäumt,
Doch es kommt eine Flut, die das alles wegräumt!

Und tobend und tosend schlägt es an die Klippen
Mit ungebrochener Urgewalt.
Ich schmecke den salzigen Staub auf den Lippen,
Nein, das Meer, das ergibt sich uns wohl nicht so
    bald!
Wie wir es vergiften, mißachten und schänden,
Wir stören nicht lange sein Gleichgewicht.
Es wird uns nur abschütteln von seinen Stränden,
Wir brauchen das Meer, doch das Meer braucht uns nicht!

Warum habt ihr ausgerechnet auf Sylt ein Haus?

Durch Zufall. Es begegnen einem ja dort neben den Menschen, die in einer unerklärlichen Remmidemmi-Erwartung
von dieser Insel angezogen werden und mit denen man sehr
schwer eine gemeinsame Basis hat, auch ganz wunderbare
Seelenverwandte, bei den Einheimischen und den Gästen

260

Auf Sylt, 1992

gleichermaßen. Die lohnt es kennenzulernen, mit denen hat man ein echtes Naturerlebnis. Wir fahren zu einer Zeit auf die Insel, wo kaum Menschen dort sind, wo wir Strand und Meer alleine haben und mit Schickimicki nichts zu tun haben. Aber selbst in der Hochsaison gibt es dort Plätze, an denen du mit der Natur alleine bist. Hingekommen sind wir während einer Schwangerschaft. Der Arzt hatte gesagt, Sie dürfen keine großen Reisen machen, da bot sich die Insel an. Wir haben dann gemerkt, daß es dort wunderschöne Plätze gibt und auf ganz engem Raum alles zu haben ist. Ich bin ein großer Wassermann, ein Urlaub ohne Meer ist für mich gar nicht vorstellbar. Nordsee muß einfach sein. Ich mag auch das wilde Nordmeer lieber als die ruhige Ostsee. Wir sind dann oft in den Ferien da gewesen, und ich habe immer mit einem Haus geliebäugelt. Genau in dem Augenblick, als meine Mutter starb und wir das Elternhaus erbten, wurde uns das Haus auf Sylt angeboten. Und so haben wir es mit dem Erbe meiner Mutter gekauft – und mein Elternhaus lebt in unserer Sylter Kate weiter.

Von Berlin aus ist Sylt um die nächste Ecke, und um meine Einsamkeit zu finden, muß ich nicht nach Irland. Ich sehe vom Fenster aus den Leuchtturm, der ist manchmal der einzige, der mit mir da ist. Es gibt überall auf der Insel Plätze, an denen du total einsam sein kannst. Genauso gibt es immer Plätze, wo der Bär steppt.

Sylt ist ein Mikrokosmos, wo es alles gibt, es gibt die größten Arschlöcher, aber auch absolut liebenswürdige Menschen – wie überall im Leben. Es gibt einen sehr guten Freund dort, Pius, wegen dem wir auch dort sind. Zum Glücklichsein genügen ja überall eine Handvoll Leute, die du wirklich gern hast, und die anderen sind kein Problem. Da sagt man sich, die haben einen Sockenschuß, aber denen kannst du aus dem Weg gehen, du hast keine zwangsweisen Berührungspunkte. Die Arschlochdichte ist auf Sylt nicht größer als an anderen Plätzen dieser Welt. Sylt hat einen dörflichen Charakter, wobei Saison und Nebensaison zwei sehr unterschiedliche Dinge sind.

Urlaub machen, sich irgendwo hinlegen auf eine Liege, das kann ich nur drei Tage lang. Und am dritten Tag muß ich irgendwie anfangen zu schreiben oder zu organisieren oder zu planen.

Und trotzdem denken die Leute, wenn du auf Sylt bist, bist du im Urlaub, oder?

Ja, natürlich. Klar, man sitzt mit einem Laptop draußen auf der Terrasse, die Sonne scheint, die Vögel zwitschern, man kriegt eine immer gesündere Farbe, und natürlich denken alle, der ist ständig im Urlaub. Deswegen sag ich immer, ich habe nur mein Büro ausgelagert, oder das ist meine Dienststelle Nord.

Ausgerechnet diese Wahlheimat, dieser Ort der Ruhe und Zurückgezogenheit, war Schauplatz des einzigen »Skandals« um deine sonst so beliebte, weil friedliche Person. Was war passiert?

Wir saßen draußen im Garten, und uns fiel auf, daß es der fünfte Tag war, an dem Rasen gemäht wurde – und zwar nicht mit einem Elektromäher, sondern mit lautem schweren Zweitaktergerät, was besonders nervig ist. Was so stört, ist nicht das gleichbleibende Geräusch, sondern dieses Ram, Ram. Wie Kanntentrimmer, Motorsägen oder Laubbläser. Es ist die Hölle. Menschen suchen Ruhe, und sie kriegen sie nicht, weil überall gemäht wird. Und da dachte ich, dagegen muß man was machen, und so habe ich eine Art offenen Brief geschrieben. Sinngemäß so: Wir nehmen einen Tag, und an diesem Tag mähen wir alle unseren Rasen im 3-Wochen-Rhythmus. Ich hab mir an der Müllabfuhr ein Beispiel genommen. Kurz vorher hatte ich im Meerkabarett den Kollegen Ringsgwandl gesehen. Der hatte ein Lied vom »Gartennazi« in seinem Programm, und dieses Reizwort habe ich dann aufgegriffen. Als Zitat. Das war der Zünder für den Sprengsatz, dann ging die Belagerung los. Den Brief habe ich an die Gemeinde geschickt und an die »Sylter Rundschau«, der hab ich immer mal Leserbriefe geschickt. Die Sache ist dann wohl so gelaufen, reine Vermutung: Stefan Aust vom Spiegel war auf der Insel, und der hat es wohl in der »Sylter Rundschau« gelesen. Deswegen war dann am Montag im »Spiegel« ein Zitat, und dann kam am Dienstag die BILD-Zeitung, die haben sich den Brief entweder bei der Gemeinde oder bei der »Rundschau« besorgt. Es war eine interessante Erfahrung zu erleben, wie es ist, wenn plötzlich so ein Brecher über dich hereinstürzt. Plötzlich drückten sich drei Kamerateams vor dem Haus herum, und Reporter saßen in ihren Autos vor unserer Haustür und gingen nicht mehr weg. Aber nun bin ich durch jahrelanges Räuber-und-Gendarm-Spielen gewohnt, mit solchen Situationen umzugehen. Wir haben uns erst einmal einfach totgestellt. Und weil wir am Abend mit Malene und Klaus Hoffmann ein Dorf weiter verabredet waren, habe ich meinen Kumpel Pius gebeten, mit seinem Lieferwagen an einer bestimmten Stelle des Grundstücks anzuhalten. Dahin haben Hella und ich uns indianermäßig angeschlichen, sind wieselflink im Kastenwagen verschwunden und ungesehen aus dem Haus gekommen. Die Flucht vor den Fotografen und Reportern war die eine interessante Geschichte, die andere war, daß es Leserbriefe gab, die erst sehr unfreundlich waren, so als ob Rasenmäherlärm der Menschen liebstes Geräusch wäre, das ich ihnen nicht gönnen würde, später aber immer positiver wurden. Nachdem dann die Pressekampagne abebbte, bekam ich privat immer mehr Briefe, die sagten: »Sie sprechen uns aus der Seele.« Und am vierten Tag war dann Schluß. Überrascht war ich übrigens, daß die BILD-Zeitung, mit der zu reden ich immer abgelehnt habe, in den Artikeln Fotos brachte, auf denen ich außerordentlich gut ausgesehen habe. Sie hätte auch so Wadenbeißerfotos nehmen können, die es durchaus von mir gibt. Letztlich war mein Brief eine satirische Glosse, das ist ihnen sicher auch bewußt geworden. Alle fühlen sich letztlich durch Rasenmäher gestört –

– sogar die, die sie benutzen, fühlen sich gestört, wenn sie gerade nicht selbst mähen.

So ist es. Und nichts anderes hatte ich sagen wollen, eben satirisch, mit diesem Ringsgwandl-Zitat, das man mir natürlich als ernstgemeint untergeschoben hat. Jedenfalls fand ich letztlich mehr Zustimmung als Ablehnung.

Und jetzt ist es ruhig auf Sylt, denn alle mähen mit der Hand oder gar nicht mehr?

Geändert hat sich leider nichts. Vielleicht schlägt es sich im Bewußtsein auf Dauer nieder, und die Leute nehmen den Krach nicht mehr nur unterschwellig wahr, sondern sie erinnern sich an diese Geschichte. So wurde zum Beispiel neulich bei einer Umfrage gefragt: Was würden Sie machen, wenn sie einen Tag Bürgermeister auf Sylt wären? Da hat der Schauspieler Peter Lohmeyer gesagt: »Ich würde den Krach der Rasenmäher abstellen.« Irgendwann wird eine Verordnung auf Sylt kommen, nach der nur noch mit Elektro gemäht werden darf, und diese Verordnung sollen sie dann doch bitte nach mir benennen. Glaub mir, eines fernen Tages wird es einen Gedenkstein geben, auf dem steht: Im Angedenken an unseren lieben kleinen Reinhard, der im Jahre 2002 furchtlos für Gartenfrieden und Inselverschonung aufgestanden ist und dem wir Rasenmäherstille, 2-Takter-freie Luft und damit Erholung, Lebensraum und Unversehrtheit verdanken! In ewiger Dankbarkeit, die Bie-

nen, Käfer, Vögelchen, Hasen, Fasanen, Feriengäste, Einheimischen und die Gemeinde Kampen. Es ist noch nicht ganz
soweit, aber es wird kommen.

Ich liebe das Ende der Saison   1991

Die Tage werden kürzer und die Schatten werden länger.
Vor der Boutique friert im Kübel ein vergess'ner kleiner
    Baum.
Im Kurhaussaal rücken sie die Tische enger
Und heizen manchmal schon den vord'ren Raum.
Der heißumkämpfte Tisch, den nur die Halbgötter bekamen,
Ist nicht mehr heißumkämpft und plötzlich frei.
Und dein Gesicht hat endlich für den Kellner einen Namen,
Du bist auf einmal wichtig und nicht nur Tisch Nummer
    drei!
Die Speisekarte wird mit jedem Tag ein bißchen kleiner,
Dafür mit jedem Tag ein bißchen größer die Portion:
Es muß jetzt alles weg und wenn du es nicht ißt, iß's
    keiner –
Ich liebe das Ende der Saison!
An den verwaisten Fahnenmasten klopfen lose
Und irgendwo dort drüben schlägt ein Gartentor im Wind.
Wie all diese Geräusche deutlicher und lauter scheinen,
Wenn erst die lauten Stimmen der Saison verklungen sind!
Wenn sich jetzt zwei begegnen, ist das fast eine Ver-
    schwörung,
Und Wildfremde erzähl'n dir ihren ganzen Lebenslauf
Im Flüsterton, denn Sprechen wäre jetzt schon eine
    Störung.
Jetzt hat nur noch die Post und morgens der Schuhladen
    auf.
Einen Sommer lang bist du um ein Paar herumgestrichen:
Unverschämt teuer, doch gefallen würde es dir schon,
Seit gestern abend ist das alte Preisschild durchgestrichen:
Ich liebe das Ende der Saison!

In der Strandgalerie hängt nur ein Bild, drauf steht:
    »Geschlossen«
Der Kiosk und das Eiscafé machen nach und nach dicht.
In Spinnweben über den verwitterten Fenstersprossen
Zittern glitzernde Tautropfen im späten Sonnenlicht.
Wenn jetzt die Sonne scheint, dann ist das nicht mehr
    selbstverständlich,
Und du nimmst jeden Strahl einzeln und dankbar hin.
Nichts ist mehr so wie's war, und du kannst spür'n:
    Alles ist endlich.
Auch wenn du's nicht verstehst, ahnst du doch: Es hat
    seinen Sinn.
Du brauchst nicht mehr über die Gehsteigzuparker zu
    meckern:
Die Autoschickimickis sind schon längst auf und davon
Mit ihr'n Pelzdamen, deren Hunde die Wege vollkleckern –
Ich liebe das Ende der Saison.

Vorm Dorfkrug stehen ratlos ein paar Kästen leere Flaschen.
Im Schaukasten gilbt ein Menü aus längst vergang'ner Zeit.
Der Regen hat die Kreide von den Schrifttafeln gewaschen,
Wer jetzt noch hierher kommt, der weiß ja sowieso
    Bescheid.
Wer jetzt noch hierher kommt, der hat gelernt, sich zu be-
    scheiden,
Und wenn er wieder geht, wird er ein Stückchen weiser
    sein:
Du brauchst im Leben wirklich nur, um keine Not zu leiden,
Einen Freund, ein Stück Brot, ein Töpfchen Schmalz und
    ein Glas Wein!
Und all das gibt es hier noch allemal an allen Tagen,
Und wenn du klug bist, werden Leib und Seele satt davon.
»Und übrigens, die Runde geht auf mich!« hör' ich mich
    sagen.
Ich liebe das Ende der Saison!

Und denk' dabei, ich stünde gern in fernen Tagen
Am Fenster einer kleinen, langsam schließenden Pension,
Und sähe auf die Wege meines Lebens und könnt' sagen:
Ich liebe das Ende der Saison!

*Ich wollte immer mal nach Barbados heißt ein Lied. Warst
du je dort?*

Nein, aber auf den Bahamas.

*Wie ist das bei einem, der viel unterwegs ist, mit dem Rei-
sen, der Sehnsucht nach fremden Ländern, dem Fernweh?*

Das große Fernweh, was Max hat, das habe ich in dem Alter sicher auch gehabt, das hab ich jetzt nicht mehr. Es reizt
mich nichts, nach Amerika zu fliegen, nichts nach Tokio.
Ich höre mir gerne an, was alle davon erzählen, aber ich
selbst muß da nicht hin. Und gerade was das Langstreckenfliegen anbetrifft, mehr als eineinhalb Stunden setze ich
mich ungern in so einen engen Schlauch. Ich hab das alles
gemacht. Ich war zweimal in Amerika, einmal mit Max und
einmal mit Victoria und Hella – in Florida. Aber ich kenne
so viele spannende Städte direkt vor der Nase, die reizen
mich mehr.
Auf der Tournee nimmst du ja nichts von den Städten wahr.
Es gibt so viel Interessantes in der Nähe. Und ich liebe es,
im Auto zu merken, daß München acht Stunden weg ist
und nicht eine. Ich liebe den Wechsel der Landschaften.

Und den Stau.

Wenn Stau ist, hab ich Musik im Auto. Ich fahre immer noch
gerne Auto, zum Beispiel nach Südfrankreich. Ich weiß, daß
Bali und Alaska faszinierend sind, aber das Leben ist zu
kurz, um alles kennenzulernen. Und dann kommt noch

Das Ende der Saison, 2004

dazu: Ich möchte mich auf den Reisen in der Landessprache durchschlagen können, ein Essen in der Landessprache bestellen können, bitte, danke, auf Wiedersehen. Wenigstens so ein paar Sachen möchte ich sagen können. Es ist für mich eine ganz traurige Vorstellung, in ein Land zu kommen und mich maximal in radebrechendem Englisch ausdrücken zu können. Das hat was Überhebliches. Das hab ich in Griechenland erlebt, und es war der Auslöser, die Sprache zu lernen. Als ich mit Klaus das erste Mal in Griechenland war, habe ich gemerkt, wie furchtbar es ist, in einen Laden zu kommen und keine andere Möglichkeit zu haben, als Englisch zu sprechen oder Deutsch. In deiner Überheblichkeit gehst du davon aus, daß sie Deutsch können oder eine andere Sprache, die du sprichst. Als ich wieder zu Hause war und wußte, da will ich wieder hin, weil es ein wunderbares Land ist, hab ich eben angefangen, Griechisch zu lernen. Ich habe einen Lehrer aus der Zeitung gefunden und Sprachunterricht genommen. Man wird nicht perfekt, aber ich kann mich durchschlagen. 1992 war ich zum ersten Mal da. Jetzt war ich schon lange nicht mehr da, aber ich möchte mal wieder hin. Inzwischen habe ich sicher eine Menge verlernt, aber ich könnte es wieder abrufen, so daß ich wenigstens sagen kann, »es hat wunderbar geschmeckt, kann ich noch von dem herrlichen Wein haben?«, oder »nein, ich kann jetzt nichts trinken, ich muß noch fahren« ... Wenigstens diese kleinen Gesten, »ich freue mich, daß ich dein Gast bin«, möchte ich in der Landessprache ausdrücken. Das kann ich auf italienisch, auf spanisch, auf portugiesisch und griechisch.

Wir waren im Sommer zweimal in Dänemark, und da stand ich schon wieder dumm da, deutsch zu sprechen war mir peinlich und englisch zu sprechen ist mir noch peinlicher.

Ich habe immer eine große Affinität zu Rußland gehabt, aber ich wußte, wenn ich nicht russisch spreche, bin ich ein Fremdkörper und komme nie von der Oberfläche in die Tiefe. Das fand ich so beeindruckend bei Gerd Ruge, bei seinen Reisen durch Rußland – er hat sich das Russisch draufgeschafft und dadurch Zugänge gefunden, die kein anderer gefunden hat. Die Sprache ist einfach der Schlüssel in ein fremdes Schloß, den mußt du dir besorgen.

Ich reise gerne, aber, wie gesagt, zu Orten, die ich auf dem Landweg erreichen kann.

Hat das auch mit dem eigenen Fliegenkönnen zu tun?

Nein, eigentlich nicht. Die Vernunft sagt, die Jungs haben so viel Erfahrung, daß du dir keine Sorgen zu machen brauchst. Sogar ein besoffener Pilot kann weniger falsch machen als ein besoffener Autofahrer, außerdem gibt es ja auch immer noch einen zweiten Piloten. Nein, das ist es nicht.

Drei Stühle, 1997

Drei Stühle   1995

Ein Eisenofen steht mitten im Raum,
Rot glühend, doch du spürst ihn kaum,
Die Abendkühle kriecht über den Steinboden
  herein.
Ein dürrer Rauch steigt zur Decke empor,
Ein kühn geschwung'nes Ofenrohr,
Die nackte Glühbirne taucht den Raum in
  fahlen Schein.

Ein alter Fernseher flackert schwarzweiß.
Die Männer sitzen verstreut im Kreis
Und immer in diesem Gebilde aus drei Stühl'n:
Einen, da stehn die Füße drauf,
Einen, da lehnt der Arm sich auf,
Den dritten, zum drauf Sitzen, um sich im
  Gleichgewicht zu fühl'n.

Μία ημέρα θα χρειαστώ
Τρεις καρέκλες και εγώ
Για όλη μου την ευτυχία
Μία τα χέρια ν᾽ ακουμπώ
Μία τα πόδια μου ν᾽ απλώνω
Και μία, και μία …να κάθομαι

Mit dem verwitterten Gesicht,
Kiriakis, der nie ein Wort spricht,
Der seinen Arm beim Dynamitfischen verlor,
Der wie ein Gummiball hüpft und springt,
Wenn nur ein Ton Musik erklingt.
Und wirft den leeren Ärmel im Triumph empor.

Gianis weiß längst über dich Bescheid
Und breitet seine Arme weit,
Ohne ein Wort von deiner Sprache zu verstehn.
Durch Brillengläser, die so blind
Wie Glas im Meer geworden sind,
Kann er dir tief bis auf den Grund der Seele sehn.

Μία ημέρα θα χρειαστώ
Τρεις καρέκλες και εγώ
Για όλη μου την ευτυχία
Μία τα χέρια ν᾽ ακουμπώ
Μία τα πόδια μου ν᾽ απλώνω
Και μία, και μία …να κάθομαι

Da ist kein Mißtrauen, da ist kein Neid.
Und da ist Frieden, da ist Zeit.
Der Wirt, der mit den dicken Kaffeetassen klirrt.
Nichts ist Berechnung, nichts bedacht,
Alles aus Freundlichkeit gemacht
Das ist ein Ort, an dem Dein Herz gesunden wird.

Blau weißes Tischtuch, frisches Brot,
Leise tuckerndes Fischerboot,
Ein Teller Apfelscheiben und ein Becher Wein.
Vielleicht bleib' ich irgendwann hier –
Jedenfalls arbeit' ich schon an mir,
Um auch mit nur drei Stühlen zufrieden zu sein!

16. Kapitel

Vielleicht werde ich doch langsam alt

1998 – 20. Studioalbum **Flaschenpost** – 60-Städte-Deutschland-Tournee – Plakataktion »Lieber nackt, als Pelze tragen« mit der Tierschutzorganisation PeTA – **1999** – 27-Städte-Tournee in Österreich und Schweiz – Live-Doppelabum **Lampenfieber** – SWF-Liederpreis für **Das Narrenschiff** – Bootsschein »See« – **2000** – 21. Studioalbum **Einhandsegler** – 60-Städte-Tournee in Deutschland, Österreich und der Schweiz – **2001** – Live-Doppelabum **Solo** – Goldene Schallplatte für **Einhandsegler** – Bundesverdienstkreuz 1. Klasse – **2002** – 22. Studioalbum **Rüm Hart** – Konzert mit Konstantin Wecker und Hannes Wader zu Hannes' 60. Geburtstag in Bielefeld – Vierte Goldene Europa – 60-Städte-Tournee in Deutschland, Österreich und der Schweiz. Benefizkonzert für den von der Flut zerstörten Kinderhort »Fridolin« im Kulturpalast Dresden – **2003** – **Über den Wolken** – 4 Cds mit Liedern aus 40 Jahren von **Orpheus** bis **Rüm Hart** – DVD **Klaar Kiming** – Preis der deutschen Schallplattenkritik. 25 Jahre Zusammenarbeit mit Promoterin Eva Reinmuth – **2004** – 23. Studioalbum **Nanga Parbat**.

Du hast meines Wissens nie Werbung gemacht?

Nein, das heißt: einmal ganz bewußt, weil ich die Werbung selbst witzig fand, zu ganz frühen Zeiten, Mustang-Jeans. Die Anzeige war graphisch eine sehr witzige Doppelseite, eine in Schwarzweiß, eine in Bunt. Ich habe einen für damalige Verhältnisse unverschämt hohen Preis für den Kinderschutzbund, der sich damals gründete, gefordert. Und der Zufall wollte es, daß ich auch mit dem Produkt klarkomme, weil ich genau diese Hosen trug und wußte, daß die perfekt auf meinen Hintern paßten. Aber es blieb bei dem einen Mal. Es ist für mich eine wichtige Maxime, daß ich niemals für ein Produkt werbe, um dafür Geld zu bekommen. Ich halte das für unredlich. Wir alle, die wir in dem Metier sind, wo die Bekanntheit unseres Gesichtes einen Marktwert für die Werbung hat, sind schon privilegiert oder leben auf der Sonnenseite, selbst wenn wir nicht steinreich sind. Aber wir sind beschenkt, wir brauchen nicht noch zusätzlich Geld durch Werbung. Es sei denn, man tut es für einen guten Zweck. Zum Beispiel wird gerade bei den »Berliner Symphonikern« so viel gespart, daß sie beinahe einpacken müssen. Da bin ich gerne bereit, für die etwas zu tun. Natürlich ist das auch eine Art Werbung, aber ich bekomme kein Geld dafür, ich mache es, weil es einer guten Sache dient.

Du bist Vegetarier, ein umweltbewußter Mensch, hast Lieder darüber geschrieben, wie die Tiere malträtiert werden. Das bedeutet auch, daß es bei euch im Haus keine Pelze gibt ...

Nein, um Gottes willen. Lange bevor das in Deutschland losging, kannte ich die Kampagne »Lieber nackt als Pelze tragen«. Ich habe mir auf eigene Kosten ein Photostudio gemietet und für »PETA« ein Foto gemacht, auf dem ich nackt bin und eine Gitarre in den Händen halte. Es war in Deutschland das allererste Plakat der Kampagne »Lieber nackt, als Pelze tragen«.

Gibt es Organisationen, die du regelmäßig unterstützt?

Ja. Wir haben Patenkinder. Tu Gutes und rede darüber! Damit andere sich daran ein Beispiel nehmen. Ich mache das, weil ich das Bedürfnis danach habe, weil ich in mir die Verpflichtung verspüre, denen, denen es nicht so gut geht, zu helfen, wo immer es geht. Das kann ganz spontan sein. Manchmal, wenn ich auf Tour bin, spende ich die Konzerteinnahmen für etwas Sinnvolles. Wenn mir das Konzert gefallen hat und es ein schöner Abend war, dann finde ich, ist es ein guter Gedanke, die Einnahmen zu spenden. In Köln habe ich »Zartbitter« das Geld gegeben, in Olpe gab es gerade das erste Kinderhospiz – da hat mich einfach die Geschichte, die ich in der Zeitung darüber gefunden habe, berührt. Aber ich achte darauf, daß es spontan bleibt, daß es nicht von vornherein bekannt ist, auch nicht in meiner Crew. Das ist das Tolle an diesem Beruf, daß ich abends einfach sagen kann, heute habe ich für »Leuchtfeuer« in Hamburg gesungen.

Dann halte ich »Greenpeace« für eine unterstützungswürdige Organisation, da bin ich dabei. Genauso unterstütze ich, weil ich ein Mann des Wassers und des Meeres bin, die »Deutsche Gesellschaft zur Rettung Schiffbrüchiger«. Das ist eine Gesellschaft, die sich ausschließlich durch Spenden finanziert, ohne staatliche Hilfen. Ich bin froh, wenn ich dazu beitragen kann, wenn ich diese völlig selbstlosen Organisationen unterstützen kann. Ab und zu stelle ich auch einer Organisation die Einnahmen eines ganzen Albums zur Verfügung. Meine erfolgreichste Platte war so ein Projekt, vielleicht ist sie es durch diese Aktion geworden, das Geld ging nämlich an die Kinderkrebshilfe. Es fing mit einer Stern-Aktion an. Ich hatte schon ein Konzert in Bielefeld gespendet und dachte, das darf damit nicht zu Ende sein, auch wegen der Bilder der kranken Kinder. Ich hatte selbst kleine Kinder zu Hause, und man sieht die Qualen, denen Kinder ausgesetzt sind, und das konnte ich nicht einfach abhaken. So habe ich ein Album aus meinen Kinderliedern zusammengestellt, **Mein Apfelbäumchen**. Es ist, das sage ich nicht ganz ohne Stolz, die größte Einzelspende geworden. Es sind jetzt etwa eine halbe Million Alben verkauft.

Ein ähnliches Album habe ich für die deutsche Kinder-Aids-Hilfe gemacht, **Ich liebe Dich**, mit Liebesliedern. Dann unterstütze ich den Verein »Dunkelziffer«, Hilfe für sexuell mißbrauchte Kinder. Dem fühle ich mich sehr verbunden.

Ich finanziere da u.a. die Schulung von Fahndern, die im Netz nach Kinderpornos fahnden, mit. Wir zahlen keine Kirchensteuern mehr und zahlen das Geld, das wir da sparen, für wohltätige Zwecke. Ich war mal in der Kirche, aber irgendwann hab ich gesagt, nein, das kann ich nicht mehr subventionieren. Wenn es um das soziale Engagement geht, kann ich das effektiver, wenn ich dieses Geld gezielt einer Stelle zuführe, die ich kenne, ohne den Kult und das Liturgische auch noch zu bezahlen.

Wie hast du das Jahrhundert- bzw. Jahrtausendende verbracht?

Völlig unspektakulär, auch ohne Angst vor dem angeblichen 2000er Computerfehler, mit dem mich meine Bank verrückt gemacht hatte. Wir waren mit unseren Kindern bei Hellas Eltern auf dem Land und haben wie an jedem anderen Tag bei ihnen gemütlich zusammen Abendbrot gegessen. Das war schön wie immer. Was den Jahreswechsel angeht, so habe ich wie alle Silvester davor nur darauf gewartet, daß es vorbeigeht. Ich bin kein Silvesterfeierer, mir ist es völlig am Arsch vorbeigegangen.
Interessanter war das Silvester 2002, als ich dann am nächsten Morgen Zeitung und Brötchen in Euro bezahlt habe, das hat mich beeindruckt. Das hat mir eine gewisse kindliche Freude bereitet und mir mehr gegeben als das Jahr 2000.

Rechnest du noch in DM um?

Vielfach. Vor allen Dingen, manchmal, wenn ich bereit bin, 50 Euro hinzulegen, und dann denke ich plötzlich, Mensch, das sind ja 100 Mark!
Bei Speisekarten war es wirklich sehr schnell eins zu eins. Aber beim Reisen hab ich es als sehr angenehm empfunden, daß wir den Euro haben.

Wie geht es dir mit Europa?

Schade finde ich, daß es nichts Landestypisches mehr gibt. Als wir in Dänemark waren, sind wir einer alten Gewohnheit gefolgt und zu einer Tankstelle gefahren, um den Kindern die besonderen Süßigkeiten des Landes zu kaufen. Aber das ist vorbei, es gibt Kitkat, Mars, überall dasselbe, du mußt schon sehr genau hinkucken, daß du noch eine typische Süßigkeit findest. Wir haben dann zu guter Letzt doch noch dänische Lakritze entdeckt ...

*1984, da warst du 42 Jahre alt, hast du ein Lied geschrieben mit dem Titel **Vielleicht werde ich doch langsam alt**. Das war ein ironisches Lied über das Nicht-alt-werden-Können. Schon 1976, da warst du 34, hast du dein erstes graues Haar in einem Lied beklagt. In drei Jahren bist du theoretisch im Rentenalter – wie lange wirst du das noch machen?*

Also, zu sagen, ich singe bis 65, um einfach mal diese magische Zahl zu nehmen, und danach ziehe ich mich auf die Insel zurück oder fahr in die Südsee und kucke alle sechs Monate mal nach, ob die Rente gekommen ist, das ist völlig abwegig, das möchte ich nicht. Das könnte ich auch gar nicht. Wir hatten uns zum Beispiel für 2004 ein Sabbatjahr, also keine Tournee, geplant. Ich habe noch nie so viel unternommen wie in diesem Herbst, weil plötzlich die Möglichkeit bestand, Sachen zu machen, die man sich sonst versagt hat. Und vieles davon hat Spaß gemacht – nicht zuletzt dieses Buch.

Denkst du manchmal über die Zeit nach, wenn du keine Lieder mehr schreibst?

Das kann ich mir gar nicht vorstellen.

Oder wenn du nicht mehr auf der Bühne stehst?

Auch das kann ich mir nicht vorstellen. Ich werde vielleicht irgendwann nicht mehr ein ganzes Konzert schaffen, aber vielleicht zwanzig Minuten. Kuck dir den alten Heesters an.

Du möchtest auch mit 80 auf der Bühne stehen?

Ja. Auf alle Fälle.

Mit der Gitarre, vor dreitausend Leuten und ...

Ja, oder fünfhundert oder dreihundert oder wieder im Unterhaus in Mainz.

Wo ist da der Unterschied?

Man fühlt sich dann vielleicht den großen Hallen nicht mehr so gewachsen. Denn manchmal sind diese sehr großen Säle anstrengend. Man sagt immer, unter tausend Leuten hast du mindestens einen Psychopathen oder einen Verrückten, der bereit ist, dich umzubringen, und das beeindruckt einen dann vielleicht ein bißchen mehr. Wenn nur dreihundert kommen, dann habe ich nur jeden dritten Abend einen Verrückten da. Nein, ich weiß es nicht. Aber ich möchte gerne, wenn ich mir das wünschen dürfte, so lange wie ich lebe, schreiben, singen und auftreten.
Ich kann und will mir eigentlich keine Zeit vorstellen, wo ich das nicht mehr tue, denn ich habe so lange, wie ich denken kann, davon geträumt, mich vor Menschen hinzustellen und denen was vorzusingen. Und jetzt, wo dieser Traum sich erfüllt hat, möchte ich ihn ungern wieder aus der Hand geben.

Wie ein Baum, den man fällt   1973

Wenn's wirklich gar nicht anders geht,
Wenn mein Schrein schon beim Schreiner
    steht,
Wenn der so hastig daran sägt, als käm's
    auf eine Stunde an,
Wenn jeder Vorwand, jede List,
Ihm zu entgeh'n, vergebens ist,
Wenn ich, wie ich's auch dreh' und bieg',
    den eig'nen Tod nicht schwänzen kann,
Sich meine Blätter herbstlich färben,
Wenn's also wirklich angeh'n muß,
Hätt' ich noch einen Wunsch zum Schluß:
Ich möcht' im Stehen sterben.

Wie ein Baum, den man fällt,
Eine Ähre im Feld,
Möcht' ich im Stehen sterben.

Wenn ich dies Haus verlassen soll,
Fürcht' ich, geht das nicht würdevoll,
Ich habe viel zu gern gelebt,
Um demutsvoll bereitzusteh'n.
Die Gnade, die ich mir erbitt',
Ich würd' gern jenen letzten Schritt,
Wenn ich ihn nun mal gehen muß,
Auf meinen eig'nen Füßen geh'n,
Eh' Gut und Böse um mich werben,
Eh' noch der große Streit ausbricht,
Ob Fegefeuer oder nicht,
Möcht' ich im Stehen sterben.

Wie ein Baum, den man fällt,
Eine Ähre im Feld,
Möcht' ich im Stehen sterben.

Ohne zu ahnen, welche Frist
Mir heute noch gegeben ist,
Ohne das Flüstern wohlvertrauter Stimmen
vor der Zimmertür,
Ohne zu ahnen, was man raunt,
Zum Schluß nur unendlich erstaunt,
Wenn ich Freund Hein wie einen eis'gen
  Luftzug
um mich wehen spür'.
Zum letzten Abgang, jenem herben,
Der mir so unsagbar schwerfällt,
Hätt' ich den leichtesten gewählt:
Ich möcht' im Stehen sterben.

Wie ein Baum, den man fällt,
Eine Ähre im Feld,
Möcht' ich im Stehen sterben.

Hast du Angst vorm Tod, vorm Sterben?

Ich habe ganz gewiß keine Todessehnsucht, aber wenn ich mich befrage, habe ich eigentlich auch keine Angst davor, vielleicht, weil meine Bilanz ausgeglichen ist. Wenn mich heute der Sensemann holen würde, könnte ich nicht sagen, er hat mich zu früh geholt – natürlich holt er mich zu früh, er holt mich immer zu früh –

Nein, der Sensemann sagt dann: Lieber Reinhard, du hast so viele Lieder geschrieben, da brauchen andere, bis sie 80 Jahre alt sind, du bist jetzt dran.

Ja, dem Argument muß ich mich dann fügen, wenn auch ungern, aber ich würde den Löffel abgeben. Ich hab wirklich meinen Teil gehabt. Ich hätte keinen Grund zu hadern und zu grollen, wenn es jetzt zu Ende wäre. Aber ich möchte gerne noch weitermachen, weil ich einfach noch sehen will, wie es in fünf oder zehn Jahren ist, vielleicht in 15 oder 20. Ich möchte einfach noch mehr sehen, ich möchte einfach auch noch mehr erleben. Ich möchte natürlich noch mehr von meinen Kindern haben, aber, wie gesagt, wenn es jetzt zu Ende wäre, könnte ich mich nicht beklagen.

Warum bist du 2000 wieder geflogen?

Das verdanke ich eigentlich Harald Schmidt. Es kam eine Einladung zu Harald Schmidt, und ich wußte, Sylt–Köln mit Zug oder Auto ist ein übles Unterfangen. Mal sehen, dachte ich, ob meine alten Kumpels noch am Flugplatz sind, bei denen ich früher gechartert hatte, und siehe da, es waren noch genau die gleichen Kerle da, die ich von früher kannte. Einer hatte Zeit und flog mich nach Köln.

Irgendwann hatte ich ja gedacht, ich brauchs nicht mehr, dann war der Schein weg, der verfällt nach zwei Jahren. Für mich war eigentlich klar, wenn der Schein erst mal verfallen ist, ist Schluß, denn ich müßte noch mal ganz von vorn anfangen, noch mal alle Theorie machen, was sehr viel Arbeit ist, Luftverkehrsrecht, trockene Paragraphen lernen und so weiter.

Und dann sitzt du wieder vorne drin, willst mal anfassen, ach ja, es funktioniert immer noch, sieht ja gut aus, dann mach doch mal die Landung. Landung klappt, wunderbar. Zurück auch? Ja, zurück auch! Dann erklärt dir der Inhaber der kleinen Fluglinie, daß man im Zuge der europäischen Angleichung seinen alten Schein durch zwölf Flugstunden und einen Prüfungsflug reaktivieren kann. Das hab ich getan, und Mitte Juli hab ich meinen Schein wiederbekommen. Das war ein schöner Moment, den Briefumschlag von der Luftfahrtbehörde aufzumachen und eine schöne blütenweiße Lizenz mit meinem Namen in Händen zu halten. Jetzt flieg ich wieder.

Mit Hella ins neue Jahrtausend, 2000

Ich bin entschlossen, weil es zu schön ist, ihn nicht mehr loszulassen. Den Schein geb ich nicht mehr ab, jetzt warte ich, bis der Fliegerarzt – du mußt immer Untersuchungen machen – oder das große schwarze Kaninchen sagt: So, Herr Mey, das war's!

17. Kapitel

Laß Liebe auf uns regnen

Laß Liebe auf uns regnen   **1999**
Wir lieb'n uns fünfundzwanzig Jahr',
Das ist nicht leicht zu glauben.
Wir sind ein altes Liebespaar
Zwei alte Turteltauben.
Der Wind zerzaust uns das Gefieder
Und wir halten einander warm.
Die Abenddämmerung sinkt nieder.
Nimm mich in Deinen Arm.

Laß Liebe auf uns regnen,
Laß es gießen und uns segnen.
Laß uns immer neu begegnen –
Laß es immer, laß es immer so sein.

Wir hab'n uns auf den Weg gemacht
Das große Abenteuer.
Jeder Tag eine Hochzeitsnacht,
Jede ein Freudenfeuer!
Wir hatten keine Angst vor morgen,
Wir hatten keine Garantie
Und war'n doch arglos, ohne Sorgen:
Die Liebe endet nie!

Hast du nicht manchen Tag gedacht,
Du müßtest mich verlassen?
Lag ich nicht wach in mancher Nacht
Und wünscht', ich könnt' dich hassen!
Doch alle Wunden, alle Schrammen

Aus mancher Fehde, mancher Schlacht
Haben uns nur fester zusammen
Zueinander gebracht!

Wir werden miteinander alt –
Haben wir uns versprochen
Ich glaube nun, wir sind es bald,
Das Wort ist ungebrochen.
Willst du mit mir nun älter werden
Wenn die Morgen rauh,
Wenn die Tage kälter werden?
Ja, eisgrau!

Über den »Lucky Man«, den glücklichen Familienmenschen haben wir schon gesprochen. Die Familie ist kleiner geworden, das heißt, die Partnerschaft steht wieder im Vordergrund. Viele Ehen überstehen diese Phase, in der die Kinder aus dem Haus gehen, nicht. Bei euch wirkt das alles so harmonisch, so friedlich.

Friedlich ist es nicht immer.

Das sagst du so.

Glück ist nur möglich durch die Konflikte, die verarbeitet und bearbeitet werden.

Nehmen wir ein Beispiel, wie es täglich um uns herum passiert: Vater ist auf Tournee, verliebt sich in eine junge Frau und meint nun plötzlich, im Leben zuviel verpaßt zu haben und das Neue leben zu müssen.

Ich versuche, die großen Geschenke, die ich in diesem Leben empfangen habe, festzuhalten. Weil ich eine solche Frau wie Hella an meiner Seite habe, werde ich das nicht einfach aufs

Spiel setzen, indem ich mit einem jungen Mädchen etwas anfange, das mir irgendwo auf einer Tour begegnet und das ja nicht den alten Mann anbetet, sondern diese öffentliche Person, die diese Karriere gemacht hat.

Hat dich das nie gereizt?

Nein, es hat mich nie gereizt. Weil ich weiß, daß eigentlich nicht ich gemeint bin.

Du weißt aber, daß es bei einigen Kollegen sehr häufig üblich ist.

Ja, ich weiß, aber ich finde das traurig und irgendwann für alle Beteiligten desillusionierend. Irgendwann gibt es ein trauriges Erwachen, denn mit einem noch so attraktiven, jungen Mädchen kann ich nicht das haben, was ich an meiner Seite habe.

Es könnte ja durchaus mit einer älteren, vielleicht Gleichaltrigen passieren.

Ja, gut, aber die müßte es ja erst einmal mit dieser Frau aller Frauen, meiner Frau, aufnehmen. Es ist wirklich so: Wenn du weißt, du hast den Hauptgewinn, dann brauchst du nicht mehr an den Spielautomaten zu gehen.

Für den echten Spieler gilt das nicht, denn wenn er den Hauptgewinn hat, spielt er weiter, weil das die Sucht ist.

Aber ich bin kein Spieler. Dazu habe ich mich viel zu lange mit dem Thema Finanzmathematik und Statistik beschäftigen müssen – als Spieler kannst du nicht gewinnen, nicht wirklich, du kannst nur verlieren.

*Und es kommt noch dazu, daß du selber in einer glückli-
chen Familie aufgewachsen bist.*

Meine Eltern sind mit großem Respekt und sehr zärtlich
miteinander umgegangen, wirklich vorbildlich. Und auch
Hellas Eltern sind 58 Jahre verheiratet, längst über die Goldene Hochzeit hinaus, sie sind 82 und 86.

*Das sind die beiden aus dem Lied **Bei Ilse und Willi auf'm
Land**?*

Ja, genau.

Ein Zitat, ein paar Zeilen daraus:
> …
> Kaffee auf'm Herd und Braten in der Röhre,
> Kein Platz auf der Welt, wo ich jetzt lieber wär',
>   ich schwöre!
> Die Füße unterm Tisch, die Gabel in der Hand
> Bei Ilse und Willi auf'm Land!
> …

Sie haben eine wunderbare Lebensgemeinschaft, in der natürlich auch die Teller geflogen sind und die Türen geknallt
haben. Wo das *nicht* passiert, da würde ich mir wirklich
Gedanken machen, weil da einer auf der Strecke bleibt, der
Weichere wird von dem Härteren aufgebraucht, aufgerie-
ben. Wo zwei Gleichberechtigte aufeinandertreffen, fliegen
gegebenenfalls auch die Fetzen, aber dann gibt es auch wieder die Ruhe nach dem Sturm.

*Du bist über deinen Beruf glücklich, bist in deiner Ehe
glücklich, mit deiner Familie. Ich weiß nicht, ob du über
deine Kinder ganz glücklich bist …*

Ja, auch wenn ich nachts in mein Kissen beiße. Es geht nicht darum, einen Zustand der Schwerelosigkeit, des perfekten Glücks, zu haben.

Du machst dir Sorgen?

So ist es. Die Sorgen mögen mir vielleicht tiefe Furchen in mein lachendes Gesicht graben und meine verbleibenden Haare schlohweiß werden lassen, aber die Kinder sind mein ganzes Glück, sie sind es wert, dafür zu ergrauen und zu zerknittern!

Du machst dir aber über den Max sicherlich Sorgen.

Ja, große Sorgen.

Ist er wieder in Thailand?

Ja.

War er bei der großen Überschwemmung in Gefahr?

Nein. Er war genau am Weihnachtstag zu uns nach Hause gekommen. Und in Bangkok wohnt er ja im 17. Stock, also passieren konnte ihm sowieso nichts. Aber dann kam so ein Spruch, der nur von Max sein kann: »Wenn ich in Thailand am Meer gewesen wäre, hätte ich nie um zehn Uhr morgens am Strand gelegen.« Na prima, man macht sich Sorgen, daß es einen zerreißt, und man hat Angst, daß man irgendwann nicht mehr die Kraft dazu hat. Das zehrt an den Kräften. Ich weiß nicht, was das Leben uns alles noch bringt, was alles kommen mag. Aber schwere und tragische Situationen müssen wohl auch sein. In einem lauwarmen Bad ständiger Glückseligkeit zu leben, das ist kein Leben, und das ist auch kein wirkliches Glück.

Jetzt, wo die Kinder aus dem Haus sind, seid ihr beide hier allein. Hast du Angst? Angst, was und wie das werden wird, Zukunftsangst?

Nein. Überhaupt nicht. Ich habe keine Angst, weil wir uns soviel zu sagen haben. Da ist es auch mal ganz gut, wenn da kein Kind dazwischenquakt. Die Sorge und die Angst um die Zukunft beziehen sich allein auf den Lebensweg der Kinder. Wie wird es ihnen gehen, werden sie mit den richtigen Menschen zusammenkommen? Was für Partner werden sie finden, wie werden sie sich in dem rauhen Alltag durchkämpfen können?

Und man darf sie diese Sorgen nicht spüren lassen, oder?

Ja, natürlich. Gott sei Dank scheren sie sich auch nicht darum. Das ist wunderbar. Was uns bis an die Substanz geht, kümmert die Kinder gar nicht. Diese Sorgen haben sie gar nicht. Die kommen vielleicht später mal, aber damit haben sie jetzt überhaupt nichts am Hut. Sie sind völlig unbeschwert und würden auch gar nicht zuhören, wenn man sie jetzt damit langweilte. Das müssen die Eltern mit sich alleine abmachen. Das sind die einzigen Ängste, die ich habe. Um uns beide und um unser Zusammenleben mache ich mir keine Sorgen.

Viele haben sich geschworen, »bis daß der Tod uns scheidet« zusammenzubleiben, und dann sind die Ehen doch zerbrochen.

Man weiß es nicht, Bernd, ich hoffe, daß uns so was nicht passiert. Jetzt, in dem Moment, heute, ist es gut so, wie es ist, und wir wünschen uns, daß es morgen auch noch so ist, aber es gibt keine Garantie. Und dadurch, daß wir uns darüber im klaren sind, kann man es so intensiv leben, und vielleicht geht dann alles gut.

Liebende sterben selten zur selben Zeit.

Ja. Im selben Augenblick abzutreten, das ist die Idealvorstellung, vielleicht klappt es irgendwie, vielleicht kann man, wenn es später mal so weit ist, auch ein bißchen dran drehen.

Dann sollte Hella immer mitfliegen ...

Ja, aber das Fliegen ist ja so sicher, Bernd.

Aber auf der Autobahn geht's auch.

Da stehen die Chancen schon besser. Ich möchte mir den Fall gar nicht vorstellen. Ich weiß, es wäre grausam, aber dann sind die Kinder da, deswegen kann man jetzt nicht sagen, mein Partner ist gegangen, ich nehm jetzt einfach die Pille und befördere mich auch ins Jenseits. Es sind ja die Kinder da, denen man das nicht antun kann.

Die aber ein eigenes Leben haben, so daß sie einem die Einsamkeit nicht so nehmen können.

Natürlich. Aber ich weiß, daß meine Mutter, nachdem mein Vater gestorben ist – und meine Eltern haben sich, wie ich dir ja geschildert habe, sehr geliebt und waren sehr eng zusammen –, tapfer und bewundernswert weitergelebt hat, noch fast zehn Jahre. Es war fast, als wäre mein Vater noch dagewesen. Und sie war fröhlich dabei. Wenn sie mit uns zusammen war, war sie ein liebenswerter und witziger Gast und eine wunderbare Großmutter für unsere Kinder, auch, als sie schon allein war. Aber ihren Gerhard hatte sie irgendwie immer mit sich dabei.
Dazu gibt es eine schöne Geschichte: Meine Schwester hatte mit meinen Eltern einen 14-Tage-Urlaub auf Lanzarote ge-

bucht, und eine Woche bevor es losgehen sollte, starb mein Vater. Und dann hat meine Mutter sich gesagt, soll ich das jetzt absagen? Wie hätte Gerhard das gesehen? Und die Kinder, die wollten doch so gerne, ich fahre mit. Und sie ist mitgefahren. Natürlich ist es nicht derselbe unbeschwerte und fröhliche Urlaub gewesen, aber es war in Ordnung. Ich bin sicher, daß diese Entscheidung richtig war, und ich glaube, aus demselben Holz bin ich auch geschnitzt. Also, ich wünsche mir, daß wir zusammen abtreten. Aber ich bin auch bereit, dem Beispiel meiner Mutter zu folgen und dem Leben, was auch immer es noch für mich bereithält, ins Auge zu sehen.

Nein, ich laß dich nicht allein   1995

Nein, ich laß dich nicht allein.
Ich sitze einfach hier,
Ich bleibe hier bei dir,
So lange, wie es dir gefällt.
Ich habe alle Zeit der Welt.
Ich muß nirgendwo pünktlich sein.
Ich laß dich nicht allein.

Wir machen uns genau wie früher eine schweinegute Zeit,
Lennie und George, du weißt Bescheid:
Mäuse und Menschen! Und ich werde
Uns was vom Pizzamann bestell'n, und deinen
    90er Bordeaux
Sind wir uns schuldig, sowieso!
»Und wir leben vom Fett der Erde«.
Ich hol' die alten Platten 'raus, die schönen,
    schwarzen aus Vinyl,
Die voller Kratzer und Gefühl.
Was ist, Chet Baker oder Haydn?
Und wenn du willst, dann les' ich dir aus deinen
    Lieblingsbüchern. Was?

»Stimmen« oder »Der Kontrabaß«,
»Puh« oder »Der Wind in den Weiden«?

Nein, ich laß dich nicht allein.
Ich sitze einfach hier,
Ich bleibe hier bei dir,
So lange, wie es dir gefällt.
Ich habe alle Zeit der Welt.
ich muß nirgendwo pünktlich sein.
Ich laß dich nicht allein.

Ich kram' die Fotoalben vor. Hier, sieh mal,
   das war vor zwölf Jahr'n,
Da sind wir nach Saint-Jean gefahr'n
Und auch in Lourdes vorbeigekommen.
Und von der Quelle mit dem Rummel, der dir
   jeden Glauben raubt,
Hast du für Hans, der daran glaubt,
Einen Kanister mitgenommen.
Und als kurz vor Vic-Fézensac das Auto
   Kühlwasser verlor,
Holtest du den Kanister vor,
Um ihn andächtig aufzuschrauben.
Dann fülltest du den Kühler auf, ich traute meinen
   Augen nicht,
Doch seitdem ist der Kühler dicht!
Da soll man nicht an Wunder glauben?!

Nein, ich laß dich nicht allein.
Ich sitze einfach hier,
Ich bleibe hier bei dir,
So lange, wie es dir gefällt.
Ich habe alle Zeit der Welt.
ich muß nirgendwo pünktlich sein.
Ich laß dich nicht allein.

Ich hab' ihn noch, den alten Bus. Cassetten,
  voll das Handschuhfach!
Komm, wenn du willst, ich bin hellwach,
Wir fahr'n die Nacht durch in den Morgen.
Bis auf die Insel, bis ans Meer, wir haben Zeit
  genug
Bis fünf. Vorm ersten Autozug
Werd' ich uns zwei'n Kaffee besorgen.
Den großen Parkplatz überm Kliff ha'm wir den
  ganzen Tag allein,
Um diese Zeit ist da kein Schwein,
Kommt dir kein Fremder mehr entgegen.
Draußen vorm Fenster geht die See, der Sturm
  rüttelt an unserm Karr'n.
Hier drinnen haben wir es warm
Und auf das Dach trommelt der Regen.

Nein, ich laß dich nicht allein.
Ich sitze einfach hier,
Ich bleibe hier bei dir,
So lange, wie es dir gefällt.
Ich habe alle Zeit der Welt.
ich muß nirgendwo pünktlich sein.
Ich laß dich nicht allein.

Mag sein, daß dich mein Reden nervt, und ich
  erzähle dich hier voll.
Sag einfach, wenn ich still sein soll,
Und ich bin Weltmeister im Schweigen.
Ich schwör' dir, wenn du etwas brauchst, wenn
  es dir wirklich zu schwer fällt,
Hol' ich das beste Zeug der Welt.
Du mußt es mir nur einfach zeigen.
Und wenn du frei und ohne Angst, ganz nah
  am Wegesende bist,

293

Dein Herz ganz leicht geworden ist,
Dann geh, ohne dich umzusehen,
Eh meine Last dich niederdrückt, eh meine Schwere
  dich noch hält.
Wenn du es willst, wenn's dir gefällt,
Laß ich dich los, laß ich dich gehen.

Was ich noch zu sagen hätte

Du bist Vegetarier –

Ich esse schon mal Fisch. So gesehen bin ich kein fanatischer Vegetarier. Mir schmecken die Beilagen eh besser, also ist es für mich kein Opfer, kein Fleisch zu essen.

Gibt es dafür ethische Gründe?

Ich hab eine starke Beziehung zu Tieren. Wir hatten mal einen Hund, den ich geschenkt bekommen habe. Aber es gab dann keinen neuen, weil wir dem Tier kein hundegerechtes Leben bieten können, also lasse ich es sein, obwohl ich gerne einen hätte. Manchmal sehe ich, wenn ich aus dem Fenster blicke, einen Kauz in seinem Astloch. Die anderen Vögel können Käuze nicht leiden, und manchmal sitzen Krähen und Elstern in dem Baum davor und schimpfen ungemein auf den Kauz ein, der läßt sich davon aber nicht stören, ich liebe es, diesen Kauz zu beobachten, aber ich käme niemals auf die Idee, mir einen Vogel im Käfig zu halten. Tiere müssen in Freiheit leben.

Dann gehst du auch sicher, wie ich, nicht in den Zoo?

Hundertprozentig auch Hellas und meine Haltung. Als die Kinder ganz klein waren, sind wir einmal mit Frederik in den Zoo gegangen, schon mit dem Gefühl, das ist nicht in Ordnung. Es gab eine Werbung, da waren ein Affe und ein Elefant gezeigt, und darunter stand: »Mal andere Gesichter sehen«, und jemand hatte mit Filzstift dazwischengeschrieben »traurige«. Von dem Moment an habe ich nur noch die traurigen Gesichter gesehen.

Worüber hast du kein Lied geschrieben?

Über die Gen-Tomate, über Silikonimplantate, über die Haushaltsdebatte, über die alte Fußmatte, über Kindergeburtstage, über die Borkenkäferplage. Und ich habe noch kein Lied »über das Leuchten unter Wasser, wenn man sich des Nachts das Meer von unten besieht«, das sich unser Sohn Frederik von mir wünscht – siehe mein Lied **Noch 'n Lied!**

Über deine Schwester hast du kein Lied geschrieben ...

Gut beobachtet! Schon oft dran gedacht und viele Erlebnisse, Erinnerungen und Gedanken zusammengetragen, aber mein Zettelkasten quillt über. Mit welcher Idee daraus fange ich an? Und auf eine CD kriege ich beim Umfang meiner Lieder immer nur höchstens 14 neue, also noch ein bißchen Geduld.

Was hast du mir verschwiegen?

Nichts, Bernd, frag mich, ich erzähle dir alles, ich bin ein offenes Buch, zum Verschweigen oder Verstellen bin ich viel zu faul.

Worüber – außer über Geld – würdest du nicht sprechen wollen?

Da ist grundsätzlich nichts, worüber ich nicht sprechen würde, auch über das Geld, es gibt für mich keine Tabus. Es gibt aber einfach ein paar Dinge, die sind langweilig oder unergiebig. Sich darüber zu unterhalten empfinde ich als Zeitverschwendung.

Mit Bernd Schroeder, 2005

Letzte Frage: Was hättest du noch zu sagen …

Lieber Bernd, ich danke dir für dieses Gespräch!

Das war ein guter Tag   1999

Das war ein guter Tag, als ich in Rechnen eine Eins bekam!
Es traf mich wie ein Blitz, erstarrt in ungläubigem Staunen.
Als ich aufstand und nach vorn ging und mein Heft
    entgegennahm
Ging durch die Bänke hinter mir ein Wispern und ein
    Raunen.
Soviel Worte, soviel Tränen, soviel Selbstvertrau'n verlor'n,
Jetzt stand in meinem Heft der kleine, rote Tintenkringel!
Ein Kichern: Auch ein blindes Huhn findet einmal ein Korn.
Ich lief rot an und heulte vor Glück bis zur Pausenklingel.
An diesem Tag, da war's, als hätt' ich eine Ritterrüstung an,

Da prallte alles ab, der Neid, die Hähme und das Kläffen,
Da war ich unverwundbar, da wußt' ich, heute kann
Mich durch kein Birkenblatt im Rücken der Speer des Lehrers
    treffen.
Wie ein Triumpfzug war der Heimweg, der vor mir lag.
Das war ein guter Tag!
Das war ein guter Tag, als ich nach der Chorprobe mit ihr
    ging
Im Schneetreiben, den Weg von Hermsdorf bis nach
    Blankenfelde.
Wir sangen und erzählten, unser beider Atem hing
Wie kleine weiße Wort-Wölkchen hinter uns in der Kälte.
Ich spürte nicht den Wind, der in Gesicht und Hände
    schnitt,
Als wir, um uns zu wärmen, uns bei den Armen nahmen.
Ihr zugewandt folgte ich ihren Worten, ihrem Schritt
Und als wir in der Dämmerung vor ihr Elternhaus kamen,
Küßte sie mich mit gespitzten Lippen auf den Mund,
Verstohlen, ohne Warnung, beinahe wie aus Versehen
Und ließ mich lachend stehn und ließ mich sprachlos und
    weidwund
Den gleichen, langen Weg wieder zurück nach Hause
    gehen,
Der tiefverschneit inzwischen in dunkler Winternacht lag.
Das war ein guter Tag!
Das war ein guter Tag, als in der Nacht das Kind nach
    Hause kam!
Nach all den Ängsten, da hatt' ich gut den Gelass'nen
    spielen.
Als ich ihn wortlos an der Haustür in die Arme nahm,
Wie alle Sorgen, alle Qualen da von uns abfielen!
Das bange auf-die-Uhr-Sehn: Wo er sich jetzt noch
    rumtreibt?
Na, das wird ihm noch leidtun, na, das wird er noch
    bedauern,

Na, der kann was erleben! Wo er nur so lange bleibt?
Auf seinen Schritt im Flur, ein Geräusch auf der Straße
    lauern.
Laß ihn jetzt heimkommen, egal, ich kann alles verzeihn,
Den Ärger, das Minutenzähl'n, das kummervolle Wachen!
Laß ihn nur heimkommen, laß ihm nichts zugestoßen sein!
Ich sage keinen Ton, ich werd ihm keinen Vorwurf
    machen,
Ganz still werde ich sein, ich schwör daß ich nichts sag!
Das war ein guter Tag!
Das ist ein guter Tag, der über den Dächern der Stadt
    aufgeht,
Wie all die unerwähnten, in Erinnerung verschwomm'nen.
Denn auch über dem unscheinbarsten, alltäglichsten weht
Der Hauch des Einzigen und das Versprechen des Voll-
    komm'nen
Ich bin bereit, zu lernen, seine Kostbarkeit zu sehn,
Mich auf ihn einzulassen und ihm jede Chance zu geben,
Ich bin bereit, den langen Weg bis ans Ende zu gehn
Und bis zum allerletzten Ton den Ausklang zu erleben.
Im Wissen, daß ich eines Tages nichts anderes mehr
Erbitten und ersehnen, daß ich gar nichts auf der Erde
So sehr wie einen neuen Morgen, eine Wiederkehr
Des unscheinbarsten, alltäglichsten Tags erflehen werde.
Ich weiß, was ich sag –
Das ist ein guter Tag!

Danke, Reinhard.

Ohne Worte, 2000

Studioalben
Ich wollte wie Orpheus singen   1967
Ankomme Freitag, den 13.   1968
Aus meinem Tagebuch   1970
Ich bin aus jenem Holze   1971
Mein achtel Lorbeerblatt   1972
Wie vor Jahr und Tag   1974
Ikarus   1975
Menschenjunges   1977
Keine ruhige Minute   1979
Jahreszeiten   1980
Freundliche Gesichter   1981
Die Zwölfte   1983
Hergestellt in Berlin   1985
Alleingang   1986
Balladen   1988
Farben   1990
Alles geht   1992
Immer weiter   1994
Leuchtfeuer   1996
Flaschenpost   1998
Einhandsegler   2000
Rüm Hart   2002
Nanga Parbat   2004

Live-Doppelalben
Live   1971
20.00 Uhr   1974
Unterwegs   1978
Tournee   1981
Live '84   1984
Die große Tournee   1986
Mit Lust und Liebe   1991
Zwischen Zürich und zu Haus   1995

Lebenszeichen   1997
Lampenfieber   1999
Solo   2001
Klaar Kiming live   2003

Best Of / Sampler
Alles was ich habe   1973
Starportrait   1977
Starportrait 2, Welch ein Geschenk ist ein Lied   1982
Die großen Erfolge   1987
Mein Apfelbäumchen   1989
Ich liebe dich   1993
Du bist ein Riese ...!   1997
Peter & der Wolf   2000
Hommage an Reinhard Mey   2002
Über den Wolken   2003

Frédérik-Mey-Alben
Frédérik Mey, Volume 1   1970
Frédérik Mey, Volume 2   1972
Frédérik Mey, Volume 3   1975
Frédérik Mey, Volume 4   1976
Frédérik Mey, Volume 5   1979
Frédérik Mey, Volume 6   1983
Frédérik Mey, Volume 7, Douce France   2005
Récital Frédérik Mey à l'Olympia 1976
Frédérik Mey à Bobino Live   1979

Singles
Lilienthals Traum   1996, mit den Berliner Philharmonikern
Reinhard Mey die 12 Weinachtstage   1998

DVD
Klaar Kiming live   2003